THORSTEN POLLEIT

LUDWIG VON MISES

DER KOMPROMISSLOSE LIBERALE

FBV

Bibliografische Information der Deutschen Nationalbibliothek:
Die Deutsche Nationalbibliothek verzeichnet diese Publikation in der Deutschen Nationalbibliografie. Detaillierte bibliografische Daten sind im Internet über http://dnb.d-nb.de abrufbar.

Für Fragen und Anregungen:
info@finanzbuchverlag.de

Originalausgabe, 1. Auflage 2022

Türkenstr. 89
80799 München
Tel.: 089 651285-0
Fax: 089 652096

Korrektorat: Silvia Kinkel
Umschlaggestaltung: Pamela Machleidt, München
Umschlagabbildung: picture alliance/Biengreaves, Bettina/Österr. Nationalbibliothek
Satz: ZeroSoft, Timisoara
Druck: GGP Media GmbH, Pößneck
Printed in Germany

ISBN Print 978-3-95972-529-3
ISBN E-Book (PDF) 978-3-98609-012-8
ISBN E-Book (EPUB, Mobi) 978-3-98609-013-5

Weitere Informationen zum Verlag finden Sie unter

www.finanzbuchverlag.de

Beachten Sie auch unsere weiteren Verlage unter www.m-vg.de.

Für

Ruth

Victoria H. A. E.

Patricia S. E. T.

Leopold A. C. F.

»Entweder Kapitalismus oder Sozialismus; ein Mittelding gibt es nicht.«

– Ludwig von Mises (2013),
Kritik des Interventionismus, S. 36.

Inhalt

Vorwort

Das Buch, das Sie, verehrte Leserin, verehrter Leser, in den Händen halten, ist ursprünglich im Jahr 2018 in der Reihe »Ökonomen für jedermann«, herausgegeben vom Buchverlag der *Frankfurter Allgemeinen Zeitung (F.A.Z.)*, erschienen. Erfreut, *Ludwig von Mises. Der kompromisslose Liberale* veröffentlicht zu haben, wandte ich mich neuen Projekten zu. Doch nachdem die erste Auflage vergriffen war, häuften sich bei mir die Nachfragen nach dem Buch. Als sich der F.A.Z.-Verlag leider gegen eine neue Auflage entschied, wandte ich mich an den FinanzBuch Verlag, der erfreulicherweise sogleich Interesse bekundete, es nicht nur neu herauszubringen, sondern das Buch auch neu zu setzen sowie äußerlich neu zu gestalten. Zudem gab der FinanzBuch Verlag mir auch noch großzügig die Möglichkeit, einige inhaltliche Ergänzungen und Auffrischungen vorzunehmen.

Dass das Buch in dieser Neuerscheinung nun wieder erhältlich ist und damit die Chance hat, seine Verbreitung fortzusetzen, freut mich sehr. Denn ich bin überzeugt, dass die wissenschaftlichen Erkenntnisse, die Ludwig von Mises (1881–1973) als Ökonom, Gesellschafts- und Erkenntnisphilosoph vorgelegt hat, nicht nur bahnbrechend und zeitlos sind, sondern dass sie gerade auch in unserer heutigen Zeit allergrößte Relevanz haben; einer Zeit, in der die Ideen der freien Wirtschaft und Gesellschaft diffamiert und bekämpft werden, in der sich die westliche Welt einer Art neo- oder kulturmarxistischem

Umsturzversuch gegenübersieht, der durch die Potenziale des digitalen Überwachungsstaates umso bedrohlicher ist.

Es war Mises, der bereits in den 1920er-Jahren mit wissenschaftlichen Mitteln die Unmöglichkeit des Sozialismus und aller seiner Spielarten bewies; bis auf den heutigen Tag ist er darin unwiderlegt. Mises erklärte, dass der Sozialismus scheitern muss, dass er in Elend, Chaos und Gewalt endet. Zudem zeigte er, dass es keinen »Mittelweg«, keinen »Dritten Weg«, zwischen Sozialismus und Kapitalismus gibt, dass der Liberalismus-Kapitalismus – verstanden als eine Ordnung, in der die Menschen ihre Geschicke eigenverantwortlich und selbstbestimmt im System der freien Märkte bestimmen – die einzig dauerhaft durchführbare Wirtschafts- und Gesellschaftsordnung ist, mit der die Menschen national wie international friedvoll und produktiv zusammenleben können.

Dass das staatliche Geldmonopol, die Ausgabe von ungedecktem Geld, in Umlauf gebracht durch Bankkreditvergabe, zu Überkonsum und Fehllenkungen von Kapital, zu Wirtschaftskrisen und Inflation führen muss, hatte Mises schon im Jahr 1912 ausführlich dargelegt. Und hellsichtig hatte er auch erkannt, dass ein Gemeinwesen, das sich auf die Verwendung von ungedecktem Papier einlässt, seine Freiheit und damit auch die Grundlage für seinen wirtschaftlichen und kulturellen Fortschritt verlieren wird. Aufgrund seiner ökonomischen Erkenntnisse forderte Mises – und das setzte ihn damals wie auch heute wieder von der Konsensmeinung der Ökonomenzunft ab –, den Staat (wie er damals und heute in Erscheinung trat) auf das Stärkste zu beschränken, wenn es das Ziel ist, Frieden und Wohlstand einer Volkswirtschaft zu schaffen und abzusichern.

Diese wenigen Schlaglichter aus Mises' umfassendem Werk reichen vermutlich schon aus, um die gravierende Problematik der wirtschafts- und gesellschaftspolitischen Entwicklungen zu erahnen, die seit Jahrzehnten zu beobachten sind. Der Staat wird immer größer und mächtiger – zulasten der bürgerlichen und unternehmerischen Freiheit. Er dringt in alle Wirtschafts- und Gesellschaftsbereiche vor: Ausbildung (Kindergarten, Schule, Universität), Altersvorsorge, Gesundheit, Transport, Recht und Sicherheit, Geld und Kredit, Umwelt. Überall ist der Staat zum bedeutenden, dominierenden Spieler aufgestiegen. Und wann immer Probleme auftreten – Wirtschafts- und Finanzkrisen, Einkommensungleichheiten, Altersarmut, Migration, Klima und Viruserkrankungen –: Der Staat wird als Retter in der Not angesehen, nicht aber als Verursacher der Probleme oder als ungeeigneter Problemlöser.

Wer meint, der Sozialismus sei spätestens mit dem Niedergang der sozialistischen Regime Osteuropas Ende der 1980er-/Anfang der 1990er-Jahre untergegangen, sieht sich getäuscht. Die Welt wird vielmehr gerade Zeuge seiner Renaissance. Sie steht einem neo-marxistischen Umsturzversuch gegenüber, der die wenigen verbliebenen Reste der freien Wirtschafts- und Gesellschaftsordnung auch noch zu zerschlagen trachtet. Wie in Kriegszeiten soll der »Notstand« – den Klimawandel und Virus angeblich verursachen – rechtfertigen, dass an die Stelle der als unzulänglich diffamierten freien Wirtschaft und Gesellschaft etwas Besseres, eine Lenkungs- und Befehlswirtschaft zu setzen sei. Der Staat soll durch Vorgaben, Ge- und Verbote, Gesetze und Steuern bestimmen, wie die Produktionsmittel einzusetzen sind, was, wann, wie zu produzieren ist, und wer, was, wann und in welchen Mengen konsumieren darf.

Der »Große Neustart« (»Great Reset«) und die »Große Transformation« sind verklausulierte Wortkonstruktionen, die kollektivistischen-sozialistischen Ideen zum Siegeszug verhelfen sollen. Dass dabei das Wort Sozialismus nicht ausdrücklich erwähnt wird, ist nicht verwunderlich. Schließlich hat die Menschheit mit dem Sozialismus schon vielfach furchtbare Erfahrungen gemacht; ihm sind Abermillionen zum Opfer gefallen. Der Sozialismus kommt in neuem Gewand daher: in Form des »politischen Globalismus«. Ihm zufolge sollen die Menschen ihre Geschicke nicht eigenverantwortlich in einem System der freien Märkte gestalten. Der politische Globalismus sieht vielmehr vor, dass Wirtschaft und Gesellschaft sich eben nicht »evolutorisch frei«, sondern von staatlichen Stellen »dirigistisch-gelenkt-und-geplant« entwickeln sollen.

Klimawandel und Coronavirus kommen da wie gerufen. Behänd werden sie genutzt, um ein Narrativ zu stricken, dem zufolge die drängenden Probleme der Menschheit nur durch zentralistische, staatsgetragene Lösungen in den Griff zu bekommen seien, und dass das Festhalten an der freien Wirtschaft und Gesellschaft in den Abgrund führe. Die Abkehr vom System der freien Marktwirtschaft (beziehungsweise von dem, was heute noch davon übrig ist), wie es den »politischen Globalisten« vorschwebt, würde jedoch den Wohlstand der Menschheit drastisch herabsetzen, das Überleben von Millionen, wenn nicht gar Milliarden von Menschen verunmöglichen. Zu dieser ökonomischen Einschätzung wird derjenige ohne Umschweife gelangen, der Mises' Ausführungen zum Sozialismus-Interventionismus gelesen hat.

Aus ihnen erschließt sich auch die freiheitszerstörende und wohlstandsschädigende Wirkung des staatlichen Geldmonopols. Günstige Kredite erlauben es dem Staat, seinem Expansionsdrang nahezu ungehindert nachzugehen – auf Kosten der wirtschaftlichen und gesellschaftlichen Freiheitsgrade. Die chronische Ausweitung der Kredit- und Geldmengen, für die die Zentralbanken sorgen, und die damit verbundene künstliche Zinsabsenkung haben die Volkswirtschaften mittlerweile in eine Überschuldungssituation getrieben. Der Zusammenbruch der Schuldgeldpyramide und die Bereinigung der aufgelaufenen Fehlentwicklungen wird verhindert, indem die Zentralbanken strauchelnde Staaten und Banken mit jeder gewünschten Geldmenge versorgen und die Zinsen nun auf beziehungsweise sogar unter die Nulllinie gedrückt haben.

Angesichts der Brisanz der entstandenen Situation scheinen alle Maßnahmen geeignet, um den Systemkollaps abzuwenden. Dazu gehören nicht zuletzt auch Bestrebungen, das Bargeld aus dem Verkehr zu ziehen: Denn ohne Bargeld sind die Ersparnisse in den Bankbilanzen gefangen, Sparer und Investoren können nicht mehr fliehen, und mittels Negativzins können sich Staaten und Banken ihrer Verbindlichkeiten entledigen. Die Pläne, digitales Zentralbankgeld auszugeben, arbeiten in die gleiche Richtung: Digitales Zentralbankgeld soll dem Bargeld Konkurrenz machen, helfen, es zu verdrängen. Es ist jedoch auch ein Instrument, um die Kreditrisiken im Bankensektor aus der Welt zu schaffen – indem Bankguthaben jederzeit 1:1 eintauschbar sind in digitales Zentralbankgeld – und Bankpleiten abzuwehren. Und nicht zuletzt ebnet es den Weg in den digitalen allmächtigen Überwachungsstaat, in eine Tyrannei.

Wie kann es sein, dass die Grundpfeiler der westlichen Welt, die für Frieden und Wohlstand sorgen – allen voran Eigentum, Freiheit und gleiches Recht für alle – in Frage gestellt, dass sie derart aggressiv bekämpft werden? In Mises' Schriften findet sich dazu eine Antwort. Mises hob hervor, dass das menschliche Handeln stets von Ideen, oder Theorien, bestimmt wird. Sind Menschen von der Richtigkeit von Ideen überzeugt, machen sie sich auf, sie in die Tat umzusetzen. In der Volkswirtschaftslehre haben sich in den letzten Jahrzehnten zusehends Theorien verbreitet, die der freien Gesellschaft und Wirtschaft skeptisch, ja sogar feindlich gegenüberstehen: Die freie Marktwirtschaft sei stör- und fehleranfällig, schaffe Ungerechtigkeiten, und daher, so wird gefolgert, müsse der Staat sie zähmen, einhegen und lenken.

Dass diese kollektivistisch-sozialistischen Ideen in die Sackgasse führen, dass sie die individuelle Freiheit zerstören, das friedvolle und kooperative Zusammenleben der Menschen national wie international unmöglich machen, erkannte Mises bereits in den frühen Jahren seines wissenschaftlichen Schaffens. Und er hat sein Leben lang den intellektuellen Kampf gegen den Sozialismus, gegen falsche und irrtümliche Theorien in der Volkswirtschaftslehre und die Politiken, die von ihnen abgeleitet wurden, gefochten. Sein Werk verdient heute mehr denn je größte Aufmerksamkeit, weil es den Menschen die Augen öffnet, ihnen die Möglichkeit gibt, eine intellektuelle Gegenwehr zu formieren, um sich doch noch vom Weg in die Knechtschaft, auf den die sozialistischen Lehren sie gebracht haben, abzukehren.

Diese Einführung in Mises' Leben und Werk soll einen Beitrag leisten, seine Einsichten einem möglichst breiten Publikum zugänglich zu machen. Daher freue ich mich sehr, dass sie, ergänzt um einige Ausführungen zur Erkenntnis- und Zinstheorie, wieder erhältlich ist. Mein ausdrücklicher Dank gilt dem FinanzBuch Verlag und hier ganz besonders Frau Isabella Steidl und Herrn Georg Hodolitsch für ihre Unterstützung. Alle verbliebenen Unzulänglichkeiten gehen voll und ganz zu meinen Lasten.

Thorsten Polleit
Königstein i. T. im November 2021

Einführung

»Kein anderer Beruf schien mir erstrebenswerter als der des Universitätslehrers. Ich habe frühzeitig erkannt, daß es mir als Liberalem stets verwehrt bleiben würde, die ordentliche Professur an einer Hochschule des deutschen Sprachgebietes zu erlangen.«

Ludwig von Mises (1978), *Erinnerungen*, S. 61.

Ludwig Heinrich Edler von Mises ist der herausragende Vertreter der Österreichischen Schule der Nationalökonomie. Er wurde am 29. September 1881 in Lemberg, dem heutigen Lwiw, in der Ukraine geboren und starb am 10. Oktober 1973 in New York. Mises zählt – blickt man auf sein Gesamtwerk – zu den bedeutendsten Ökonomen, Gesellschaftsphilosophen und Sozialtheoretikern des 20. Jahrhunderts. Der deutsche Philosoph und Ökonom Hans-Hermann Hoppe (*1949) urteilt wie folgt: »Mises hat – kulminierend in seinem Opus magnum, dem aus seiner Nationalökonomie hervorgegangenen *Human Action* – ein geistiges Monument geschaffen, das in Grundlegung und Systematik, thematischem Umfang, Geschlossenheit und Vollständigkeit der Darstellung, begrifflicher Klarheit und Schärfe sowie Zeitlosigkeit der Geltung im Bereich der Sozialwissenschaften einzigartig ist, und im Vergleich zu dem die Arbeiten selbst der bedeutendsten seiner Vorgänger dilettantisch erscheinen.«[1] Gleichwohl sind Mises' Beiträge zur Nationalökonomie, aber auch zur Erkenntnis-

und Wissenschaftstheorie immer noch wenig bekannt, auch und gerade in wirtschaftswissenschaftlichen Fachkreisen.

Beispielhaft sei hier das umfangreiche Werk *Klassiker des Ökonomischen Denkens* (2008) genannt, herausgegeben vom deutschen Ökonomen Joachim Starbatty (*1940). Unter den »Klassikern der Disziplin« wird den sozialistisch-kollektivistischen Denkern wie zum Beispiel Karl Marx (1818–1883), Gustav von Schmoller (1838–1917) und John Maynard Keynes (1883–1946) viel Raum gegeben. Dem kompromisslosen Liberalen Ludwig von Mises hingegen ist kein Kapitel gewidmet. Übrigens sucht man in diesem Werk auch vergeblich nach einem Beitrag über Friedrich August von Hayek (1899–1992), Mises' prominentestem Schüler; verwunderlich, zumal Hayek Träger des Wirtschaftsnobelpreises des Jahres 1974 ist, den er zusammen mit dem schwedischen Ökonomen Gunnar Myrdal (1898–1987) erhalten hat. Dass Mises' Arbeiten in der ökonomischen Dogmengeschichte nicht vorgestellt werden, dass die von ihm vorgetragenen Erkenntnisse zu kurz kommen oder gänzlich unbeachtet bleiben, wird ihrem wirtschaftswissenschaftlichen und wissenschaftstheoretischen Gehalt in keiner Weise gerecht. Ein denkbarer Grund für das Desinteresse an Mises' wissenschaftlichen Arbeiten und den daraus folgenden wirtschaftspolitischen Positionen ist: Sie sind nicht mit dem *Zeitgeist* vereinbar.

Eine zentrale ökonomische Erkenntnis, die Mises schon in seinen frühen Arbeiten vorträgt, lautet: *Die freie Marktwirtschaft – die sich durch das Privateigentum an den Produktionsmitteln auszeichnet – ist die einzig mögliche, die einzig dauerhaft durchführbare Gesellschafts- und Wirtschaftsverfassung*: »[D]ie Gesellschaft kann nur auf Grundlage des Sondereigentums bestehen. Wer für das Sondereigentum eintritt, tritt für die Erhaltung des gesellschaftlichen Zusammenschlusses der

Menschheit, für die Erhaltung der menschlichen Kultur und Zivilisation ein. Er ist Apologet und Verteidiger der Gesellschaft, der Kultur und der Zivilisation, und weil er diese Ziele will, muß er auch das einzige Mittel, das zu ihnen führt, das Sondereigentum, wollen und verteidigen.«[2] Der Sozialismus, der sich auszeichnet durch das *Gemeineigentum an den Produktionsmitteln*, sowie auch alle seine Spielarten sind hingegen zum Scheitern verurteilt. Das gilt, so Mises, auch für den *Interventionismus* – den sogenannten »dritten Weg« oder die »soziale Marktwirtschaft« für alle Versuche also, ein System zu entwickeln, dass sich zwischen Kapitalismus und Sozialismus hindurch manövriert. Das sind alles Aussagen, die zur Zeit, als Mises sie vortrug, auf wenig Zustimmung stießen – und die auch heute noch die Gemüter erhitzen.

Mises weist bereits 1919 mit wissenschaftlichen Mitteln nach, dass eine *Wirtschaftsrechnung* im sozialistischen Gemeinwesen unmöglich und folglich auch der Sozialismus undurchführbar ist. Anders als viele seiner Fachkollegen, die im Sozialismus eine neue Heilslehre erblicken, offenbart Mises, dass der Sozialismus genau das Gegenteil des Erhofften bringt: Dass er den Menschen Unfreiheit, Armut und Gewalt bringt. Für Mises steht das Scheitern planwirtschaftlicher Experimente – wie etwa in Osteuropa – außer Frage. Und wie wir heute wissen, sollte er recht behalten: Die sozialistisch-kommunistischen Regime brachen in den 1990er-Jahren zusammen. Der Sozialismus ist nun einmal unmöglich – und erst jüngst zeigte sich diese *ökonomische Gesetzmäßigkeit* wieder mit dem Zusammenbruch der Wirtschaft in Venezuela.

Im Januar 1923, etwa acht Monate bevor die Kaufkraft der deutschen Mark im Wirbelsturm der Hyperinflation zerstört wird, schließt Mises die Arbeit zu seiner Schrift *Die geldtheoretische Seite des Stabilisierungsproblems* ab. Die Inflation, so schreibt er, »ist immer ein Erzeugnis menschlichen Handelns und von Menschen gemachter Politik. Man vermehrt die Menge des umlaufenden Geldes, sei es, weil man, von unrichtigen theoretischen Anschauungen über das Wesen der Geldwertgestaltung geleitet, sich über die Folgen dieses Tuns nicht klar ist, sei es, weil man, in voller Kenntnis der Wirkungen der Inflation, gerade die Geldwertverminderung aus irgendwelchen Gründen anstrebt.«[3] Mises scheint zu ahnen, dass die deutsche Regierung der Weimarer Republik die Notenpresse aus politischen Beweggründen nicht abstellen wird. Aus der währungshistorischen Erfahrung schreibt er: »Wir sahen, daß eine Regierung sich immer dann genötigt sieht, zu inflationistischen Maßnahmen zu greifen, wenn sie den Weg der Anleihebegebung nicht zu betreten vermag und den der Besteuerung nicht zu betreten wagt, weil sie fürchten muß, die Zustimmung zu dem von ihr befolgten System zu verlieren, wenn sich seine finanziellen und allgemein wirtschaftlichen Folgen allzu schnell klar enthüllen. So wird die Inflation zu dem wichtigsten psychologischen Hilfsmittel einer Wirtschaftspolitik, die ihre Folgen zu verschleiern sucht. Man kann sie in diesem Sinne als ein Werkzeug antidemokratischer Politik bezeichnen, da sie durch Irreführung der öffentlichen Meinung einem Regierungssystem, das bei offener Darlegung der Dinge keine Aussicht auf die Billigung durch das Volk hätte, den Fortbestand ermöglicht.«[4] Eine treffende politökonomische Erklärung der politischen Beweggründe, die das Handeln der Politiker und Technokraten in der Weimarer Republik prägte. Mit seiner Habilitationsschrift *Theorie des Geldes und der Umlaufsmittel*, publiziert im Jahr 1912, hatte Mises einen »Klassiker« der Geldtheorie vorgelegt. Darin räumt er nicht nur mit althergebrachten Fehlern in der Geldtheorie auf und verbindet systematisch bisher lose Theoriestränge miteinander, sondern er legt auch neue geldtheoretische Erkenntnisse vor. Beispielsweise erklärt er die Wertbestimmung des Geldes durch die *Grenznutzentheorie*, und darauf aufbauend zeigt er, welche Folgen eine Ausweitung der Geldmenge für Preise, Produktion und Beschäftigung hat. Das wiederum ermöglicht es ihm, die Grundlagen für eine monetäre *Konjunkturtheorie* – die im Kern eine »Krisentheorie« ist – zu formulieren: Sie zeigt die volkswirtschaftlichen Konsequenzen auf, wenn Banken durch Kreditvergabe »aus dem Nichts« neues Geld – Mises bezeichnet diese Geldart als Umlaufsmittel – produzieren. Die Ausgabe von Umlaufsmitteln kann zwar kurzfristig die Wirtschaft beleben, sie führt jedoch letztlich – und notwendigerweise – zu ihrem Zusammenbruch. In *Theorie des Geldes und der Umlaufsmittel* arbeitet Mises auch heraus, dass Regierungen und Banken einen großen Anreiz haben, eine Inflationspolitik (*Inflationismus*) zu betreiben – dass sie bestrebt sind, Sachgeld (in Form von Gold und Silber) durch ihr eigenes, ungedecktes Papiergeld zu ersetzen.

Anders als viele seiner Fachkollegen sieht Mises, dass die zusehends anti-liberalen, marktwirtschaftsfeindlichen Politiken in den Zwischenkriegsjahren und vor allem auch die politischen Versuche, den Geldwert politisch zu beeinflussen, eine große Wirtschaftskrise heraufbeschwören werden. Seit 1926 gibt es in Europa einen *Gold-Devisen-Standard*. Dahinter verbirgt sich jedoch ein *Pseudo*-Goldstandard, eine Währungsarchitektur, die bei genauer Betrachtung den Bezug zum Begriff *Goldstandard* gar nicht verdient. Das Verwenden von Gold im tagtäglichen Zahlungsverkehr ist durch staatliche Zwangsmaßnahmen stark eingeschränkt. Das umlaufende Geld (in Form von sogenannten *Umlaufsmitteln)* wird zusehends durch Bankkredite (durch sogenannte *Zirkulationskre-*

dite) geschaffen, denen keine echte Ersparnis gegenübersteht. Bereits Anfang 1927 gründet Mises das »Österreichische Konjunkturforschungsinstitut«, das sich insbesondere mit den wirtschaftlichen Problemen der Zwischenkriegszeit befasste. 1928 veröffentlicht er den Aufsatz *Geldwertstabilisierung und Konjunkturpolitik.* Darin merkt er kritisch an, dass »fortschrittlich« gesinnte Zentralbanken fortwährend in das Marktgeschehen eingreifen, indem sie Zinsen und Geldmenge nach (wirtschafts-)politischem Kalkül verändern.

Diese Politiken müssen zu Störungen im Wirtschafts- und Finanzsystem führen und sich früher oder später in einer Krise entladen. Mises empfiehlt das Beenden dieser Politiken: »Nur die Abkehr von diesem Wahn wird die periodische Wiederkehr der Konjunkturzyklen mit ihrer Peripetie, der Krise, beheben oder doch wenigstens mildern können.«[5] Doch gleichzeitig sind seine Zweifel, dass sein Ratschlag auch befolgt wird, unüberhörbar: »Den Männern, die das Verhalten der großen Zentralnotenbanken bestimmen, und den Führern der öffentlichen Meinung, unter deren geistigem Einfluß diese Männer stehen, wird die Konjunkturpolitik der nächsten Zeit ebenso überantwortet bleiben, wie dies schon in den vergangenen Jahren der Fall war.«[6] Es kommt, wie Mises befürchtet hat, zum »Bust«: Ende 1929, eingeleitet von einem Börsencrash, bricht die »Große Depression« über die Vereinigten Staaten von Amerika herein. Sie breitet sich rasch auf viele Länder aus und reißt die Weltwirtschaft in den Abgrund.

Mises wird früh zu einem kompromisslosen Befürworter des *Liberalismus*: der »Lehre von dem Zusammenhang der gesellschaftlichen Dinge und zugleich Anwendung dieser Lehre auf das Verhalten der Menschen in gesellschaftlichen Dingen. Er [der Liberalismus, *A.d.V.]* verspricht nichts, was über das hinausgeht, was in der Gesellschaft und durch die Gesellschaft geleistet werden kann. Er will den Menschen nur eines geben: friedliche, ungestörte Entwicklung des materiellen Wohlstandes für alle, um so von ihnen die äußeren Ursachen von Schmerz und Leid fernzuhalten, soweit das überhaupt in der Macht gesellschaftlicher Einrichtungen steht. Leid zu mindern, Freude zu mehren, das ist sein Ziel.«[7] Mises gibt unmissverständlich zu verstehen, dass für ihn der Staat kein *Freiheitsgarant* ist: »Freiheit, wie sie die Menschen in den demokratischen Ländern der westlichen Zivilisation in den Hochzeiten des alten Liberalismus genossen, war nicht das Ergebnis von Verfassungen, Menschenrechtserklärungen, Gesetzen und Statuten. Diese Dokumente zielten lediglich darauf ab, die Freiheit, die sich zuvor durch die Marktwirtschaft fest etabliert hatte, gegen Übergriffe vonseiten der Amtsinhaber zu schützen. Keine Regierung und kein Bürgerrecht können die Freiheit garantieren oder schaffen anders als durch das Unterstützen und Verteidigen der fundamentalen Institution der Marktwirtschaft.«[8]

Mises' Liberalismuskonzept baut auf einer zentralen Forderung auf: dem *unbedingten Respekt des Privateigentums*. Daraus leitet er alle weiteren liberalen Grundprinzipien ab: Freiheit des Einzelnen, Freihandel, friedvolles Miteinander und Gleichheit vor dem Gesetz. Für ihn ist das Privateigentum unverzichtbar, damit ein Gemeinwesen produktiv und friedvoll funktionieren kann. Als praxisnaher, weltzugewandter Ökonom weiß er zudem, dass Menschen nicht perfekt sind, dass es immer wieder Personen gibt, die das Privateigentum ihrer Mitmenschen missachten, es unterwandern oder sogar ganz abschaffen wollen. Es besteht also die Notwendigkeit, Leben, Leib und Privateigentum vor Übergriffen, vor Aggressoren zu schützen. Der Schutz des Eigentums liegt dabei nicht nur im Interesse der Eigentümer, sondern auch im Interesse der Gemeinschaft. Die Sicherheit des Lebens, der Gesundheit und des Privateigentums gegen gewaltsame Angriffe zu schützen, darin sieht Mises die Aufgabe des *Staates* – und zwar ausdrücklich *nur* in dieser Aufgabe. Erwächst aus dieser Schlussfolgerung nicht aber ein Dilemma? Was ist davon zu halten, wenn der Staat die Beschützerrolle in Form einer *Zwangsmonopolstellung* erhält? Was folgt daraus, wenn der Staat zum ultimativen Rechtsetzer und -Sprecher in einem Territorium gemacht wird, ausgestattet mit dem Recht zur Besteuerung?

Eine paradoxe Situation entsteht: Der Einzelne hat ein *unveräußerliches Recht* auf Freiheit. Doch genau diese Freiheit wäre dahin, wenn er auf Gedeih und Verderb einem Zwangsmonopolisten ausgeliefert wird, der bestimmt, was Recht und Gesetz ist, und der zudem auch noch den Preis festlegt, den andere für seine Beschützer-, Rechtsetzungs- und Rechtsprechungsdienste zu bezahlen haben. Der Einzelne wäre damit de facto seines Privateigentums beraubt: Er wäre nur noch Eigentümer qua Duldung durch den Staat, wäre zum *Fiat-Eigentümer* degradiert. Der Einzelne wäre einem *Machtmissbrauch* durch den Zwangsmonopolisten schutzlos ausgeliefert. Und es ist ganz *logisch*, dass ein Staat – als territorialer Monopolist für Rechtssetzung und -sprechung mit der Macht zur Besteuerung – sich immer weiter ausdehnt zu Lasten der Freiheit und des Privateigentums der »zu Beschützenden«. Ordnungspolitisch gesinnte liberale Denker erkennen dieses Dilemma an und versuchen es zu lösen. Sie empfehlen, die Staatsmonopolmacht durch Verfassungsregeln und Gewaltenteilung im Zaume zu halten.

Mises bietet eine andere Lösung an. Sie lautet: Jeder Gemeindeverband, ja im Grunde, wenn es möglich und praktikabel ist, jeder einzelne Staatsbürger soll das Recht haben, aus dem Staat auszutreten, wenn er es wünscht. Mises fordert damit nicht nur ein Selbstbestimmungsrecht der Nationen (etwas, das heutzutage weitgehend akzeptiert ist), sondern er fordert es für jeden einzelnen Bürger, soweit dies irgendwie möglich und praktikabel ist (eine Empfehlung, die selbst in klassisch-liberalen Kreisen nur selten zu vernehmen ist). Mit einem solchen *Sezessionsrecht* wird die Missbrauchsmacht des Staates gegenüber seinen Bürgern entschärft. Der Staat beziehungsweise diejenigen, die seine Gewalt- und Machtbefugnisse innehaben und ausüben, unterliegen einem strengen Anreiz, sich im Interesse der einzelnen Bürger zu verhalten. Tun sie das nicht, droht Abwanderung der Unzufriedenen. Mit einem Sezessionsrecht schiebt Mises der Möglichkeit, die Demokratie zu missbrauchen, einen Riegel vor: Die Minderheit ist nicht mehr bedingungslos der Tyrannei der Mehrheit ausgeliefert. Der Staat, den Mises als akzeptabel ansieht, ist folglich *kein* unbeschränkter Zwangsmonopolist: Er ist auf die Rolle des Beschützers der Freiheiten und des Eigentums der Einzelnen wirksam beschränkt.

Was Mises von anderen Ökonomen – auch von vielen, die zur Österreichischen Schule der Nationalökonomie zu zählen sind – absetzt, ist die *wissenschaftliche Methode*, die er seinen nationalökonomischen Arbeiten zugrunde legt. Die wissenschaftliche Methode bezeichnet die Heran- und Vorgehensweise, um Erkenntnisse über ein Erkenntnisobjekt (also über den Gegenstand, über den man Wissen zu erlangen sucht) zu gewinnen. Die intensive Auseinandersetzung der Österreicher mit der Methodenfrage geht auf Carl Menger (1840–1921) zurück und markiert gewissermaßen die Geburtsstunde der Österreichischen Schule der Nationalökonomie. Menger löst 1883 mit seiner Schrift *Untersuchungen über die Metho-*

de der Socialwissenschaften und der Politischen Oekonomie den *Methodenstreit* aus.[9] Er weist mit Nachdruck die *Historische Schule*, die im Deutschen Reich die unangefochtene Methode der Volkswirtschaftslehre ist, als wissenschaftlich ungeeignet zurück. Mises knüpft an Mengers Position an, der bereits problematisiert hatte, die naturwissenschaftliche Methode kritiklos auf die Nationalökonomie zu übertragen.

Mises fordert einen *methodologischen Dualismus* – und spricht sich damit gegen die populäre Idee einer *Einheitswissenschaft* aus –: Das menschliche Handeln, die ökonomischen Phänomene müssen in einer Weise und mit einer Methode analysiert werden, die sich grundlegend unterscheidet von der Analyse von Steinen, Planeten oder Molekülen. Wie erklärt sich Mises' Position? Die Erklärung beginnt mit dem sogenannten *methodologischen Individualismus*, den bereits Carl Menger als Grundlage des nationalökonomischen Denkens eingefordert hatte. Der methodologische Individualismus steht für die Einsicht, dass das menschliche Handeln stets ein individuelles ist. Gruppen und Kollektive handeln nicht. Massenphänomene lassen sich gedanklich stets zurückführen auf das Handeln des Einzelnen. Der Weg zur Erkenntnis des Ganzen führt folglich stets über das handelnde Individuum. »Unsere Untersuchungen setzen beim einzelnen Menschen und seinem Verhalten in einer bestimmten Lage ein. (...) [W]enn sie [die Wissenschaft, *A.d.V.*] dann, von diesem Ausgangspunkte weiterschreitend, dazu gelangt, alles Geschehen, an dem menschliches Handeln beteiligt ist, in ihr Begriffsgebäude einzubeziehen, so gibt sie doch die Bezugnahme auf das Handeln des Einzelnen niemals auf.«[10]

Aus dem *methodologischen Individualismus* folgt eine wichtige Erkenntnis: Menschliches Handeln lässt sich ohne Rückgriff auf *Ideen* (im Sinne von Vorstellungen oder Theorien) nicht sinnvoll verstehen. Es lässt sich nicht bestreiten, weder mit Erfahrungswissen noch mit logischen Mitteln, dass das menschliche Handeln durch Ideen bestimmt wird: »Aller Hohn und Spott der Positivisten kann die Tatsache, dass Ideen wirklich existieren und ursprüngliche Faktoren sind, die den Gang der Geschehnisse formen, nicht beseitigen.«[11] Was aber bestimmt die Ideen, die das menschliche Handeln leiten? Eine wissenschaftliche Gesetzmäßigkeit, eine regelmäßige, konstante Abfolge zwischen Ideen und den sie bestimmenden äußeren (biologischen, chemischen oder physiologischen) Faktoren, lässt sich nicht aufspüren: »Wir können die notwendige Verbindung zwischen einem äußeren Ereignis und den Ideen, welche es innerhalb des menschlichen Geistes erzeugt, nicht entdecken.«[12] Diese Aussage lässt sich mit logischen Mitteln nicht widerlegen.[13] Daraus folgt, dass das menschliche Handeln als das *ultimativ Gegebene* anzusehen ist, das keiner *Letztbegründung* mehr zugänglich ist und von dem das nationalökonomische Denken seinen Ausgangspunkt widerspruchsfrei nehmen kann.

Der methodologische Individualismus führt damit letztlich zu einer ganz zentralen Einsicht, die Mises' Wissenschaftsprogramm prägt: Die wissenschaftliche Methode in der Nationalökonomie muss sich unterscheiden von der wissenschaftlichen Methode, die in den Naturwissenschaften angewandt wird. In der Naturwissenschaft sind die Erkenntnisobjekte Naturphänomene: Atome, Zellen, Planeten, das Wetter et cetera. Das Ziel der Naturwissenschaft ist es, naturgesetzliche Zusammenhänge, also Regelmäßigkeiten, Reproduzierbarkeit im Sinne von Ursache-Wirkung, zu erkennen. Dazu werden Hypothesen (»Wenn-Dann-Aussagen«) formuliert, die dann im Zuge von Experimenten getestet werden. Durch das Testen versucht man aber nicht nur Erkenntnis aus der Erfahrung (Beobachtungen) zu gewinnen. Man versucht auch, den Wahrheitsgehalt dieser Erkenntnisse anhand von Erfahrung zu überprüfen. Mit anderen Worten: Die Naturwissenschaft wird als *Erfahrungswissenschaft* verstanden und praktiziert. Genau dieser Ansatz ist, so Mises, in der Nationalökonomie nicht anwendbar.

In den Naturwissenschaften lassen sich in der Tat reproduzierbare Experimente durchführen, also Versuche unter gleichen Bedingungen. Beispiel: Chemikalie *A* wird mit Chemikalie *B* vermischt, und das führt zu einer bestimmten Reaktion. Derartige wiederholbare Experimente sind im Bereich des menschlichen Handelns nicht möglich. Warum? Die Erkenntnisobjekte der Naturwissenschaft (Planeten, Steine, Moleküle et cetera) haben keine Ziele und Absichten, haben keine Wünsche und keine Vorlieben. Sie können nicht zwischen verschiedenen Handlungsweisen wählen, sie können auch nicht ihre Ansichten und Vorlieben im Zeitablauf verändern. Atome und Mineralien bewegen sich, oder sie werden in einer bestimmten Art und Weise von den auf sie einwirkenden Faktoren bewegt. Ihre Reaktion auf einen Stimulus lässt sich daher prinzipiell bemessen beziehungsweise vorhersagen. Es lassen sich hier konstante, quantifizierbare Ursache-Wirkungs-Beziehungen aufspüren.

Ganz anders verhält es sich in der Wissenschaft des menschlichen Handelns. Menschen verfolgen Ziele, sie haben Wünsche und Vorlieben, sie wählen zwischen verschiedenen Handlungsalternativen. Zudem findet das menschliche Handeln unter einer Vielzahl von Einflussfaktoren statt. Es ist nicht möglich, einen Faktor zu verändern, während man die anderen Faktoren konstant hält, wie das bei Laborexperimenten der Fall ist. Daher kann es im Bereich des menschlichen Handelns aus logischen Gründen keine homogenen, vergleichbaren Datenpunkte geben, wie sie in den Naturwissenschaften zur Überprüfung des Wahrheitsgehaltes von Hypothesen verfügbar sind. Entscheidend ist jedoch letztlich die Einsicht, dass der Mensch *lernen kann*. Und wenn man Lernfähigkeit attestiert – und man kann sie nicht verneinen, ohne einen logischen Widerspruch zu begehen –,[14] dann ist es nicht möglich, äußere Ursachen aufzuspüren, die das menschliche Verhalten systematisch erklären können: Man weiß nicht, wie »äußere Geschehnisse – physikalische, chemische und physiologische – menschliche Gedanken, Ideen und Werturteile beeinflussen.«[15] Verhaltenskonstanten kann es – anders als in der Naturwissenschaft – im Bereich des menschlichen Handelns nicht geben.

Die wissenschaftliche Methode, die im Bereich des menschlichen Handelns beziehungsweise in der Nationalökonomie anzuwenden ist, muss daher eine andere sein als die, die in den Naturwissenschaften verwandt wird. Diese Einsicht begründet Mises' Forderung nach einem *methodologischen Dualismus*. Doch was ist die richtige wissenschaftliche Methode für die Nationalökonomie? Die Nationalökonomie ist, so Mises, eine Wissenschaft eigner Art. Sie lässt sich widerspruchsfrei nur als *Handlungswissenschaft* verstehen und betreiben. Der archimedische Punkt in Mises' Handlungswissenschaft ist der zunächst trivial klingende Satz »Der Mensch handelt«. Doch dieser Satz hat es in sich. Er ist unzweifelhaft, oder: *apodiktisch*, wahr. Man kann ihn nicht widerlegen, ohne in einen Widerspruch zu verfallen. Wer sagt »Der Mensch handelt nicht«, der handelt – und widerspricht seiner Aussage, der Mensch könne nicht handeln. Murray N. Rothbard (1926–1995) und Hans-Hermann Hoppe (*1949) sprechen mit Blick auf den Satz »Der Mensch handelt« vom *Handlungsaxiom*.

Die Erkenntnis, die im Satz »Der Mensch handelt« zum Ausdruck kommt, ist – in der Terminologie des preußischen Philosophen Immanuel Kant (1724–1804) – eine *A-priori*-Erkenntnis. Gemeint ist damit eine Aussage, deren Wahrheitsgehalt erfahrungsunabhängig und allgemeingültig ist und die sich nicht widerspruchsfrei verneinen lässt. So gesehen lässt sich die Nationalökonomie als *apriorische Handlungswissenschaft* begreifen. Sie ist ein Teilbereich der Lehre des menschlichen Handelns, die Mises als *Praxeologie* bezeichnet. Mises fasst den Kern seines Wissenschaftsansatzes wie folgt zusammen: »Alles, was unsere Wissenschaft enthält, ist Entfaltung des Begriffes menschliches Handeln. Alles, was wir brauchen, um denkend die Sätze unserer Wissenschaft abzuleiten, ist Wissen um das Wesen des menschlichen Handelns ... Alle Begriffe unserer Lehre sind im Begriffe menschliches Handeln mitgedacht, und die Aufgabe der Wissenschaft ist es, sie aufzuzeigen, zu entwickeln, zu verdeutlichen und genau zu bestimmen.«[16]

Im unbestreitbar wahren Satz »Der Mensch handelt« sind eine Reihe von weiteren Erkenntnissen – Mises spricht von *praxeologischen Kategorien*[17] – quasi mitgedacht, und sie lassen sich auf *logisch-deduktivem* Wege zutage fördern. Um einige Beispiele zu geben: Menschliches Handeln ist zielbezogen; der Handelnde muss *Mittel* einsetzen, um *Ziele* zu erreichen, und Mittel sind notwendigerweise knapp; Handeln setzt eine *Ursache-Wirkungs*-Beziehung *(Kausalität)* voraus; Handeln erfordert *Zeit;* der Handelnde zieht eine frühere Erfüllung seiner Ziele einer späteren vor, er hat eine positive *Zeitpräferenz*; folglich werden Gegenwartsgüter stets höher gewertet im Vergleich zu Zukunftsgütern; menschliches Handeln findet unter *Unsicherheit* statt; der *Grenznutzen* eines Gutes (das ist der Nutzen einer zusätzlichen Gütereinheit) nimmt mit zunehmendem Gütervorrat ab. Auch Begriffe wie Kosten und Ertrag, Gewinn und Verlust sind im Satz »Der Mensch handelt« *logisch* enthalten.

Mises' *apriorische* Handlungswissenschaft macht damit ökonomische Fragestellungen zu *wissenschaftlich entscheidbaren Wahrheitsfragen.*[18] Man muss nicht »herumexperimentieren«, um einsehen zu können, ob eine ökonomische Theorie wahr oder falsch ist. Man kann es durch praxeologisches Denken erkennen. Man führe sich die folgenden Aussagen vor Augen: (1) Freiwilliges Tauschen ist für alle daran Beteiligten vorteilhaft. (2) Der Grenznutzen eines Gutes nimmt mit steigendem Gütervorrat ab. (3) Ein Ansteigen der Geldmenge erhöht die Güterpreise – und zwar notwendigerweise über das Niveau, das sich ohne eine Ausweitung der Geldmenge einstellen würde. (4) Ist der Mindestlohn höher als der markträumende Lohn, gibt es unfreiwillige Arbeitslosigkeit. Der Wahrheitsgehalt dieser voranstehenden Aussagen lässt sich durch praxeologisches Denken zweifelsfrei feststellen.

Es hat weitreichende Konsequenzen, wenn die Nationalökonomie als *apriorische Handlungswissenschaft* verstanden und praktiziert wird. Es wird beispielsweise möglich, Politikvorschläge – ob sie von Regierungs- oder Sonderinteressenvertretern geäußert werden – als sinnvoll oder als zweckwidrig einzustufen – und zwar im Vorhinein, ohne dass man sie zunächst ausprobieren muss, um ihre nationalökonomische Wirkung zu erkunden. Die Praxeologie lässt beispielsweise erkennen, dass ein Ausweiten der Geldmenge den Wohlstand der Volkswirtschaft *nicht* mehrt, sondern dass dadurch nur einige auf Kosten anderer bessergestellt werden; dass ein Herabdrücken des Zinssatzes durch die Zentralbank zu Kapitalfehllenkungen und zu Finanz- und Wirtschaftskrisen führen muss; dass eine staatliche Arbeitslosenversicherung die Arbeitslosenproblematik nicht reduziert, sondern verschärft; dass das Einführen von Mindestlöhnen, die oberhalb des markträumenden Niveaus liegen, zu ungewollter Arbeitslosigkeit führt; dass die Besteuerung der Einkommen die Produktionsleistung der Volkswirtschaft schwächt; dass Einschränkungen des Freihandels (etwa in Form von Sanktionen) für Konflikte zwischen Nationen sorgen; dass der Staat sich unaufhaltsam ausweitet und totalitäre Ausmaße annehmen *muss*, wenn man ihm die Rolle eines territorialen Zwangsmonopolisten für Rechtssetzung und -sprechung mit dem Recht zur Besteuerung zubilligt. All das lässt sich durch Anwenden der Praxeologie als unumstößliche Wahrheit einsehen.

Dass Mises sich insbesondere mit der wissenschaftlichen Methode der Nationalökonomie intensiv auseinandersetzt, hat einen Grund: Er weiß, dass eine wissenschaftliche Methode in der Nationalökonomie, die das handelnde Individuum ausblendet beziehungsweise seine Rolle relativiert, politischen Programmen Vorschub leistet, die danach trachten, das Individuum einem Obrigkeitswillen zu unterwerfen. Ein *Anti-Individualismus* in der Nationalökonomie öffnet freiheitsfeindlichen Ideologien Tür und Tor. Eine *Theorie der Freiheit*, so erkennt Mises, kann sich daher nicht mit philosophisch-metaphysischen Postulaten begnügen. Wenn sie sich wirksam gegen antifreiheitliche Doktrinen und Ideologien behaupten soll, braucht sie eine hieb- und stichfeste, eine nicht widerlegbare, nicht hintergehbare (Wissenschafts-)Begründung. Indem Mises die Unterschiedlichkeit von Naturvorgängen und menschlichem Handeln begründet – und den *methodologischen Dualismus* rationalisiert –, erreicht er letztlich genau das: Er gibt der *Theorie der Freiheit* ein (praxeo-)logisches und damit das denkbar festeste Fundament.

In seinem Spätwerk *Theorie und Geschichte. Eine Interpretation sozialer und wirtschaftlicher Entwicklung* (1957) setzt Mises sich daher noch einmal sehr konzentriert mit den *materialistischen* Wissenschaftsvorstellungen auseinander – wie zum Beispiel mit Karl Marx' *dialektischem Materialismus* sowie auch dem *Historismus, Behaviorismus* und *Skeptizismus* – und weist sie allesamt als logisch inkonsistent und unwissenschaftlich zurück. Alle diese (im Kern naturalistischen) Wissenschaftsprogramme wollen sich mit dem handelnden Menschen nicht anders beschäftigen als wie mit einem Stein, einem Bakterium oder einem Regenwurm. Sie sehen die Rolle der Ideen zur Erklärung des menschlichen Handelns als entbehrlich oder irrelevant an und verbreiten die Vorstellung, das menschliche Verhalten werde von Kräften angetrieben, die die gesellschaftliche Entwicklung einem vorgegebenen Pfad folgen lassen. Eine solche Position ist nicht nur logisch inkonsistent, wie Mises zeigt, sie bereitet auch freiheitsfeindlichen Politikideen den Boden – und aus eben diesem Grund stellt sich Mises kämpferisch mit spitzer Feder den freiheitsfeindlichen Wissenschaftsideologien entgegen.

Es ist tragisch für Mises, dass seine Lebenszeit in eine Epoche des *Anti-Liberalismus* fällt: Das 20. Jahrhundert ist von Nationalismus, Militarismus, Sozialismus, Faschismus, Totalitarismus, Krieg, Interventionismus und Sozialdemokratismus geprägt. Doch trotz der für einen liberalen Denker geradezu erdrückenden politischen Umständen verzagt Mises nicht. Als Wissenschaftler bleibt er seinem Wahrheitsdrang und wissenschaftlichen Prinzipien verpflichtet und treu. Mises schwimmt nicht mit dem Strom. Sein Intellekt ist unbestechlich, er handelt nicht opportunistisch. Er biedert sich nicht der Mehrheitsmeinung an, heult als Ökonom nicht mit den Wölfen, um auf diesem Weg zu Anerkennung, Prestige und wohldotierten, vom Staat bezahlten Auftragsarbeiten und Berufungen zu gelangen. Mises folgt seiner wissenschaftlichen, seiner nationalökonomischen Überzeugung, und zwar bedingungslos, auch wenn ihm dadurch die Wertschätzung aus den Fachkreisen, die er eigentlich verdient, versagt bleibt. Einen Satz von Vergil (70 v. Chr. – 19 v. Chr.) macht er sich zur Lebensmaxime (Aneis, 6,95): »Tu ne cede malis sed contra audentior ito«, übersetzt: »Weiche dem Übel nicht, sondern gehe ihm unverzagt entgegen.«

Mises war bemüht, der Öffentlichkeit wenig über seine Person mitzuteilen. Er war darauf bedacht, dass das Augenmerk der Außenwelt seinen wissenschaftlichen Arbeiten galt.[19] Zeitlebens setzt Mises auf die Überzeugungskraft der Argumente, verbunden mit der Hoffnung, dass gute Ideen schlechte Ideen verdrängen. Seine wissenschaftlichen Erkenntnisse, für die er eintritt, machen ihn zu einem *kompromisslosen Liberalen*. Er ist ein intellektueller, unbeugsamer Freiheitskämpfer: Aus seiner Sicht bedarf die Theorie einer freien Gesellschaft einer *unangreifbaren Fundierung*, damit sie gegen freiheitsfeindliche Doktrinen und Ideologien bestehen kann. Nur dann, wenn das Gesellschaftsgebäude auf einer *logisch-fundierten* nationalökonomischen Theorie aufgebaut ist, lässt sich die freie Marktwirtschaft zum Wohle aller Beteiligten erhalten. »Die tiefste und letzte Grunderkenntnis liberalen Geistes ist die, daß es die Ideen sind, die das gesellschaftliche Gebäude menschlicher Kooperation aufbauen und aufrechterhalten, und daß auf dem Fundament falscher und verkehrter Ideen ein dauerhafter Gesellschaftsbau nicht erreicht werden kann.« Das Anwenden falscher Ideen und Theorien hingegen läuft dem produktiven und friedvollen Zusammenleben in der Gemeinschaft zuwider. Falsche Theorien ermutigen zu Handlungen, die nicht im Interesse und zum Nutzen aller davon Betroffenen sind.[20]

Das vorliegende Buch gibt einen Überblick über Leben, Werk und Wirkung von Ludwig von Mises. Es ist keine in jeder Beziehung gründlich-erschöpfende Abhandlung über ihn als Mensch und Wissenschaftler, und es stützt sich auf bekannte Quellen. Als komprimierte Zusammenstellung soll dieses Buch den Zugang zu Mises' wichtigsten nationalökonomischen und erkenntnistheoretischen Beiträgen eröffnen – und den Leser zu einem weitergehenden Studium seiner Arbeiten ermutigen. Mises war nicht nur ein bemerkenswerter Wissenschaftler – als Ökonom, Erkenntnistheoretiker, Gesellschaftsphilosoph und theoretischer Historiker. Er zeichnete sich vor allem auch durch Mut und intellektuelle Unabhängigkeit, Integrität und Standhaftigkeit aus. Wohl niemand, der Mises' Werk aufmerksam studiert und sich dabei die Umstände vor Augen führt, unter denen er seine wissenschaftlichen Erkenntnisse verfasst und vertreten hat, kommt umhin, in ihm eine *Ausnahmepersönlichkeit* zu sehen.

Das vorliegende Buch gliedert sich in drei Teile. In Teil I werden Mises' Leben und die wichtigsten Stationen seines Werdeganges in der gebotenen Kürze nachgezeichnet. In Teil II werden ausgewählte Veröffentlichungen aus Mises' Werk in chronologischer Reihenfolge vorgestellt. Teil III ist der Wirkung seines Werkes gewidmet, insbesondere mit Blick auf die heutige Ausrichtung der modernen Wirtschaftswissenschaften.

Mein Dank gilt allen, die direkt oder indirekt, wissentlich oder unwissentlich zur Entstehung dieses Buches beigetragen haben. Insbesondere danke ich (in alphabetischer Ordnung): Professor Dr. Ansgar Belke (Universität Duisburg-Essen (1965–2020)), Dr. David Gordon (Ludwig von Mises Institute,

Auburn, Alabama, USA), Professor Dr. Jörg Guido Hülsmann (Universität Anger, Frankreich), Professor Dr. Hans-Hermann Hoppe (The Property and Freedom Society, Bodrum, Türkei), Professor Dr. Martin Leschke (Universität Bayreuth), Andreas Marquart (Ludwig von Mises Institut Deutschland), Professor Dr. Rolf W. Puster (Universität Hamburg), Lew Rockwell, Jr. (Ludwig von Mises Institute, Auburn, Alabama, USA), Joseph T. Salerno (Pace University, New York) und meinen Eltern Dr. Horst Polleit (1934–2018) und Anita Polleit (geb. Veltins). Frau Bianca Labitzke (Frankfurter Allgemeine Buch) danke ich für das Lektorat. Mein ganz besonderer Dank gilt meiner Frau Dr. Ruth Polleit Riechert: Ohne ihre Geduld, Unterstützung und Liebe hätte ich dieses Buch nicht schreiben können. Alle verbliebenen Unzulänglichkeiten, die dieser Text aufweist, sind ausschließlich mir anzulasten.

Thorsten Polleit
Königstein im Taunus, Mai 2018

TEIL I

Leben

Biografie und Werdegang

»Zu politischen Ideen und Doktrinen darf der Nationalökonom allenfalls auf Grund der Ergebnisse umfassender Denkarbeit gelangen; der Anfang wissenschaftlichen Denkens muss in der Abkehr von allen Bindungen an Programme und Parteien liegen.«

Ludwig von Mises (1940),
Nationalökonomie, S. 746.

Ludwig Heinrich Edler von Mises wird am 29. September 1881 in Lemberg (damals Hauptstadt des Kronlandes Galizien, heute gehört die Stadt mit dem Namen Lwiw zur Ukraine) als Sohn einer assimilierten jüdischen Familie geboren.[1] Wenige Jahre nach seiner Geburt nimmt sein Vater eine leitende Position im Eisenbahnministerium in Wien an. Die Familie zieht um in die Donaumetropole. Mises besucht das Akademische Gymnasium in Wien. Nach dem Besuch des Akademischen Gymnasiums in Wien von 1892 bis 1900 folgt das Universitätsstudium der Rechts- und Wirtschaftswissenschaften. Unter der Anleitung des Staatsrechtswissenschaftlers und Soziologen Carl Grünberg (1861–1940), einem Anhänger der *jüngeren Historischen Schule*, schreibt Mises seine Doktorarbeit. Er veröffentlicht sie 1902 unter dem Titel *Die Entwicklung des gutsherrlich-bäuerlichen Verhältnisses in Galizien 1771–1848*. Mises unterbricht seine Studien von Juli 1902 bis September 1903 als Einjährig-Freiwilliger. Gegen Ende 1903 beginnt er, das Buch *Grundsätze der Volkswirthschaftslehre* (1871) zu lesen, verfasst von Carl Menger. Das Studium dieses Buches soll für Mises wegweisend sein.

Mengers Buch konvertiert ihn zum Nationalökonomen. Sein wichtigster akademischer Lehrer wird Eugen von Böhm-Bawerk (1851–1914), ein Schüler von Carl Menger. Böhm-Bawerk erlangt internationalen Ruhm mit seinem zweibändigen Werk *Kapital und Kapitalzins.* 1904 tritt Böhm-Bawerk im Alter von 54 Jahren als österreichischer Finanzminister zurück und nimmt eine Professur an der Wiener Universität an. 1905 beginnt das Böhm-Bawerksche Seminar, und bis 1913 ist Mises regelmäßiger Teilnehmer. Die Doktorwürde der Rechte erlangt Mises 1906. Es folgt ein halbes Jahr lang eine Stellung als »Konzeptspraktikant« bei der k.u.k. Finanzbezirksdirektion in Wien, und im Anschluss daran ist Mises zwei Jahre lang als »Advokaturskandidat« an verschiedenen Gerichten tätig. Im April 1909 wird Mises Sekretär bei der niederösterreichischen Handels- und Gewerbekammer – eine Tätigkeit, die er, nur unterbrochen von seiner Kriegsteilnahme, bis 1934 wahrnimmt.[2] Mises verfasst eine Habilitationsschrift, die 1912 unter dem Titel *Theorie des Geldes und der Umlaufsmittel* veröffentlicht wird. Spätestens 1919 ist Mises als Chefvolkswirt der Handelskammer in Wien zum einflussreichsten Ökonomen Österreichs aufgestiegen. Zunächst lehrt er an der Wiener Handelsakademie für Mädchen und, nachdem er seine Habilitation abgeschlossen hat, ab 1913 als Privatdozent und ab 1918 als unbesoldeter außerordentlicher Professor an der Universität Wien. Mises bestreitet seinen Lebensunterhalt als Handelskammerökonom, in seiner Freizeit widmet er sich als Privatgelehrter seinen wissenschaftlichen Arbeiten, und zusätzlich dazu nimmt er eine ausgiebige Lehrtätigkeit wahr. Anfang 1927 gründet er das

»Österreichische Konjunkturforschungsinstitut« und bestellt Friedrich August von Hayek (1899–1992) zu dessen Leiter.

Trotz seiner wissenschaftlichen Leistungen bleibt Mises zeitlebens eine Berufung als ordentlicher Professor an einer deutschsprachigen Universität versagt. Mises ist Jude, und der in den Nachkriegswirren zunehmende *Antisemitismus* arbeitet gegen ihn. Zudem ist er – aufgrund seiner wissenschaftlichen Erkenntnisse – ein aufrechter Gegner des Sozialismus und ein kompromissloser Befürworter der Freiheitslehre, des Liberalismus. Das verschafft ihm in einer Zeit, in der der Liberalismus als unzeitgemäß und überwunden gilt und der Sozialismus – ob nun in seiner marxistischen oder nationalsozialistischen Ausprägung – als heilsbringende Lehre immer mehr Anhänger findet, nur wenige Freunde und Unterstützer. Und nicht zuletzt ist Mises prinzipientreu. Er ist kein Opportunist, ist nicht bereit, sich zu verbiegen, seine wissenschaftliche Arbeit den politischen Wünschen anzupassen. Die Ordinarien der Wiener Universität opponieren gegen ihn, als sich zeigt, dass Mises' Seminare immer stärker besucht werden. Als besonders intrigant treten Othmar Spann (1878–1950) und Hans Mayer (1879–1955) hervor.[3] Mises geht dazu über, außerhalb des Universitätsbetriebes zu lehren. Berühmt geworden ist dabei sein *Privatseminar*.

Ab 1920 findet Mises' Privatseminar im zweiwöchentlichen Rhythmus in seinem Büro in der Handelskammer in Wien statt, bis 1934, als er aufgrund des nationalsozialistischen Terrors Wien verlassen muss und nach Genf übersiedelt. In seinem Privatseminar, zu dem sich etwa zwei Dutzend Teilnehmer einfinden, werden nahezu alle Wissensgebiete, unterschiedlichste wissenschaftstheoretische Herangehensweisen (es geht hier um die *Methodologie)* und politische Standpunkte und Ideologien eingehend diskutiert. Zum

Privatseminar erscheinen viele, die später selbst zu bedeutenden Wissenschaftlern werden sollten. Etwa die Ökonomen Friedrich August von Hayek (1899–1992), Gottfried von Haberler (1900–1995), Fritz Machlup (1902–1983), Oskar Morgenstern (1902–1977), Paul Rosenstein-Rodan (1902–1985) und Richard von Strigl (1891–1942). Felix Kaufmann (1895–1949), der dem »Wiener Kreis« um den Philosophen Moritz Schlick (1882–1936) nahesteht, wird ein bedeutender Philosoph und Methodologe; Alfred Schütz (1899–1959), stark beeinflusst von der Phänomenologie, wie sie Edmund Husserl (1859–1938) vertritt, ein berühmter Soziologe; Erich Vögelin (1901–1985) ein bekannter Politikwissenschaftler und Historiker; und der Sohn von Carl Menger, Karl Menger (1902–1985), ein herausragender Mathematiker. Auch nehmen zuweilen ausländische Gäste teil: zum Beispiel John V. Van Sickle (1892–1975), Howard S. Ellis (1899–1992) und Lionel Robbins (1898–1984). Das Privatseminar beginnt um 19 Uhr und endet gegen 22 Uhr. Danach begibt man sich zum Nachtessen ins »Ancora Verde«, anschließend wird im »Café Künstler« weiter diskutiert.

Bereits in den 1920er-Jahren erfährt Mises' wissenschaftliche Arbeit zunehmend Kritik, und zwar von den *Neopositivisten* (oder auch: *Logischen Positivisten)* des »Wiener Kreises«.[4] Zu ihnen zählen neben dem Philosophen Moritz Schlick (1892–1936) auch Otto Neurath (1882–1945), Hans Reichenbach (1891–1953) und Rudolf Carnap (1891–1970). Die Neo-Positivisten nehmen folgende wissenschaftstheoretische Grundhaltungen ein: (1) Das wissenschaftliche Denken und Forschen hat sich allein am »positiv« Gegebenen auszurichten – also an dem, was wahrnehmbar, beobachtbar und messbar ist –, und Gesetzmäßigkeiten über das für den Menschen Erkennbare gibt es nicht. (2) Es gibt nur zwei Arten von wissenschaftlichen Aussagen. Zum einen gibt es solche, bei denen es sich um beliebige terminologische Festsetzungen handelt. Das sind die *analytischen Aussagen*. Sie sind nicht-hypothetisch *(a priori)* wahr, besitzen aber keinen empirischen Gehalt. Zum anderen gibt es *empirische Aussagen*. Diese sind zwar realitätsbezogen, haben jedoch nur hypothetische Gültigkeit, ihr Wahrheitsgehalt muss daher anhand von Erfahrung überprüft werden.

Die Neopositivisten verneinen vehement die Existenz von nicht-hypothetischem (also wahrem) Realitätswissen, weisen es als unwissenschaftlich zurück. Damit lehnen sie die wissenschaftliche Methode ab, die Mises für die Nationalökonomie vertritt – und damit auch die nationalökonomischen Erkenntnisse, die er auf dieser Grundlage erarbeitet hat. Mises' Lehre steht für genau das, was die Neopositivisten bestreiten: erfahrungsunabhängiges Wissen über die Lebenswirklichkeit. Der Neopositivismus bleibt zunächst, in seiner Wiener Zeit, recht einflusslos. Er wird jedoch dominierend im Wissenschaftsbetrieb, nachdem viele seiner Vertreter vor den Nationalsozialisten in die Vereinigten Staaten von Amerika und nach Großbritannien geflohen sind und dort einflussreiche Positionen an amerikanischen Universitäten erlangt haben. Vor allem der *Kritische Rationalismus* Karl Raimund Poppers (1902–1994) wird zur Richtschnur des wissenschaftlichen Arbeitens in den Sozial- und Wirtschaftswissenschaften.[5] Angewendet besagt er, dass das nationalökonomische Wissen nur durch Erfahrung zu gewinnen und zu überprüfen ist. Dabei kann es bestenfalls gelingen, eine nationalökonomische Hypothese (wie zum Beispiel die folgende: »Wenn die Steuern steigen, nimmt die Produktionsleistung ab«) *nicht zu falsifizieren*. Es kann aber niemals gelingen, sie abschließend als wahr anzusehen, sie zu *verifizieren*. Der Grund: Künftiges

Testen könnte das bislang gewonnene Resultat widerlegen. Aber auch in einem solchen Fall hieße das nicht, dass die Hypothese als verifiziert gelten kann. Schließlich kann es ja künftige Beobachtungen geben, die sie falsifizieren können.

Die Kernbotschaft des Kritischen Rationalismus, der in der Tradition des (Neo-)Positivismus steht, lautet: Verlässliche wissenschaftliche Erkenntnis lässt sich nicht erlangen. Alles, was man hoffen darf, ist ein mögliches Hinbewegen auf die Erkenntnis, ohne sie jedoch jemals erreichen zu können. Der Kritische Rationalismus steigt zum akzeptierten Dogma in der Wirtschaftswissenschaft auf – und mit ihm halten Skeptizismus und Relativismus Einzug. Deren Siegeszug dürfte insbesondere dem amerikanischen Ökonomen Milton Friedman (1912–2006) zuzuschreiben sein. Friedmans Aufsatz *The Methodology of Positive Economics* (1953) – einer der vermutlich bekanntesten Beiträge zur Wissenschaftsmethode in der Wirtschaftswissenschaft – ebnet den Weg. Die Wirtschaftswissenschaftler eifern heute mehrheitlich der Methode der Naturwissenschaft nach. Sie erstellen Modelle, formulieren »Wenn-dann-Hypothesen« und »testen« sie nachfolgend anhand von historischen Daten. Sie betreiben »empirische Wirtschafsforschung«, unterziehen ihre Theorien einer Überprüfung anhand der Datenlage, um ihren Wahrheitsgehalt zu beurteilen. Nationalökonomische Theorien haben sich an der Empirie zu bewähren, so lautet das Wissenschaftscredo.

Mises weist ein solches Vorgehen zurück. Ihm entgeht nicht, dass die Aussage des Positivismus, es gäbe nur analytische oder empirische Aussagen, logisch widersprüchlich ist, und dass folglich auf solch einem intellektuellen Fehler keine Wissenschaft der Nationalökonomie aufbauen kann. Der Positivismus postuliert, dass eine Aussage *entweder* analytisch *oder* empirisch sein muss, um wahr zu sein. Doch das führt zu Problemen und Widersprüchen. Ist dieses Postulat analytisch, so kann es, gemäß dem Positivismus, nicht beanspruchen, einen Realitäts- beziehungsweise Wahrheitsbezug zu haben: Es kann nicht in Anspruch nehmen, etwas Verlässliches über die Realität auszusagen, weil es als analytische Aussage lediglich eine terminologische Festsetzung ist. Ist das Postulat hingegen empirisch, kann es ebenfalls keinen Wahrheitsgehalt beanspruchen. Sein Wahrheitsgehalt muss vielmehr (fortwährend) getestet, muss anhand von Beobachtungen überprüft werden. Das aber kann nicht zu einer abschließenden Beurteilung führen, ob das Postulat wahr ist oder nicht: Schließlich lassen sich aus Einzelbeobachtungen rein logisch keine Schlussfolgerungen über das Generelle ableiten. Doch Mises' Einwände dringen nicht durch.

Dass Mises den Positivismus als wissenschaftliche Grundlage für die Nationalökonomie mit Nachdruck zurückweist – und dadurch in eine Außenseiterposition im wirtschaftswissenschaftlichen Betrieb gerät –, hat vor allem auch den folgenden Grund: Er erkennt die freiheitsgefährdenden Folgen, die die Anwendung dieser (vermeintlich) wissenschaftlichen Methode in der Nationalökonomie mit sich bringt; die Ökonomenzunft verliert ihre Unbefangenheit, ihre intellektuelle Unabhängigkeit, und der Vereinnahmung durch politische Interessen wird Tür und Tor geöffnet. Warum? Nun, keine Politik kann sich von nationalökonomischen Erwägungen loslösen. Und weil Politik auf Zustimmung der Öffentlichkeit angewiesen ist – wie das in besonderem Maße in den modernen Demokratien der Fall ist –, wächst der Anreiz für Politiker und Vertreter von Sonderinteressen, sich die Nationalökonomie nutzbar zu machen, sie zur (Schein-)Legitimierung ihrer Vorhaben heranzuziehen, selbst wenn das gegen die ökonomische Vernunft, gegen ökonomische Gesetzmäßigkeiten verstößt. Mit Mises' Praxeologie, einer *erfahrungsunabhängigen Handlungswissenschaft*, ist eine solche Vereinnahmung der Nationalökonomie nicht möglich.

Im Frühjahr 1934 erhält Mises die Einladung, das Studienjahr 1934/35 am renommierten Genfer *Institut Universitaire des Hautes Études Internationales* zu verbringen. Mises nimmt an und siedelt in die Schweiz über. Er arbeitet jedoch weiterhin für die Wiener Handelskammer und ist noch häufig in Wien. Bis zum Anschluss Österreichs an das Deutsche Reich 1938. Dann macht der ungehemmte nationalsozialistische Terror, der Wien erreicht, es Mises unmöglich, in sein Heimatland zu reisen. Sein Lehrauftrag in der Schweiz wird bis 1940 verlängert. Die Jahre in Genf müssen für Mises glücklich gewesen sein: Von den Verpflichtungen des Tagesgeschäftes eines Ökonomen der Handelskammer befreit, kann er sich mit voller Kraft seinen wissenschaftlichen Arbeiten widmen. In seiner Zeit in Genf verfasst Mises sein Hauptwerk *Nationalökonomie. Theorie des Handelns und Wirtschaftens*, das 1940 veröffentlicht wird. Zudem befindet er sich in einem Kreis von kongenialen Gelehrten wie William E. Rappard (1883–1958) und Paul Mantoux (1877–1956), die das Institut leiten, wie auch Wilhelm Röpke (1899–1966), Louis Baudin (1887–1964), Guglielmo Ferrero (1871–1942) und seinem Jugendfreund Hans Kelsen (1881–1973). Doch Mises' Zeit in der Schweiz geht dem Ende entgegen.

Am 1. September 1939 überschreitet die deutsche Wehrmacht die Grenze nach Polen. Die Kriegserklärung Englands und Frankreichs an Deutschland am 3. September 1939 führt in den Zweiten Weltkrieg. Mises ist in der Schweiz bald umzingelt: Am 14. Juni 1940 besetzen die Nationalsozialisten Paris. Deutschland, Österreich, Italien und auch Frankreich befinden sich in den Händen der Nationalsozialisten. Margit von Mises drängt ihren Mann – sie hatten 1938 geheiratet –, Europa zu verlassen und in die Vereinigten Staaten von Amerika auszuwandern. Anfang Juli 1940 bricht das Ehepaar aus Genf auf. Sie reisen mit dem Bus, in einer Gruppe von Flüchtigen. Auf Nebenstraßen fahren sie, immer wieder den vorrückenden deutschen Truppen ausweichend, nach Südfrankreich. Von dort geht es weiter nach Portugal, Richtung Lissabon. Die Flucht mit dem Schiff in die Vereinigten Staaten von Amerika verzögert sich. Schließlich gelingt die Ausreise. Das Ehepaar erreicht New York im August 1940. Ludwig von Mises ist jetzt fast sechzig Jahre alt – und auf dem Tiefpunkt seines Lebens angekommen.

Eine akademische Stellung hat er nicht in Aussicht. Auch in den Vereinigten Staaten von Amerika ist er ein Außenseiter im Wirtschaftswissenschaftsbetrieb: Der *Keynesianismus* – das Befürworten staatlicher Eingriffe in das Wirtschaftsleben – ist die vorherrschende Lehre. Der Liberalismus und die freie Marktwirtschaft gelten als überholt. Von 1940 bis 1942 hat das Ehepaar kein festes Zuhause, zieht von einem Hotel zum anderen und zehrt von seinen Ersparnissen. Doch Mises' Willenskraft und sein intellektueller Mut sind ungebrochen. Im Herbst 1940 beginnt er, seine *Erinnerungen* niederzuschreiben. Sie handeln vor allem von seinen Erfahrungen im Wissenschaftsbetrieb in Wien; Persönliches bleibt weitestgehend ausgespart. Im Dezember stellt er das Manuskript fertig. Zwei Jahre später überreicht er es seiner Frau mit der Bitte, es posthum zu veröffentlichen. Im Jahr 1978, fünf Jahre nach seinem Tod, werden die *Erinnerungen* von ihr publiziert, in deutscher Sprache und in englischer Übersetzung unter dem Titel *Notes and Recollections*, übertragen von Hans F. Sennholz (1922–2007). Im Vorwort schreibt Margit von Mises: »Ich hoffe, daß das schmale Buch von vielen denkenden Männern und Frauen gelesen werden wird. Die bösen Folgen der Inflation und des Sozialismus-Kommunismus, die immer größer werdende Macht und Korruption der Regierungen werden ihnen klar werden, und ein Gefühl der Angst wird sie ergreifen. Niemand weiß, ob Geschichte sich nicht wiederholen kann. Wir können es nur verhindern, wenn wir die Zusammenhänge verstehen.«[6]

Mises erlangt zunächst keine angemessene akademische Position. Schließlich gelingt es seinem ehemaligen Schüler John V. Van Sickle, ihm ein Stipendium der *Rockefeller Foundation* zu beschaffen, das terminiert ist bis Ende 1944. Es ermöglicht Mises, seine wissenschaftliche Arbeit wieder aufzunehmen. 1944 legt er zwei Bücher vor: *Bureaucracy* und *Omnipotent Government.* 1945 wird Mises dann eine Teilzeit-Gastprofessur an der New York University (NYU) angeboten. Er nimmt an und beginnt zu lehren. 1949 wird seine Stellung in eine permanente Vollzeit-Gastprofessur umgewandelt. Im gleichen Jahr veröffentlicht Mises *Human Action. A Treatise on Economics.* Es ist die Übersetzung der überarbeiteten und erweiterten Ausgabe seiner *Nationalökonomie. Theorie des Handelns und Wirtschaftens,* die 1940 erschien. *Human Action* umfasst fast 1000 Seiten – und ist ein Erfolg. Mises' Lehren finden jetzt Verbreitung. 1957 veröffentlicht er *Theorie und Geschichte. Eine Interpretation sozialer und wirtschaftlicher Entwicklung* und 1962 *The Ultimate Foundation of Economic Science. An Essay On Method.* Zudem publiziert Mises Aufsätze und Vorlesungen. Seine Lehrtätigkeit nimmt er noch bis 1969 wahr. Dann zieht Mises sich, als dienstältester Professor in Amerika und mittlerweile schwerhörig, im Alter von 87 Jahren aus der aktiven Lehre zurück. Am 10. Oktober 1973 stirbt Ludwig von Mises in New York.

Mises hat es weitgehend vermieden, Aufzeichnungen über sein Privatleben zu hinterlassen. Für den Zugang zu Mises' wissenschaftlichem Werk ist es jedoch hilfreich, wenn man auch etwas über den Menschen Ludwig von Mises weiß – und über die zeitgeschichtlichen und persönlichen Umstände, unter denen er seine Erkenntnisse erarbeitet und unerschrocken verbreitet hat. Die einzige autobiografische Schrift, die Mises verfasst, sind seine *Erinnerungen*. Wer sich für Mises' Leben und vor allem seine Person interessiert, wird nun vielleicht große Erwartungen hegen, wenn er die *Erinnerungen* aufmerksam studiert. Er mag zum Beispiel die Hoffnung haben, ganz Persönliches über Mises zu erfahren, etwa über seine Kindheit, seine Familie, seine Schul- und Universitätszeit, seine Ehe, seine Vorlieben, Hoffnungen und Sorgen. Doch nichts dergleichen geben die *Erinnerungen* preis. Der Leser erhält fachlich aufschlussreiche Einblicke in die Entwicklungen der Österreichischen Republik in der Zwischenkriegszeit und in Mises' akademisches und politisches Wirken bis zum Jahre 1940.

Die *Erinnerungen* geben dem Leser dennoch einige Hinweise über Mises' Persönlichkeit. Mises schwamm nicht mit dem Strom, handelte nicht opportunistisch, sondern folgte bereits früh seinen nationalökonomischen Überzeugungen – und blieb dieser Grundlinie in Wort und Tat zeitlebens treu. Im Winter 1918/19 etwa wirkt Mises maßgeblich auf den führenden Austromarxisten Otto Bauer (1881–1938) ein und wendete damit letztlich in Wien die Bolschewistische Revolution ab. Er überzeugt Bauer, dass der Bolschewismus katastrophal für die Lebensbedingungen der jungen Republik sei. Unmittelbar nach dem Ersten Weltkrieg setzt Mises sich dafür ein, die chronische Defizit- und Inflationspolitik zu beenden. Seine Anstrengungen sind insofern erfolgreich, als dass der Kaufkraftverfall der Österreichischen Krone 1922 gestoppt werden kann. Zwar hat die Krone drastisch an Wert verloren, zumindest bleibt ihr jedoch das Schicksal der Deutschen Reichsmark, die in der Inflationspolitik 1923 unterging, erspart.

Mises berichtet zudem, dass ihm ab 1921, als mittlerweile anerkannter Währungs- und Bankexperte, immer wieder Vorstandspositionen in Banken angeboten wurden, die er aber ablehnte, weil er nicht die Zusicherung erhielt, dass seine Ratschläge auch befolgt werden würden. Es ging ihm auch hier offensichtlich nicht um persönliches Fortkommen, sondern um die Verwirklichung der Vorstellungen, die er für richtig hielt. Das Folgende kann vermutlich als besonders aufschlussreiches Zeichen für seine persönliche Integrität gewertet werden. Mises erfuhr vom eigentlich geheim gehaltenen »Dispositionsfonds« der Österreich-Ungarischen Bank, aus dem Pressevertreter und andere »Protektionskinder« bezahlt beziehungsweise bestochen wurden. Doch das Wissen darüber, dass seine Gegner in Presse und Wissenschaft Nutznießer dieser Korruptionsvorgänge waren, und dass vor allem aus diesem Grunde ihre Angriffe einer sachlichen Grundlage entbehrten, veranlasste Mises nicht, davon Gebrauch zu machen: »Der Nationalökonom hat sich mit Doktrinen auseinanderzusetzen und nicht mit Menschen. Er hat falsche Doktrinen zu kritisieren; es ist nicht seines Amtes, die persönlichen Motive von Irrelehren zu enthüllen.«[7] Mises glaubte zeitlebens an die (Überzeugungs-)Kraft der guten Argumente, der guten Ideen. Er hatte diesbezüglich eine unbeugsame, kompromisslose Haltung.

Mises hat sich das Prinzip zu eigen gemacht, in Auseinandersetzungen die intellektuellen Fehlschlüsse seiner Gegner offenzulegen; diffamierende, persönliche Angriffe unterlässt er. In seinen *Erinnerungen* weicht er jedoch von diesem Prinzip ab – doch das ist entschuldbar, denn es betrifft weit Zurückliegendes: Mises nimmt kein Blatt vor den Mund, als er über seine Lehrtätigkeit an der Universität Wien berichtet – und er zeigt damit, wie tief seine Enttäuschung über das Erfahrene sitzt.

Die drei nationalökonomischen Lehrstühle sind von Othmar Spann, Hans Mayer und Ferdinand Graf Degenfeld-Schonburg (1882–1952) besetzt: »Spann kannte die moderne Nationalökonomie kaum; er lehrte nicht Nationalökonomie, er predigte Universalismus, d.h. Nationalismus. Degenfeld hatte noch weniger Ahnung von den Problemen der Nationalökonomie; das Niveau seines Unterrichts wäre kaum für eine Handelsschule niederen Ranges als ausreichend befunden worden. Mayer ... selbst war ganz kritiklos, hat nie einen selbständigen Gedanken hervorgebracht, hat eigentlich nie begriffen, worum es in der Nationalökonomie ging. ... Ich brauchte mir nichts drauf einzubilden, daß die Studenten, die jungen Doktoren und die vielen Ausländer, die ein oder zwei Semester in Wien arbeiten wollten, meinen Unterricht vorzogen.«[8]

Für den wirtschaftswissenschaftlichen Betrieb an den deutschen Hochschulen in den 1930er-Jahren findet Mises ebenfalls unmissverständliche Worte: »Ich habe von den deutschen Hochschullehrern der ›wirtschaftlichen Staatswissenschaften‹ und der Soziologie keinen günstigen Eindruck erhalten.«[9] Er bemängelt nicht nur fachliche Defizite, sondern auch ihre mangelnde Charakterstärke und ihren unverhohlenen Opportunismus: »Sie waren mit den mathematischen Grundfragen der Statistik nicht vertraut. Sie waren juristisch, banktechnisch, technologisch, handelstechnisch Laien. Mit staunenswerter Unbekümmertheit veröffentlichten sie Bücher und Abhandlungen über Dinge, von denen sie nichts verstanden. Viel schlimmer war es, daß sie stets bereit waren, den Mantel nach dem Winde zu drehen. Um 1918 waren die meisten von ihnen von Sympathien für die Sozialdemokraten erfüllt, 1933 aber paktierten sie mit den Nationalsozialisten. Sie wären auch Kommunisten geworden, wenn der Bolschewismus ans Ruder gekommen wäre.«[10] »Der Umgang mit diesen Männern hat mir klargemacht, daß das deutsche Volk nicht mehr zu retten war. Denn diese charakterlosen Schwachköpfe waren schon eine Auslese der Besten. Sie lehrten an den Universitäten das für die politische Bildung wichtigste Fach, sie wurden als Vertreter der Wissenschaft von den Massen und den Gebildeten mit höchster Achtung behandelt. Was sollte aus einer Jugend werden, die solche Lehrer hatte.«[11]

Als er seine *Erinnerungen* verfasst, befindet Mises sich in einer äußerst bedrängnisvollen Lage, persönlich wie beruflich, und so erklären sich wohl auch seine niedergeschlagenen Worte: »Ich habe manchmal die Hoffnung gehegt, daß meine Schriften eine praktische Wirkung erreichen und der Politik den Weg weisen würden. Ich habe immer nach den Anzeichen eines ideologischen Wandels Umschau gehalten. Doch ich habe mich eigentlich nie darüber getäuscht, daß meine Theorien den Niedergang der großen Kulturen erklären, ihn aber nicht aufhalten. Ich wollte Reformer werden, doch ich bin nur Geschichtsschreiber des Niedergangs geworden.« Doch das ist nur eine Momentaufnahme. Mises resigniert nicht. Er ist ein Kämpfer, und nach einiger Zeit in den Vereinigten Staaten von Amerika gewinnt er neue Hoffnung und Schaffenskraft, und er verbreitet wieder aktiv die Lehren, dass sich Inflation, Interventionismus, Sozialismus und Totalitarismus mit intellektuellen Mitteln abwenden beziehungsweise überwinden lassen.

Die wohl persönlichsten Bilder von Mises zeichnet das Buch *My Years with Ludwig von Mises*, das seine Frau Margit von Mises (1890–1993) im Jahr 1978 veröffentlicht hat. Ihr gelingt es darin, einfühlsam und in zuweilen berührender Weise über das gemeinsame Leben mit ihrem Mann zu berichten und einen Blick auf den Menschen Ludwig von Mises zu werfen. Im Vorwort zur deutschen Ausgabe schreibt sie: »Ludwig von Mises war äußerst zurückhaltend, was sein persönliches Leben betraf. Aber hinter dieser äußeren Verschlossenheit verbargen sich Leidenschaft und innere Wärme. Niemals sprach er mit anderen über sich, seine Familie oder sein Privatleben. Seine Vorträge, seine Schriften, seine Bücher waren für die Öffentlichkeit bestimmt, seine Gefühle gehörten mir. Ich glaube, mit Recht behaupten zu dürfen, daß ich die einzige bin, die den Menschen, den Mann wirklich gekannt hat.«[12] Sie setzt alles daran, ihren Mann – der für sie »ein großer Denker, ein großer Gelehrter, ein bedeutender Lehrer und doch im Grunde ein einsamer Mensch«[13] ist – auf seinem Weg zu begleiten: »Und ich wußte auch, daß das nur möglich war, wenn sein Leben mein Leben würde. Seine Arbeit mußte mir wichtiger sein als alles, was ich bisher getan hatte. Nur solange ich dieses Bewußtsein in mir lebendig halten konnte, bestand die Möglichkeit einer guten Ehe, die wir beide doch so sehr erhofften.«[14]

Mises arbeitet ganz offensichtlich höchst effizient und produktiv. Nur so ist zu erklären, wie er in seiner Wiener Zeit die umfangreichen und vor allem auch originären Schriften veröffentlichen konnte. Schließlich arbeitet er ja hauptberuflich als Volkswirt der Handelskammer und nimmt darüber hinaus noch eine Lehrtätigkeit wahr – seine wissenschaftlichen Arbeiten erstellt er gewissermaßen nebenbei. Dennoch bringt er die Zeit auf, sich auch den schönen Künsten – Musik und Theater – zu widmen. Diese Wiener Lebensqualität bewahrt er sich auch nach der Emigration in die Vereinigten Staaten von Amerika. Margit von Mises schreibt: »Es bleibt mir unverständlich, wie er das schaffte, aber immer hatte Lu Zeit für alles und für jeden. Seine Arbeit und seine Zeit waren gleich gut organisiert. Und trotz seiner vielen Tätigkeiten gingen wir jeden Samstag oder Sonntag – wenn nicht gerade eine NAM-Sitzung [gemeint ist eine Sitzung der National Association of Manufacturers, *A.d.V.]* stattfand – zusammen in ein Museum oder besichtigten eine Kunstgalerie, und regelmäßig gingen wir einmal während des Wochenendes in ein Theater.«[15]

Aus ihrer gemeinsamen Zeit in Genf berichtet Margit von Mises auch über »Lus plötzliche Unbeherrschtheit, seine unerwarteten Zornesausbrüche«.[16] »Er konnte plötzlich – über eine ganz unwesentliche Angelegenheit – in eine derartige Erregung geraten, daß er nicht wiederzuerkennen war.«[17] Die Vermutung liegt nahe, dass Mises gerade in dieser für ihn schwierigen Zeit innerlich höchst bedrückt ist. Schließlich weiß er als Nationalökonom, was es bedeutet, wenn sich die Nationen vom Kapitalismus und Liberalismus abkehren: Konflikt, Krieg, Dezivilisierung und Verarmung sind die Folgen. Mises ist vermutlich auch frustriert, dass seine wissenschaftlichen Erkenntnisse ungehört verhallen, und dass zudem noch sein Leben und das seiner Frau in Gefahr geraten. Für Margit sind Ludwigs Wutausbrüche »der äußere Ausdruck seiner schweren, inneren Depression, einer latenten Unzufriedenheit und einer großen Sehnsucht nach Liebe und Verständnis.«[18] Doch auch in diesen schwierigen Phasen hält sie zu ihm: »Ich gehörte zu ihm, ich liebte ihn, meine Gegenwart war für ihn die einzige Möglichkeit, sich von den seit langem angesammelten Qualen zu befreien.«[19]

In dem wenigen, in dem Mises über sich selbst Auskunft gibt, aber vor allem aus den Schilderungen von Margit von Mises über das Leben an der Seite ihres Mannes wird deutlich, dass Ludwig von Mises als Mensch in vielerlei Hinsicht ein Vorbildcharakter ist – heutzutage würde man wohl von »Role Model« sprechen. Mises kompromittiert seine wissenschaftliche Integrität nicht, auch nicht in Zeiten größter persönlicher Bedrängnis. Er heult nicht mit den Wölfen, wie viele seiner

Fachkollegen; er ist nicht bereit, sich vereinnahmen zu lassen. Den politischen Kreisen dient er sich nicht an, um seine Karrierechancen zu fördern. Opportunismus ist ihm fremd. Für seine Überzeugungen nimmt Mises in Kauf, dass er sich – aus Sicht der staatlich besoldeten Ökonomen – zum Außenseiter im wirtschaftswissenschaftlichen Betrieb macht. Eine zentrale Botschaft, die viel über sein Selbstverständnis als Mensch und Wissenschaftler aussagt, formuliert Mises eindrücklich in *Nationalökonomie* (1940): »Zu politischen Ideen und Doktrinen darf der Nationalökonom allenfalls auf Grund der Ergebnisse umfassender Denkarbeit gelangen; der Anfang wissenschaftlichen Denkens muss in der Abkehr von allen Bindungen an Programme und Parteien liegen. ... Wie die Naturforscher und die Historiker damit anfangen mussten, sich von den Lehren der Bibel und der Dogmen zu befreien, so muss der Nationalökonom sich von den Parteilehren lösen. Das allein und nichts anderes ist der Sinn der Forderung voraussetzungsloser Forschung.«[20] Mises ist sich bewusst, dass ein Ökonom, der das wissenschaftliche Wahrheitsstreben kompromisslos verfolgt, bei Regierungen und Demagogen niemals beliebt sein wird, und dass er von ihnen umso stärker abgelehnt wird, je unerschütterlicher seine Argumente sind.[21]

Mises setzt sich von Beginn seines wissenschaftlichen Arbeitens an mit den wichtigen, den großen gesellschaftstheoretischen und -politischen Fragen seiner Zeit auseinander. Er verliert sich nicht in mehr oder weniger belanglosen und politisch gefälligen Nebenkriegsschauplätzen. Frühzeitig entwickelt Mises ein sehr feines Gespür für die besondere Wichtigkeit der *wissenschaftlichen Methode* in der Nationalökonomie – das heißt also für das Vorgehen, mit dem sich Erkenntnisse (im Sinne wahren Wissens) in der Volkswirtschaftslehre gewinnen und beurteilen lassen. Vor allem ab den 1920er- und frühen 1930er-Jahren beschäftigt sich Mises sehr ausführlich mit dieser Frage,[22] und er setzt sich dabei auch eingehend mit Kritik, die ihm entgegenschlägt, auseinander. Mises hat im Laufe seines langen Wissenschaftlerlebens zwar auch die eine oder andere Erkenntnis- und Meinungsäußerung, die er in früheren Publikationen gemacht hat, nachfolgend präzisiert beziehungsweise revidiert;[23] darin kommt vor allem Mises' Charakterzug zum Ausdruck, die wissenschaftliche Wahrheitsfindung stets an erste Stelle zu setzen, sich nicht zu scheuen, auch unwillkommene Ansichten zu vermitteln, selbst wenn sie eigene Arbeiten betreffen. Insgesamt gesehen reihen sich jedoch Mises' wissenschaftliche Beiträge recht gradlinig, vergleichsweise nahtlos und ohne auffällig große Brüche aneinander – verglichen mit den mitunter gewaltigen Positions- und Meinungsänderungen, die bei vielen angesehenen Volkswirten bis zum heutigen Tag fast schon »zum guten Ton« gehören.

Es gelingt ihm mit *logischen* Mitteln zu zeigen, dass die Nationalökonomie *keine* Erfahrungswissenschaft, sondern eine *apriorische Handlungswissenschaft* ist: Der Wahrheitsgehalt der Aussagen, die die Nationalökonomie bereitstellt, lässt sich, ausgehend von apriorischen Prämissen, allein aufgrund logisch-begrifflicher Analysen überprüfen.[24] Diese erkenntnistheoretische Position ist der rote Faden, der sich durch Mises' wissenschaftliches Lebenswerk zieht. Wie stringent und konsequent Mises dabei gearbeitet hat, wird deutlich, wenn man sich sein wissenschaftliches Werk in chronologischer Reihenfolge vor Augen führt. Das soll auf den folgenden Seiten geschehen: Die wesentlichen Aussagen, die sich in Mises' wichtigsten Werken finden, werden in den folgenden Kapiteln vorgestellt.

TEIL II

Werk

Bahnbrechende, zeitlose Beiträge zur Geldtheorie

Theorie des Geldes und der Umlaufsmittel

»Es wäre ein Irrtum, wollte man annehmen, daß der Bestand der modernen Organisation des Tauschverkehres für die Zukunft gesichert sei. Sie trägt in ihrem Innern bereits den Keim der Zerstörung. Die Entwicklung des Umlaufsmittels muß notwendigerweise zu ihrem Zusammenbruche führen.«

Ludwig von Mises (1912), *Theorie des Geldes und der Umlaufsmittel*, S. 472.

Im Jahr 1912 veröffentlicht Ludwig von Mises seine Habilitationsschrift, die er an der Universität Wien eingereicht hat. Sie trägt den Titel *Theorie des Geldes und der Umlaufsmittel*. Das Buch enthält *echte* Erkenntnisfortschritte über Wesen und Wirkung des Geldes in einem arbeitsteilig organisierten Gemeinwesen. Auch nach mehr als hundert Jahren seit der Erstveröffentlichung ist der Erkenntniswert von Mises' geldtheoretischen Arbeiten ungeschmälert. Umso bedauerlicher ist es, dass *Theorie des Geldes und der Umlaufsmittel*, die 1924 in einer überarbeiteten zweiten Auflage erschienen ist, heute in der geldtheoretischen Lehre weitgehend in Vergessenheit geraten ist. In den geläufigen Standardwerken zur Geldtheorie sucht man nach Hinweisen auf Mises' Beiträge meist vergeblich. Gleiches gilt für populärwissenschaftliche Werke zur Geldgeschichte. Beispielhaft genannt sei hier Niall Fergusons Weltbestseller *The Accent of Money: A Financial History of the World* (2008): Der Name des österreichischen Ökonomen taucht im Literaturverzeichnis nicht auf.

Im Folgenden sollen einige wichtige geldtheoretische Erkenntnisse, die Mises vorgelegt hat, herausgestellt werden. – Beginnen wir mit der grundlegenden Frage: Was ist Geld? Geld, so Mises, ist ein Gut wie jedes andere Gut auch. Jedoch hat es eine wichtige Besonderheit: Es ist das liquideste, das marktfähigste Gut. Geld ist das *allgemein akzeptierte Tauschmittel.* Geld ist kein Konsumgut. Es ist auch kein Produktionsgut. Geld ist ein Gut eigener Art (*sui generis*): Es ist *Tauschmittel.* Die Tauschmittelfunktion ist auch die *einzige* Funktion des Geldes. Die Recheneinheitsfunktion zeigt sich darin, dass die Güterpreise in Geld ausgedrückt werden (zum Beispiel: ein Apfel ist gegen Hingabe von einem Euro erhältlich) – und steht damit unmittelbar für die Tauschmittelfunktion. Die Wertaufbewahrungsfunktion bezeichnet nichts anderes als die zeitliche Verschiebung der Tauschmittelfunktion.

Wenn Geld nur eine Funktion hat – und das ist die Tauschmittelfunktion –, so muss man schlussfolgern: Die Vermehrung der Geldmenge bringt *keinen* volkswirtschaftlichen Wohlfahrtsgewinn. Während ein Ausweiten der Konsum- und Produktionsgütermenge die Volkswirtschaft reicher macht, gilt das nicht auch für ein Ausweiten der Geldmenge. *Vielmehr ist jede gerade verfügbare Geldmenge in einer Volkswirtschaft ausreichend,* erfüllt die Gelddienste so gut wie jede andere Geldmenge. Wird eine Gütermenge mit einer großen Geldmenge umgesetzt (zum Beispiel 10.000 Milliarden Euro), fallen die Güterpreise und die Umsätze hoch aus im Vergleich zu einer Situation, in der die verfügbare Geldmenge klein ist (zum Beispiel 5.000 Milliarden Euro). Gesamtwirtschaftlich gesehen gibt es zwar keinen Nutzen, wenn die Geldmenge steigt, jedoch ist eine *Veränderung* der Geldmenge höchst bedeutsam. Das soll nun näher erklärt werden.

In *Theorie des Geldes und der Umlaufsmittel* integriert Mises das Geld in die *Grenznutzentheorie*, die ökonomische Theorie, die bis heute in der Volkswirtschaftslehre die Grundlage der Wert- und Preistheorie ist. Der Grenznutzentheorie zufolge ist der Wert eines Gutes stets *subjektiv*: Er liegt gewissermaßen im Auge des Betrachters. Dinge haben nicht einen Wert an sich, sondern ihr Wert wird ihnen vom handelnden Individuum zugewiesen; der Wert ist nichts Objektives. Unterschiedliche Menschen können ein Gut unterschiedlich wertschätzen, und selbst für eine einzelne Person kann der Wert eines Gutes zu verschiedenen Zeitpunkten unterschiedlich sein. Das ist wichtig für das Verständnis des *Geldwertes*: Das Geld ist, wie bereits angeführt, ein Tauschgut. Sein Wert leitet sich vom Nutzen der Güter ab, die man gegen Hingabe von Geld erhält. Der *subjektive Grenznutzen* der Güter, die sich mit Geld kaufen lassen, bestimmt folglich auch den subjektiven Tauschwert des Geldes. Mises drückt das so aus: »Der subjektive Geldwert führt immer auf den subjektiven Wert der für das Geld im Austausch erhältlichen anderen wirtschaftlichen Güter zurück.«[1]

Die Grenznutzentheorie erlaubt, eine weitere Aussage zu machen: Der Grenznutzen eines Gutes – verstanden als der Nutzen der zusätzlich verfügbaren Gütereinheit – nimmt mit steigender Menge des Gutes ab. Der Grund: Jede zusätzlich verfügbare Einheit eines Gutes, die den Gütervorrat erhöht, stiftet einen Grenznutzen, der niedriger ist als der Grenznutzen, den eine Einheit des Gutes erzielen kann bei einem um eine Einheit geringeren Gütervorrat. Dieser *ökonomischen Gesetzmäßigkeit* unterliegt auch das Gut Geld. Die erste Geldeinheit wird zur Befriedigung des dringlichsten Bedürfnisses verwendet. Die zweite Geldeinheit zur Befriedigung des nächst dringlichsten Bedürfnisses. Und so weiter. Folglich nimmt der Grenznutzen der zusätzlich verfügbaren Geldeinheit ab. Daraus folgt ein weiterer wichtiger Schluss: *Eine Vermehrung der Geldmenge muss zu einer Verminderung der Kaufkraft des Geldes führen,* weil sie die Güterpreise *notwendigerweise* erhöht – und zwar im Vergleich zur Situation, in der die Geldmenge unverändert geblieben wäre. Mises führt das wie folgt aus:

»Die Vermehrung des Geldvorrates der Volkswirtschaft bedeutet also stets eine Vermehrung des Geldbesitzes, des Vermögens einer Anzahl von Wirtschaftssubjekten (...). Überdies wird bei diesen Personen das Verhältnis zwischen Geldbedarf und Geldvorrat verschoben; sie haben verhältnismäßig Überfluß an Geld, verhältnismäßig Mangel an anderen Gütern. Die nächste Folge beider Umstände ist die, daß der Grenznutzen der Geldeinheit für die betreffenden Wirtschaftssubjekte sinkt. Das muß ihr Verhalten auf dem Markte beeinflussen. Sie sind ›tauschfähiger‹ geworden, ›kaufkräftiger‹ geworden. Sie müssen nun auf dem Markte ihre Nachfrage nach den Gegenständen ihres Bedarfes stärker zum Ausdruck bringen als bisher; sie können mehr Geld für die Waren bieten, welche sie zu erwerben wünschen. Es wird die selbstverständliche Folge davon sein, daß die betreffenden Güter im Preise steigen werden, daß der objektive Tauschwert des Geldes ihnen gegenüber sinkt.«[2]

Eine Veränderung der Geldmenge kann nicht »neutral« sein. Sie führt vielmehr notwendigerweise zu einer Umverteilung von Einkommen und Vermögen, und begünstigt dabei die einen auf Kosten der anderen. Steigt die Geldmenge, werden diejenigen, die das neu geschaffene Geld als Erste erhalten, die Gewinner sein. Sie können mit dem zusätzlichen Geld Güter zu unveränderten Preisen kaufen. Dadurch werden sie reicher. Diejenigen, die das neue Geld erst später oder gar nichts von ihm bekommen, sind die Verlierer. Sie werden ärmer, weil sie mit der zusätzlich erhaltenen Geldmenge nur noch zu bereits erhöhten Güterpreisen kaufen können. Besonders hart trifft es die, die nichts von der neuen Geldmenge abbekommen: Sie können mit ihrem unveränderten Geldvorrat nur noch zu bereits gestiegenen Güterpreisen kaufen. Mises macht damit unmissverständlich klar, dass das Ausweiten der Geldmenge nicht nur den Geldwert herabsetzt, sondern auch zu einer Umverteilung führt, von der unterschiedliche Personen in unterschiedlichem Maße betroffen werden.

Mit dieser Erkenntnis kann Mises der *Quantitätstheorie*, wie sie Anfang des 20. Jahrhunderts vor allem von Irving Fisher (1867–1947) popularisiert wurde, eine neue Interpretation geben. Die klassische Quantitätstheorie besagt, dass ein Ansteigen der Geldmenge für ein *proportionales* Ansteigen aller Preise sorgt, die Produktionsstruktur und Einkommensverteilung dabei aber unberührt lässt. Steigt beispielsweise die Geldmenge um 10 Prozent, werden auch die Preise um 10 Prozent ansteigt, so argumentiert der Quantitätstheoretiker. Mises widerspricht: Die Folge, die ein Ausweiten der Geldmenge hat, trifft unterschiedliche Menschen zu unterschiedlichen Zeitpunkten. Und dabei werden sich nicht alle Güterpreise gleichzeitig und in gleichem Umfang verteuern. Folglich werden unterschiedliche Marktakteure zu unterschiedlichen Zeiten und in unterschiedlicher Weise von einer Geldmengenausweitung betroffen sein. Selbst in dem Fall, in dem die Geldmenge in den Händen aller Personen gleichzeitig und in gleichem Ausmaß erhöht wird, wäre eine proportionale Änderung aller Preise nicht möglich. Wer das behauptet, müsste nachweisen, dass die Geldmengenausweitung zu einem bestimmten Zeitpunkt gleiche Veränderungen in den Wertskalen aller Handelnden herbeiführt. Das aber ist nicht möglich. Mises schreibt dazu:

> »Da die vermehrte Geldmenge stets einer mehr oder minder beschränkten Anzahl von Wirtschaftssubjekten, nicht allen, zufließt, erfaßt die Preissteigerung zunächst jene Güter, die von diesen Personen nachgefragt werden, und kommt bei diesen Gütern auch am stärksten zum Ausdruck. Wenn die Preissteigerung dann weiterschreitet, werden, wenn die Vermehrung der Geldmenge nur als eine einmalige vorübergehende Erscheinung auftritt, diese Güter ihren in stärkerem Maße erhöhten Preisstand nur zum Teile aufrechterhalten können; es wird bis zu einem gewissen Grade eine Ausgleichung eintreten. Zu einer vollständigen Ausgleichung der Preiserhöhung, so daß alle Güter im gleichen Maße eine Verteuerung erfahren, kann es aber nicht kommen. Die Geldpreise der Waren stehen nach dem Eintritt der Preissteigerung nicht mehr in demselben Verhältnis untereinander wie vor ihrem Beginn, die Verminderung der Kaufkraft des Geldes ist den einzelnen wirtschaftlichen Gütern gegenüber keine gleichmäßige.«[3]

In *Theorie des Geldes und der Umlaufsmittel* beschäftigt sich Mises auch eingehend mit den unterschiedlichen *Geldarten*. Für ihn sind dabei nicht rechtliche, sondern ökonomische Überlegungen ausschlaggebend. Man nehme an, in einem Waren- beziehungsweise Sachgeldsystem dient ein physisches Gut – wie Gold oder Silber – als *Grundgeld*. Banknoten und Sichteinlagen sind dann Geldsurrogate: Sie repräsentieren den Anspruch des Besitzers, sie beim Emittenten (einer Bank) jederzeit zum Nennwert in das zugrundeliegende Grundgeld eintauschen zu können. Eine Banknote oder eine Sichteinlage, die über eine 100-prozentige Deckung verfügt. bezeichnet Mises als ein Geldzertifikat. Die Ausgabe von Geldzertifikaten berührt die ausstehende Geldmenge nicht. Wohl aber die Ausgabe von *Umlaufsmitteln:* Mit dem Begriff *Umlaufsmittel* bezeichnet Mises Geldsurrogate, die nicht vollständig durch Grundgeld gedeckt sind. Umlaufsmittel werden geschaffen, wenn Banken Kredite vergeben, denen keine echte Ersparnis gegenübersteht (Mises bezeichnet sie als *Zirkulationskredite*). Umlaufsmittel sind das Ergebnis des Geldschaffens »aus dem Nichts« (oder auch: *ex nihilo*), und sie haben weitreichende Effekte für die Preise und das Wirtschaftsgeschehen.

Carl Menger (1840–1921) hatte 1871 eine *Theorie der Geldentstehung* vorgelegt. Ihr zufolge erkennen Menschen, soweit sie mit einer Mindestintelligenz ausgestattet sind, dass Arbeitsteilung ihre Produktivität erhöht. Fortan produziert das, was er am relativ besten kann. Arbeitsteilung führt zur Spezialisierung und macht Tauschen erforderlich. Der *Naturaltausch* ist eine Möglichkeit, die Früchte der Arbeitsteilung nutzbar zu machen. Doch er ist beschwerlich. Tauschen ist hier nur möglich, wenn die Tauschpartner zur gleichen Zeit genau das anbieten, was der jeweils andere haben möchte. Das Tauschen lässt sich vereinfachen, wenn ein *indirektes Tauschmittel* verwendet wird. Das indirekte Tauschmittel, das die größte Verbreitung findet, ist das *Geld*. Letzteres, so Mengers Theorie, entspringt ohne Dazutun des Staates *spontan* aus einem freien Markt, und zwar aus einem Sachgut wie zum Beispiel Gold oder Silber. In *Theorie des Geldes und der Umlaufsmittel* stützt Mises die Theorie der Geldentstehung, wie sie Menger formuliert hat.

Mises' Überlegung lautet dazu wie folgt: Menschen halten Geld, weil Geld Kaufkraft hat. Wie aber erklärt sich die Kaufkraft des Geldes? Die Antwort: Durch das Angebot von und die Nachfrage nach Geld – denn auf diese Weise werden die Güterpreise und damit die Kaufkraft des Geldes bestimmt. So plausibel diese Erklärung auch auf den ersten Blick zu sein scheint – sie verursacht ein Problem: Wenn die Kaufkraft des Geldes durch das Angebot von und die Nachfrage nach Geld bestimmt wird, so haben wir es mit einem *Zirkelschluss* zu tun! Denn es wird ja gesagt: Geld wird nachgefragt, weil Geld Kaufkraft hat. Aber die Kaufkraft des Geldes setzt voraus, dass Geld bereits nachgefragt wird. Die Erklärung dreht sich folglich im Kreise! Mises löst den vermeintlichen Zirkelschluss auf. Er erkennt, dass die Kaufkraft des Geldes eine *Zeitdimension* hat.

Wir halten *heute* Euro, weil wir *gestern* erfahren haben, dass man mit einem Euro etwas kaufen konnte. Und gestern haben wir Euro gehalten, weil wir *vorgestern* die Erfahrung gemacht haben, dass der Euro Kaufkraft hatte. Und so weiter. Aber verschiebt eine solche Erklärung nicht das Erklärungsproblem nur immer weiter in die Vergangenheit, ohne es aufzulösen? Endet man nicht in einem infiniten Regress? Die Antwort ist nein. Durch die gedankliche Regression gelangt man zu dem Zeitpunkt (weit in der Vergangenheit), an dem ein Gut erstmalig als Geld verwendet wurde. Davor – bevor es als Geld eingesetzt wurde – bestimmte sich sein Marktwert allein aufgrund seines nicht monetären Nutzens. Der Tausch- beziehungsweise Marktwert des Gutes, der sich aus seinem nicht-monetären Nutzen erklärt, ist der notwendige Ausgangspunkt für die Kaufkraft des Geldes. Ohne dass ein

Gut einen nicht-monetären Tauschbeziehungsweise Marktwert besessen hat, kann es nicht zu Geld werden. Ansonsten wüsste niemand, welchen Tauschwert das Gut hat; niemand würde es als Geld akzeptieren. Mises' Regressionstheorem zeigt auch, dass Geld nur im freien Markt entstehen kann, dass es nicht per Staatsdekret, per Zwang »von oben«, eingeführt werden kann. Damit widerlegt das Regressionstheorem die heute immer noch populäre Theorie, Geld sei eine staatliche Schöpfung – eine Theorie, die sich bis auf Plato und Aristoteles zurückverfolgen lässt und die vor allem der deutsche Ökonom Georg Friedrich Knapp (1842–1926) in seinem Werk *Staatliche Theorie des Geldes* aus dem Jahre 1905 verbreitet hat. Knapps Theorie hat sich in der herrschenden Lehre und öffentlichen Meinung allerdings durchgesetzt. Die Theorie der Geldentstehung, wie sie von Menger und Mises vertreten wird, ist hingegen ins Hintertreffen geraten – ohne dass man sie widerlegt hätte oder sie mit logischen Mitteln widerlegen könnte.

In *Theorie des Geldes und der Umlaufsmittel* legt Mises die Grundlagen für die monetäre Konjunkturtheorie der Österreichischen Schule, die er in der zweiten Auflage des Buches 1924 weiterentwickelt. Er verbindet drei bis dahin isolierte Theoriebausteine: die englische »Currency School«, die Kapital- und Zinstheorie Eugen von Böhm-Bawerk (1851–1914) und die Theorie von Knut Wickseil (1851–1926), in der die Folgen eines Abweichens des Marktzinses vom »natürlichen Zins« (der auch als »neutraler Zins« oder, in Mises Wortwahl, als gesamtwirtschaftlicher »Urzins« bezeichnet werden kann) beschrieben werden. Auf dieser Grundlage lässt sich zeigen, dass ein Ausweiten der Geldmenge durch eine Bankkreditvergabe, die nicht durch »echte Ersparnisse« gedeckt ist – und das ist bei der *Zirkulationskreditvergabe* der Fall –, zu Fehlentwicklungen und nachfolgenden Finanz- und Wirtschaftskrisen führen muss. Der *Störprozess* nimmt seinen Ausgangspunkt im Kreditmarkt: Das Ausweiten der Geldmenge durch Umlaufsmittelvermehrung senkt den Marktzins *künstlich* ab – und zwar unter das Zinsniveau, das sich einstellen würde, wenn keine Zirkulationskreditvergabe erfolgt wäre.

Der gesunkene Zinssatz führt zu einer Verringerung der Ersparnis aus dem laufenden Einkommen und einer Erhöhung des Konsums. Gleichzeitig nehmen die Investitionen zu. Unternehmen setzen Investitionen in Gang, die ohne das Absinken der Zinsen nicht angegangen worden wären, und deren Erfolg davon abhängt, dass der Marktzins niedrig bleibt beziehungsweise noch weiter herabgesenkt wird. Dabei handelt es sich um Investitionen, deren Erfolg zeitlich weit(er) in der Zukunft liegt; es kommt zu einer Verlängerung der Produktionsumwege. Das Ausweiten der Geldmenge per (Zirkulations-)Bankkreditvergabe führt zunächst zu einem Aufschwung (»Boom«). Doch der ist nur von begrenzter Dauer. Ist der Geldmengeneinschuss einmalig, bemerken die Marktakteure nachfolgend, dass ihre Einkommen nicht fortgesetzt ansteigen, wie sie das erwartet haben. Sie kehren zurück zu ihren ursprünglichen Spar- und Konsumgewohnheiten. Es wird wieder mehr gespart und weniger konsumiert. Die Folge ist, dass der Marktzins auf seinen natürlichen Stand zurückkehrt. Die Unternehmer merken daraufhin, dass sich ihre neuen Investitionen nicht rechnen. Die Produktion wird zurückgefahren, Arbeitsplätze werden abgebaut. Der Boom weicht einem Abschwung (»Bust«).

Mises liefert auch eine Erklärung, warum Boom und Bust eine *wiederkehrende Erscheinung* ist, warum es den gefürchteten Boom-und-Bust-*Zyklus* gibt: Er erkennt die politische Neigung, die Konjunktur mit Zinssenkungen »ankurbeln«

und sie dann in Gang halten zu wollen. Droht ein Bust, senkt die Zentralbank die Zinsen noch weiter ab, um die Produktion zu beleben. Doch letztlich ist ein Entkommen vor dem Wirtschaftszusammenbruch, der verursacht wird durch die Kapitalfehllenkungen, die im Boom auflaufen, nicht möglich. Vielmehr bauen sich wirtschaftliche Fehlentwicklungen im Zeitablauf immer weiter auf und münden in eine umso schwerere Bereinigungskrise: »Den Zusammenbruch hinauszuschieben, wären Banken allerdings in der Lage, aber schließlich muß dann doch (...) einmal der Augenblick kommen, in dem eine weitere Ausdehnung der Umlaufsmittelzirkulation nicht mehr möglich ist. Dann muß die Katastrophe eintreten, und ihre Folgen sind umso schwerer, die Reaktion gegen die Auswüchse der Haussespekulation umso stärker, je länger der Zeitraum gewesen ist, in dem die Rate des Darlehenszinses sich unter dem Niveau des natürlichen Kapitalzinses befunden hat, und je mehr durch die Lage des Kapitalmarktes nicht gerechtfertigte Produktionsumwege eingeschlagen wurden.«[4]

Theorie des Geldes und der Umlaufsmittel wird erst 1934 ins Englische übersetzt – und erhält den Titel *The Theorie of Money and Credit*. 1953 gibt es eine Neuauflage, in der Mises einen vierten Teil einfügt: den 1952 verfassten Beitrag *Monetärer Wiederaufbau* (englisch: *Monetary Reconstruction*). Darin analysiert Mises weitsichtig die Probleme, die später tatsächlich eintreten sollten: Die US-amerikanische Administration gibt immer mehr neue US-Dollar in Umlauf, die nicht durch Goldbestände gedeckt sind, wie es unter dem System von Bretton Woods eigentlich erforderlich wäre – mit negativen Folgen wie Inflation und Wirtschaftsstörungen. Mises empfiehlt, die Ausgabe von neuen US-Dollar, die nicht durch Gold gedeckt sind, zu beenden. Zudem spricht er sich für eine Freigabe des Goldpreises aus (der damals noch fixiert war, und zwar bei 35 US-Dollar pro Feinunze Gold). Dadurch kann sich ein freier Marktpreis für das gelbe Metall bilden. Zu diesem Marktpreis soll dann der US-Dollar an das Gold angebunden werden und eintauschbar sein. Die US-Dollar-Geldmenge solle fortan nur noch steigen, wenn die Goldmenge steigt.

Sind diese Schritte getan, kann die amerikanische Zentralbank geschlossen werden. Im Grunde läuft Mises' Vorschlag darauf hinaus, die Geldproduktion beziehungsweise den US-Dollar zu privatisieren: Das Gold, das sich im Keller der amerikanischen Notenbank befindet, wird durch die Einlösbarkeit des Greenback in Gold den US-Dollar-Besitzern zugänglich gemacht. Mises spricht sich ausdrücklich für ein Goldgeld aus, das insbesondere auch in Form kleiner Goldmünzen umlaufen soll. Darin sieht er den besten Schutz gegen inflationäre Machenschaften der Regierung: Wenn die Menschen sich erst einmal (wieder) an den tagtäglichen Umgang mit Goldmünzen gewöhnt hätten, so Mises, würden sie die Qualität dieser Geldart rasch erkennen und schätzen lernen. Eine Inflationspolitik des Staates wäre dann nur noch sehr schwer durchsetzbar.

Am Ende seiner *Theorie des Geldes und der Umlaufsmittel* spricht Mises eine Warnung aus: Dass nämlich der Fortbestand der freien Marktwirtschaft unvereinbar sei mit der Verwendung der Umlaufsmittel – also mit dem Geldschaffen »aus dem Nichts«. Er schreibt: »Es wäre ein Irrtum, wollte man annehmen, daß der Bestand der modernen Organisation des Tauschverkehres für die Zukunft gesichert sei. Sie trägt in ihrem Inneren bereits den Keim der Zerstörung. Die Entwicklung des Umlaufsmittels muss notwendigerweise zu ihrem Zusammenbruche führen.«[5] Mises spricht an dieser Stelle aber noch eine weitere Warnung aus: und zwar vor einem *Kartell der Banken beziehungsweise staatlichen Zentralbanken:*

Denn »[s]obald zwischen den verschiedenen Umlaufsmittelbanken eine Vereinbarung über gemeinsame Prinzipien für die Zirkulationskreditpolitik getroffen wird oder sobald die Vielheit der Umlaufsmittelbanken durch eine einzige Weltbank ersetzt wird, schwindet jede Schranke der Erweiterung der Umlaufsmittelausgabe.«[6] Mises' Warnung gilt den Folgen einer solchen *Kartellierung*: Sie eröffnet einer Inflationspolitik Tür und Tor, und Inflation beschädigt nicht nur die Kaufkraft des Geldes, sondern ihre politischen Folgen bedrohen auch die freie Marktwirtschaft: »Die Tendenz zur schnellen Verringerung des inneren objektiven Tauschwertes des Geldes [gemeint ist hier die Kaufkraft des Geldes, *A.d.V.*], ... würde durch die Konzentration der Umlaufsmittelbanken [gemeint sind (Zentral)Banken, die ungedecktes Geld ausgeben, *A.d.V.*] ... eine außerordentliche eine außerordentliche Verstärkung erfahren. Die einzige Weltumlaufsmittelbank oder das Weltkartell der Umlaufsmittelbanken werden es in der Hand haben, die Umlaufsmittelzirkulation schrankenlos zu vermehren. Hier liegen Probleme, die möglicherweise über die individualistische Organisation der Produktion und Verteilung hinausführen zu neuen, vielleicht kollektivistischen Organisationsformen der Sozialwirtschaft.« Worte, mit denen sich alle auseinandersetzen sollten, die eine immer engere Kooperation zwischen den Zentralbanken beziehungsweise das Schaffen einer einheitlichen Weltwährung, herausgegeben von einer Weltzentralbank, befürworten.[7]

Erklärung der Kriegsursache

Nation, Staat und Wirtschaft

»Wer Frieden zwischen den Völkern will, muß den Staat und seinen Einfluß auf das Stärkste einzuschränken versuchen.«

Ludwig von Mises (1919),
Nation, Staat und Wirtschaft, S. 77.

Kurz nach dem Ende des Ersten Weltkriegs, im Juli 1919, schließt Mises seine Arbeiten zu *Nation, Staat und Wirtschaft. Beiträge zur Politik und Geschichte der Zeit* ab. Mit diesem Buch will er auf wissenschaftlichem Wege die Gründe und Zusammenhänge aufzeigen, die zur europäischen Urkatastrophe geführt haben: »Wir suchen die Wahrheit, nicht die Schuld; wir wollen wissen, wie es kam, um es zu verstehen, nicht um Verdammungsurteile zu fällen.«[1] Mit »Nation, Staat und Wirtschaft« gibt sich Mises als ein führender Vertreter des Liberalismus zu erkennen. Die Erkenntnis, die Mises in seinem Buch vorlegt, ist unmissverständlich: Es sind die Abkehr vom Liberalismus und das Vordringen des obrigkeitlichen Staates gewesen, die zu falschen Weichenstellungen geführt haben, die Deutschland und die Völker Europas auf ein Gleis geleitet haben, das unweigerlich einem Abgrund zustrebte und letztlich in der Katastrophe des Weltkriegs münden musste.

Mises' Ursachenanalyse ist ebenso unmissverständlich wie seine Schlussfolgerung: *Frieden zwischen den Völkern lässt sich nur schaffen, wenn der Staat auf das kleinstmögliche Maß zurückgestutzt wird.*

Welche Überlegungen führen Mises zu diesen Aussagen? Die Antwort auf diese Frage erfordert es, zunächst einen kurzen Blick auf sein wissenschaftliches Vorgehen zu werfen. Mises stellt stets die Frage: *Sind die Mittel geeignet, das angestrebte Ziel zu erreichen?* In diesem Sinne bezeichnet er sein Vorgehen als *rationalen Utilitarismus* (der sich damit allerdings unterscheidet vom Utilitarismus, wie er von Jeremy Bentham (1748–1832) und John Stuart Mill (1806–1873) vertreten wird). Mises schreibt: »Der rationale Utilitarismus (...) schafft nur einen Standpunkt, von dem aus man die Vorzüge und Nachteile der verschiedenen Möglichkeiten sozialer Ordnung vergleichen und werten kann (...). [W]er sich einmal auf diesen Standpunkt gestellt hat, ist genötigt, sein Programm rationalistisch zu vertreten.«[2] Mises macht damit ausdrücklich die *Vernunft* zum Maßstab des wirtschaftswissenschaftlichen Diskurses.[3] Gefühlsäußerungen, Behauptungen, Vorurteilen und Ahnungen – die noch zu seiner Zeit, zur Zeit der *Historischen Schule*, das nationalökonomische Denken prägten[4] – spricht er die Eignung ab, zur Beantwortung wirtschaftswissenschaftlicher Fragestellungen dienen zu können. Als Vertreter des rationalistischen Utilitarismus hegt Mises die Hoffnung, »jeden Streit mit intellektuellen Mitteln lösen zu können, da alle Gegensätze nur aus Irrtümern und aus der Unzulänglichkeit der Erkenntnis entstünden.«[5]

Mises sucht nach *Vernunftgründen*, die zeigen, ob sich Ziele wie Freiheit, Prosperität und Frieden mit dem Kapitalismus oder dem Sozialismus erreichen lassen. Ganz in diesem Sinne erklären sich seine Worte: »Es mag sein, daß der Sozialismus eine bessere Form der Organisation der menschlichen Arbeit darstellt. Wer dies behauptet, der möge es vernunftgemäß zu erweisen suchen. Wenn der Nachweis gelingen sollte, dann wird die durch den Liberalismus demokratisch geeinte Welt nicht zögern, die kommunistische Gemeinschaft zu verwirklichen.

Wer könnte sich in einem demokratischen Staatswesen einer Reform widersetzen, die der weitaus überwiegenden Mehrzahl den größten Gewinn bringen müßte? Der politische Rationalismus lehnt den Sozialismus nicht grundsätzlich ab. Doch er verwirft von vornherein den Sozialismus, der sich nicht an den kühlen Verstand wendet, sondern an unklare Gefühle, der nicht mit der Logik, sondern mit dem Mystizismus einer Heilsverkündung arbeitet, den Sozialismus, der nicht aus freiem Willen der Volksmehrheit hervorgehen will, sondern aus dem Terrorismus wilder Fanatiker.«[6]

Die zwei zentralen Fragen, denen in *Nation, Staat und Wirtschaft* nachgegangen wird, lauten: Was war die Ursache für den Ersten Weltkrieg, der Urkatastrophe des 20. Jahrhunderts? Und wie lässt sich eine neuerliche Kriegskatastrophe verhindern? Im Bestreben, Antworten auf diese Fragen zu finden, stellt Mises Überlegungen zu *Nation* und *Nationalstaat* an den Anfang. Beide, so Mises, bestimmen sich durch die gemeinsame Sprache: »Die Gemeinsamkeit der Sprache verbindet, die Verschiedenheit der Sprache trennt Menschen und Völker.«[7] Was lässt sich daraus für gemischtsprachige Gebiete schlussfolgern? Hier kommt es entweder zur Assimilierung: Minderheiten nehmen die Sprache der Mehrheit an. Oder Minderheiten beharren auf ihrer Sprache. Wenn im letzteren Fall politische Obrigkeitsmacht ausgeübt wird, stellen sich unweigerlich Probleme ein. Sie können durch das demokratische Prinzip nicht gelöst werden. Für Minoritäten in gemischtsprachigen Gebieten ist Demokratie vielmehr gleichbedeutend mit Unterwerfung unter Fremdherrschaft: »In den gemischtsprachigen Gebieten führt die Anwendung des Mehrheitsprinzips nicht zur Freiheit aller, sondern zur Herrschaft der Mehrheit über die Minderheit.«[8] Das Mehrheitsprinzip schafft hier nicht Verständigung und Harmonie, im Gegenteil, es schafft Konflikte und Unfrieden: »Im gemischtsprachigen Gebiet erscheint die Demokratie der Minderheit als Bedrückung.«[9]

In der Unanwendbarkeit der Demokratie in gemischtsprachigen Gebieten ist Mises zufolge der entscheidende Grund zu sehen, warum sich im Deutschen Reich Liberalismus und Demokratie nicht durchsetzen konnten. Schon bald nach der erfolgreichen Märzrevolution 1848 beginnt der Sieg der liberal-demokratischen Idee im Deutschen Bund und auch außerhalb des Bundesgebietes zu bröckeln. Der Grund dafür sind die gefürchteten Konsequenzen in den deutschen Ostprovinzen Preußen, Posen und Schlesien, die das liberale Demokratisierungsstreben bringen wird. Die dort lebenden Deutschen – die übrigens nahezu alle zu den Angehörigen der höheren Bevölkerungsschichten der Provinzen zählen – haben von der Demokratie nichts Gutes zu erhoffen. Ihnen droht die Entmachtung, die Unterdrückung. Sie müssen damit rechnen, von der anderssprachigen Mehrheit als Minderheit unterworfen zu werden: »Die bedrohte Lage der Deutschen in den Grenzmarken war es, die das Ideal der Demokratie in Deutschland schnell verblassen und die Untertanen Preußens nach kurzen Flitterwochen der Revolution reuig zum Militärstaat zurückkehren ließ.«[10] Damit verliert der Liberalismus seinen Glanz, wird fallen gelassen. Die Idee des Obrigkeitsstaates obsiegt. Fortan werden in Preußen alle politischen Fragen mit Blick auf die Konsequenzen im Osten beurteilt. Dieser Haltung ist es zu verdanken, dass Preußen, so lange es eben geht, die Annäherung an das autokratische Zarenrussland und nicht an das liberale-demokratische England sucht.

Nicht anders verhielt es sich in der kaiserlichen und königlichen Österreichisch-Ungarischen Monarchie. Das Vielvölkerreich ist geplagt von andauernden Konflikten zwischen den Nationalitäten. Die deutsch-österreichischen Minderheiten, die in einigen Regionen die politische Macht besitzen, wehren sich, zur Demokratie überzuwechseln. Sie würden dadurch ihren Einfluss einbüßen, ohne jegliche Aussicht, ihn jemals wieder im politischen Wettbewerb zurückgewinnen zu können: »Kaum ein Volk hat sich je in einer schwierigeren politischen Lage befunden als die Deutschösterreicher nach den ersten Blütetagen der Märzrevolution. Ihr Traum von einem freien deutschen Österreich war jäh zerronnen. Die Auflösung Österreichs in Nationalstaaten konnten sie mit Rücksicht auf ihre im fremden Ansiedlungsgebiete zerstreuten Volksgenossen nicht wollen; sie mußten den Fortbestand des Staates wünschen, und dann blieb ihnen nichts übrig als den Obrigkeitsstaat zu stützen.«[11] Die Abneigung gegen die Demokratisierung geht auch hier auf Kosten des Liberalismus: »Die Deutschen Österreichs mußten jeden Schritt auf dem Wege zur Demokratisierung fürchten, weil sie dadurch in die Minorität gedrängt und einer rücksichtslosen Willkürherrschaft fremdnationaler Mehrheiten ausgeliefert wurden. Das hat die deutschliberale Partei erkannt, und sie hat sich energisch gegen alle Demokratisierungsbestrebungen gewendet. Der Widerspruch, in den sie dadurch mit ihrem liberalen Programm geriet, hat sie zugrunde gehen lassen.«[12]

Der überall um sich greifende antiliberale Geist bringt Probleme. Eines dieser Probleme ist die Auswanderung und die politische Reaktion darauf im Deutschen Reich. Mises analysiert diese Entwicklung mit einem Rückgriff auf die klassische Außenhandelstheorie, die der englische Ökonom David Ricardo (1772–1823) entwickelt hat. Mises modifiziert sie und passt sie an die tatsächlichen Verhältnisse an. Er geht davon aus, dass Arbeit und Kapital – anders als im Modell von Ricardo – nicht starr und immobil, sondern frei beweglich sind. Wenn eine solche Freizügigkeit von Arbeit und Kapital gegeben ist, werden beide Produktionsfaktoren zu den ertragsbringendsten Standorten wandern, wo immer sie sich auch auf der Welt befinden mögen. Das *Gesetz der Völkerwanderung* ist damit formuliert: Sind Arbeit und Kapital mobil und die Grenzen international offen, werden sich weltweit die Löhne und die Kapitalrenditen annähern, sodass es früher oder später nicht mehr reiche und arme Regionen, sondern nur noch dicht und weniger dicht besiedelte Regionen geben wird.

Mit dem Gesetz der Völkerwanderung lässt sich auch das Problem der *Überbevölkerung* verstehen: Relativ überbevölkert ist ein Land dann, wenn aufgrund einer großen Bevölkerungszahl zu ungünstigeren Produktionswegen gegriffen werden muss als in anderen Ländern, sodass der gleiche Aufwand von Arbeit und Kapital im überbevölkerten Land einen geringeren Ertrag abwirft als im unterbevölkerten Land. Das Deutsche Reich war zweifelsohne überbevölkert. Zur Lösung dieses Problems stehen zwei prinzipielle Wege offen. Entweder setzt eine Auswanderung ein, die die Überbevölkerung abbaut. Oder die Auswanderung bleibt aus, wird mit politischen Mitteln verhindert. Dann aber muss der Lebensstandard der Deutschen notwendigerweise absinken beziehungsweise niedriger ausfallen als in anderen Regionen der Welt, die vergleichsweise weniger stark bevölkert sind.

Anders als Großbritannien verfügt Deutschland über keinerlei ausländische Siedlungsgebiete. Es hat keine Kolonien, in die Deutsche auswandern könnten. In der Mitte der Siebzigerjahre des 19. Jahrhunderts wäre es den Deutschen durch eine Kooperation mit England noch möglich gewesen, Kolonialgebiete zu erhalten. Die Gelegenheit war da: Zu dieser Zeit sahen die Engländer ihren indischen Besitz durch Russland bedroht. Das Deutsche Reich hätte England lediglich beispringen müssen, denn es hätte Russland in die Schranken weisen können. Im Gegenzug für den russischen Rückzug hätten die Deutschen von England südafrikanische Besitzungen erhalten können oder aber Siedlungsgebiete in Brasilien, Argentinien oder im Westen Kanadas. Diese Chance blieb jedoch aufgrund innenpolitischer Gründe ungenutzt: »Das großpreußische Reich der ostelbischen Junker wollte aber kein Bündnis mit dem liberalen England.«[13] Die Deutschen wandern stattdessen weiter in bewohnte Regionen aus, wie insbesondere in die Vereinigten Staaten von Amerika. In den Auswanderungsländern werden sie entweder zu Minderheiten, oder sie assimilieren sich und streifen ihre deutsche Kultur ab.

Beides ist für den deutschen Obrigkeitsstaat, der nach großer Bevölkerungszahl strebt, schmerzlich. 1879 wird man daher tätig: Es kommt zur *Schutzzollpolitik*. Sie soll der Auswanderung Einhalt gebieten, indem die heimischen Industrien, allen voran die Landwirtschaft, vor der wettbewerbsfähigen Konkurrenz aus dem Osten geschützt wird. Die Schutzzollpolitik erweist sich jedoch als sinn- und zweckwidrig. Sie kann zwar die landwirtschaftlichen Produkte auf dem Heimatmarkt wettbewerbsfähig halten – das begünstigt die heimischen Produzenten, belastet aber gleichzeitig die heimischen Konsumenten. Anders liegen die Dinge bei der deutschen Industrie, die ihre Güter auf Auslandsmärkten verkauft: Der Schutzzoll befördert zwar eine Kartellierung (in Form von Preisabsprachen) der heimischen Produzenten. Aber auf dem Auslandsmarkt sind *Dumpingpreise* nötig, um wettbewerbsfähig zu sein. Die Deutschen müssen – weil Überbevölkerung herrscht – ihre Löhne senken, um die Produktionskosten auf das Niveau zu drücken, das in den Regionen mit den niedrigeren Produktionskosten herrscht. Der Lebensstandard der Deutschen leidet: Sie verdienen weniger, als sie in anderen Regionen der Welt verdienen würden, und nicht wenige erleiden sogar reale Einkommenseinbußen.

Das Schutzzollsystem versagt, es muss versagen, weil es gegen die Logik des freien Marktes verstößt. Die Wohlstandsmehrung der Deutschen bleibt hinter den Möglichkeiten zurück. Gegen Verarmung, auch gegen relative Verarmung, begehren die Menschen auf: »Aus dieser Lage heraus erwuchs dem deutschen Volke schließlich doch der Wunsch nach großen Ansiedlungskolonien und nach tropischen Gebieten, die Deutschland mit Rohstoffen versorgen könnten. Und weil England der Verwirklichung dieser Absichten im Wege stand, weil England über weite Gebiete verfügt, in denen sich Deutsche hätten ansiedeln können, und weil England große tropische Kolonien sein Eigen nennt, erwuchs daraus der Wunsch, England anzugreifen und im Kriege zu besiegen. Das war der Gedanke, der zum Bau der deutschen Schlachtflotte führte.«[14] Die deutsche Politik zieht daraufhin die Konsequenz. Sie will nun ebenfalls Kolonialmacht werden. Damit ist der Weg in den militärischen Konflikt mit den bereits bestehenden Kolonialmächten – allen voran Großbritannien und Frankreich – geebnet.

In *Nation, Staat und Wirtschaft* arbeitet Mises heraus, dass der *staatliche Imperialismus* in letzter Konsequenz nur durch einen *Militarismus* erklärt und rationalisiert werden kann. Was immer auch die Gründe der Obrigkeit sein mögen, mit denen der Imperialismus gerechtfertigt wird – sei es die erklärte Notwendigkeit, Kolonien zur Ansiedlung von Deutschen gewinnen zu müssen oder neue Gebiete zur Rohstoffversorgung eröffnen zu wollen, oder sei es der vorgetragene Wunsch, andere Teile der Welt zu kultivieren - aus Mises' Sicht lässt sich der Imperialismus nur durch Gewaltbereitschaft und -sucht erklären: »Die imperialistische Denkungsart, die mit dem Anspruch auftritt, der modernen Wirtschaftsentwicklung zu ihrem Rechte zu verhelfen, ist in Wahrheit in naturalwirtschaftlichen und feudalen Vorstellungen befangen.«[15] Mises spricht damit dem staatlichen Imperialismus jedwede moralisch-ethische Legitimierung ab.

Für eine herrschende Obrigkeit mag das gewaltsame Erobern fremder Güter zwar wirtschaftlich vorteilhaft sein, nicht aber für die breite Bevölkerung: »[W]enn ein moderner Staat sich einen Bergwerksbesitz einverleibt, sind diese Bergwerke darum noch nicht die seiner Bürger geworden. Sie müssen ihre Produkte geradeso durch Hingabe von Produkten ihrer Arbeit kaufen, wie sie es bisher getan haben, und der Umstand, daß in der politischen Ordnung Veränderungen vorgegangen sind, bleibt ohne Bedeutung für das Eigentum an ihnen. Wenn der Fürst sich ob der Einverleibung einer neuen Provinz freut, wenn er auf die Größe seines Reiches stolz ist, so ist dies ohne weiteres zu verstehen. Wenn aber der Spießbürger darob vergnügt ist, daß ›unser‹ Reich größer geworden ist, daß ›wir‹ eine neue Provinz erworben haben, so ist das eine Freude, die nicht aus der Befriedigung wirtschaftlicher Bedürfnisse entspringt.«[16] »Im Zeitalter der Weltwirtschaft ist es geradezu widersinnig, die Forderung nach Schaffung großer, autarker Wirtschaftsgebiete als wirtschaftliche Forderung hinzustellen. Es ist im Frieden gleichgültig, ob man Nahrungsmittel und Rohstoffe im Inlande selbst erzeugt oder ob man sie, falls dies wirtschaftlicher erscheint, aus dem Ausland im Tausche für andere Produkte, die man erzeugt hat, bezieht.«[17]

Dass sich aus der Sicht einer freiheitlichen Gesellschaft keine ökonomische Begründung für den Imperialismus finden lässt, wird spätestens dann unmissverständlich klar, wenn man dem Imperialismus den *Liberalismus* – der für Privateigentum, Frieden, Freiheit und Gleichheit vor dem Gesetz steht – gegenüberstellt. Im Liberalismus herrscht internationale Arbeitsteilung und Freizügigkeit für Personen und Kapital. Produktion und Handel finden zum Nutzen aller Beteiligten statt. Alle haben hier einen wirtschaftlichen Anreiz, für das Wohlergehen ihrer Handelspartner zu sorgen. In einer arbeitsteilig organisierten Weltwirtschaft läuft das Schädigen einer Nation durch eine andere Nation auf *Selbstschädigung* hinaus. Würde ein Volk zum Beispiel die Produktionsanlagen eines anderen Volkes zerstören, bekäme es die Folgen seiner Missetat zu spüren: Die Ausbringung der Produktion würde hinter ihren Möglichkeiten zurückbleiben, und die Güterpreise würden höher ausfallen, als sie es eigentlich müssten. Darunter leidet folglich nicht nur das Volk, dessen Wirtschaftsgrundlage zerstört ist, sondern auch das Volk, das die Schädigung verursacht.

Es gibt keine vernunftgeleitete Rechtfertigung für die Idee, ein Volk könne sich durch gewaltsame Maßnahmen dauerhaft auf Kosten anderer Völker besserstellen. Bereichert sich ein Volk durch Gewaltanwendung gegenüber einem anderen Volk, weil es militärisch überlegen ist, wird es befürchten müssen, dass es früher oder später von einem anderen, noch mächtigeren Volk unterworfen wird. Der Wohlstand, der sich durch den gewaltsamen Imperialismus kurzfristig erzielen lässt, garantiert keine Dauerhaftigkeit. Die Freihandelsidee, der Liberalismus, spannt hingegen dauerhafte und produktive und damit auch friedenstiftende Bande zwischen Menschen aus unterschiedlichen Sprach- und Kulturräumen. In einer liberalen Weltwirtschaft erkennen sich die Menschen – aus Eigeninteresse – als gegenseitig nutzenstiftend an, als hilfreich zur Bewältigung der tagtäglichen Lebensherausforderungen. Der Liberalismus, so Mises, ist daher im wahrsten Sinne des Wortes ein *Friedensprogramm:* Arbeitsteilung und Freihandel bringen unterschiedliche Interessen harmonisch zum Ausgleich, und das zum Vorteil aller an Arbeitsteilung und freiwilligem Tausch Beteiligten.

Vorausschauend warnt Mises in *Nation, Staat und Wirtschaft* vor einem deutschen *Revanchismus.* Er hat die Verwüstung, die der Erste Weltkrieg in den besiegten Nationen Deutschland und Österreich angerichtet hat, vor Augen, er kennt die erdrückenden Lasten und Repressalien, die den Besiegten von den Siegermächten vor allem aufgrund kurzsichtiger Rache- und Bereicherungsmotive auferlegt werden. Mises bemerkt auch den Drang vieler seiner Zeitgenossen, sich aus dieser Not vom empfundenen Unrecht befreien zu wollen. Doch in einem militärischen Wiedererstarken, einem (Neu-)Imperialismus der Deutschen, sieht Mises keine Lösung, sondern vielmehr einen Weg, der gradewegs in eine neuerliche wirtschaftliche und politische Katastrophe führen muss. Daher wirbt er dafür, dem Vergeltungsimpuls nicht nachzugeben sowie dem Entrechtungswerk der Siegerstaaten entgegenzuarbeiten, indem auf wirtschaftliche Aufbauleistung, auf Freihandel, auf internationale Arbeitsteilung gesetzt wird: »Wir sollen danach trachten, selbst nicht unterzugehen und wieder emporzutauchen aus Knechtschaft und

Elend. Das aber können wir weder durch kriegerische Aktionen noch durch Rache und Verzweiflungspolitik erreichen. Es gibt für uns und für die Menschheit nur eine Rettung: die Rückkehr zum rationalistischen Liberalismus der Ideen von 1789.«[18] Mises' Diktum lautet: *Der Liberalismus schafft und erhält Frieden und Wohlstand.*

In *Nation, Staat und Wirtschaft* setzt sich Mises auch eingehend mit dem *Sozialismus* auseinander – der Gesellschaftsordnung, in der das Sondereigentum an den Produktionsmitteln abgeschafft ist. Der *Kriegssozialismus* steht dabei im Mittelpunkt. Im Deutschen Reich, aber auch in Österreich-Ungarn, wurde die Produktion im Ersten Weltkrieg immer stärker dem staatlichen Diktat unterworfen. Zwar blieb formal das Eigentum der Produktionsmittel unangetastet. Jedoch wurde den Unternehmern zusehends vorgegeben, was zu produzieren ist, welche Löhne zu zahlen sind, wie hoch der Zinssatz zu sein hat, und welche Höhe der Gewinn, den der Unternehmer erzielt, ausfallen darf. Mises erkennt, dass unter diesen Bedingungen die Produktionsleistung der Unternehmer schlechter ist als unter den Bedingungen des freien Marktes. Staatsgelenkte Unternehmen erfüllen ihre Aufgabe weitaus weniger gut, als es Unternehmen können, die im freien Marktwettbewerb stehen. Die *Zwangswirtschaft*, die im Ersten Weltkrieg in Deutschland und Österreich-Ungarn um sich griff, so Mises, war der wirtschaftlichen Produktionsleistung nicht förderlich, sondern abträglich. Sie hat den unvermeidlichen Zusammenbruch, die Kriegsniederlage noch beschleunigt.

Das Vordringen der Zwangswirtschaft im Deutschen Reich und in Österreich kam nicht von ungefähr. Es war im Grunde mit langer Hand vorbereitet worden: »Der Kriegssozialismus war nur eine Fortsetzung der schon lange vor dem

Kriege eingeleiteten staatssozialistischen Politik in einem beschleunigten Tempo. Von Anfang an bestand bei allen sozialistischen Gruppen die Absicht, nach dem Kriege keine der im Kriege getroffenen Maßnahmen fallen zu lassen, vielmehr auf dem Wege zur Vollendung des Sozialismus fortzuschreiten. Wenn man es in der Öffentlichkeit anders vernahm und wenn vor allem die Regierungsstellen immer nur von Ausnahmeverfügungen für die Kriegsdauer sprachen, so hatte dies nur den Zweck, etwaige Bedenken gegen das schnelle Tempo der Sozialisierung und gegen einzelne Maßnahmen zu zerstreuen und die Gegnerschaft dagegen zu ersticken. Man hatte aber schon das Schlagwort gefunden, unter dem die weiteren Sozialisierungsmaßnahmen segeln sollten; es hieß Übergangswirtschaft.«[19]

In *Nation, Staat und Wirtschaft* adressiert Mises auch die Probleme, für die die Finanzierung der Kriegskosten durch die Geldmengenvermehrung – also durch die Inflation – sorgt.[20] Die Inflation begünstigt nicht nur die Gläubiger auf Kosten der Sparer und führt eine breit angelegte Umverteilung von Einkommen und Vermögen herbei. Sie erschwert vor allem auch die *Wirtschaftsrechnung* und verleitet die Unternehmer zu Fehlentscheidungen. Bei Inflation machen die Unternehmer zunächst einmal erhöhte *nominale* Umsätze. Die Abschreibungen werden in der Gewinn- und Verlustrechnung jedoch auf Basis historischer Anschaffungskosten angesetzt. Wenn die Kosten der Wiederbeschaffung für verbrauchte Produktionsgüter inflationsbedingt ansteigen, kommt es zum Ausweis von *Scheingewinnen,* die, wenn sie ausgeschüttet und verzehrt werden, die Substanz der Unternehmen schmälern. Diesen *Kapitalverzehr* zu erkennen, den die Inflation herbeiführt, ist für den einzelnen Unternehmer schwierig, denn der Kapitalverzehr wird durch die Inflation *verschleiert.* Der Unternehmer glaubt, reicher geworden zu sein, obwohl in Wahrheit sein Vermögen dahinschmilzt. Der Verarmungseffekt der Inflation, den Mises bereits 1919 umfassend aufzeigt, sollte sich in den frühen 1920er-Jahren in Österreich, insbesondere aber im Deutschen Reich, noch in seiner ganzen Tragweite und Tragik zeigen.

Heute, fast 100 Jahre nach Veröffentlichung des Werkes, sind die Aussagen, dass der Sozialismus unüberwindbare wirtschaftliche Probleme verursacht, dass seine Durchführung ganz und gar unmöglich ist, vermutlich nicht mehr allzu spektakulär. Die sozialistischen Experimente Osteuropas sind schließlich vor allen Augen gescheitert. Sie haben ihre unmenschliche Natur und ihre wirtschaftliche und kulturelle Zerstörungskraft nur zu deutlich unter Beweis gestellt. Ganz anders verhält es sich im Jahr 1919, als Mises *Nation, Staat und Wirtschaft* veröffentlicht. Der Sozialismus gilt zu dieser Zeit unter den intellektuellen Meinungsführern als die neue Heilslehre, wird gewissermaßen als Garant für Frieden und wirtschaftliches Wohlergehen aufgefasst. Der wissenschaftliche Beweis für die *Unmöglichkeit des Sozialismus* war noch nicht erbracht. Mises ist ihm in *Nation, Staat und Wirtschaft* jedoch bereits auf der Spur – und er wird ihn, wie im nächsten Kapitel gezeigt wird, in einem Vortrag im Dezember 1919 vorlegen.

Die Undurchführbarkeit des Sozialismus

Die Wirtschaftsrechnung im sozialistischen Gemeinwesen

»In einer Zeit, da wir uns dem Sozialismus immer mehr und mehr nähern, ja in gewissem Sinne schon in ihm mitten drin stehen, gewinnt die Untersuchung der Probleme der sozialistischen Wirtschaft auch Bedeutung für die Erklärung dessen, was um uns herum vorgeht.«

Ludwig von Mises (1920), *Die Wirtschaftsrechnung im sozialistischen Gemeinwesen*, S. 87.

Im Winter 1919 trägt Mises seine Gedanken zur Unmöglichkeit des Wirtschaftens im Sozialismus vor der Wiener Nationalökonomischen Gesellschaft vor. Die Crème de la Crème der Wiener Ökonomen sitzt im Auditorium, auch namhafte Austro-Marxisten sind darunter wie zum Beispiel Max Adler (1873–1937) und Helene Bauer (1871–1942), Ehefrau von Otto Bauer (1881–1938). Anfang 1920 veröffentlicht Mises seinen Vortrag in Form eines Artikels im *Archiv für Sozialwissenschaft und Sozialpolitik*, 47. Band, mit dem Titel *Die Wirtschaftsrechnung im sozialistischen Gemeinwesen*. Er legt darin die wissenschaftliche Widerlegung des Sozialismus vor. Es ist eine abschließende wissenschaftliche Begründung, die offenbart, dass der Sozialismus nicht funktionieren kann. Der Sozialismus ist, so Mises, nicht nur weniger leistungsstark als eine freie Marktwirtschaft, er ist vielmehr unmöglich, er ist undurchführbar. Nicht sittliche Unreife der Menschen ist dafür verantwortlich, sondern die Tatsache, dass es im Sozialismus keine Wirtschaftsrechnung geben kann.

Zu der Zeit, als Mises seinen Beitrag veröffentlicht – kurz nach dem Ende des Ersten Weltkriegs – erblicken viele Intellektuelle im Sozialismus, nicht aber in der marktwirtschaftlichen Ordnung (im *Kapitalismus)* eine friedenstiftende und wohlstandsmehrende gesellschaftliche Organisationsform. Mises' Artikel war folglich eine geradezu ketzerische, revolutionäre Schrift. Was sind die Argumente, mit denen Mises die Unmöglichkeit, die Undurchführbarkeit des Sozialismus beweist? Um seine Überlegungen besser nachvollziehen zu können, bietet es sich zunächst an, den Sozialismus und den Kapitalismus zu definieren. Sozialismus bedeutet, dass die Produktionsmittel verstaatlicht, dass sie vergemeinschaftet sind. Über den Einsatz der Produktionsmittel entscheidet im Sozialismus – notwendigerweise – ein zentrales Organ (der Diktator oder ein Zentralbüro). *Kapitalismus* bezeichnet eine Gesellschaftsverfassung, die sich durch das Sondereigentum an den Produktionsmitteln auszeichnet. Die Produktionsmittel liegen in privater Hand, und ihre Eigentümer sind es, die über den Einsatz der Produktionsmittel befinden.

Einem isoliert wirtschaftenden Landwirt mag es durchaus möglich sein, den Nutzen abzuschätzen, den ihm das Ausweiten der Viehhaltung oder das Ausdehnen der Jagdtätigkeit stiftet. Diese Produktionswege sind für ihn überschaubar, und er wird erkennen können, ob für ihn das eine oder das andere vorteilhafter ist. Ganz anders verhält es sich bei vielstufigen, komplexen Produktionsprozessen. Wenn es zum Beispiel gilt, die Energieversorgung einer Volkswirtschaft zu verbessern, soll dazu ein Wasserlauf nutzbar gemacht werden, oder soll der Kohlenbergbau gefördert werden? Beide Tätigkeiten erfordern eine Vielzahl von Produktionsstufen beziehungsweise *Produktionsumwegen*: Um den Wasserlauf nutzbar zu machen, müssen zunächst einmal Bagger, Lastwagen und Arbeitskräfte bereitgestellt werden, bevor mit der Umlenkung des Wasserlaufs begonnen werden kann. Erhebliche Vorarbeiten sind ebenfalls bei einer Ausdehnung des Kohlenbergbaus nötig. Es müssen zum Beispiel Bohrer, Grubenlüfter und Fördertürme erstellt werden, bevor der Abbau beginnen kann.

Angesichts der großen Komplexität ist der einzelne Mensch nicht in der Lage, eine Antwort auf die drängenden Fragen zu geben, die sich im Zuge arbeitsteiligen Wirtschaftens stellen: »[D]er Geist eines Menschen allein – und sei es auch der genialste – ist zu schwach, um die Wichtigkeit eines jeden einzelnen von unendlich vielen Gütern höherer Ordnung zu erfassen. Kein einzelner kann die unendliche Fülle verschiedener Produktionsmöglichkeiten dermaßen beherrschen, daß er imstande wäre, ohne Hilfsrechnung unmittelbar evidente Werturteile zu setzen. Die Verteilung der Verfügungsgewalt über die wirtschaftlichen Güter der arbeitsteilig wirtschaftenden Sozialwirtschaft auf viele Individuen bewirkt eine Art geistiger Arbeitsteilung, ohne die Produktionsrechnung und Wirtschaft nicht möglich wären.«[1] Mit der Verwendung von Geld lassen sich jedoch derart komplexe Entscheidungen in den Griff bekommen. Die Geldpreise, die sich im Markt für die einzelnen Produktionsmittel bilden, spiegeln die Wertschätzung wider, die ihnen die Marktakteure zuweisen. Mit anderen Worten: Es bedarf der Wirtschaftsrechnung mit Geld, um in einer komplexen Gesellschaft wirtschaften zu können. Ein einfaches Beispiel soll das erläutern.

Angenommen, in einer freien Marktwirtschaft kann ein Unternehmer entweder 1.000 Schuhe oder 1.000 Hosen produzieren. Welche Güter soll er herstellen? Die Antwort lässt sich schnell finden: Der Unternehmer kann den erwarteten Verkaufserlös seiner Produkte durch die Produktionskosten teilen. Auf diese Weise kann er die Rentabilität der beiden – physisch heterogenen – Produktionsalternativen miteinander vergleichen. Und das erlaubt ihm zu entscheiden, welche Güter er produzieren soll. Beträgt zum Beispiel die Rentabilität der Schuhproduktion 10 Prozent und die der Hosenproduktion 5 Prozent, so wird er Schuhe und nicht Hosen produzieren. Und genau diese Entscheidung liegt nicht nur in seinem eigenen Interesse, sondern auch im Interesse der Nachfrager. Denn was bedeutet es, dass die Schuhproduktion rentabler ist als die Hosenproduktion? Es bedeutet, dass die Nachfrager bereit sind, einen Preis für die Schuhe zu zahlen, der im Verhältnis zum Mittelaufwand höher ist, als es bei den Hosen der Fall ist. Aus Sicht der Nachfrager ist es wichtiger, mehr Schuhe als Hosen zu haben.

Die Nachfrageverhältnisse können sich im Zeitablauf natürlich auch verändern. Wenn plötzlich die Rentabilität der Hosenproduktion auf 10 Prozent steigt und die der Schuhproduktion auf 5 Prozent fällt, wird der Unternehmer fortan Hosen und nicht mehr Schuhe produzieren – und das ist sowohl im Interesse des Unternehmers als auch im Interesse der Nachfrager. Die Marktwirtschaft – in der es Privateigentum an den Produktionsmitteln gibt und in der eine Wirtschaftsrechnung möglich ist –, stellt sicher, dass Unternehmer ihre Produktion durch Rückgriff auf die Wirtschaftsrechnung an den Kundenbedürfnissen ausrichten können. Steigt ein Güterpreis, so zeigt dies, dass das Gut knapp geworden ist, und das gibt dem Unternehmer das Signal, die Produktion dieses Gutes auszuweiten. Zeigt sich im voranstehend erwähnten Beispiel, dass die Kosten, die für die Bereinigung des Wasserlaufs anfallen, nicht durch die zu erwartenden Energiepreise eingespielt werden können, so bedeutet das, dass diese Form der Energieversorgung volkswirtschaftlich nicht sinnvoll ist: Offensichtlich gibt es andere, lohnendere Verwendungen für die knappen Ressourcen.

Im Sozialismus ist die Wirtschaftsrechnung unmöglich. Hier gibt es kein Privateigentum: Alle Produktionsmittel sind verstaatlicht. Wenn es aber kein Privateigentum gibt, kann es auch keinen Markt geben, auf dem sich die Preise der Produktionsmittel durch Angebot und Nachfrage bilden können. Ohne Marktpreise aber befindet sich der Sozialplaner und mit ihm die ganze Volkswirtschaft quasi im Blindflug. Es ist unmöglich, eine rationale Auswahl aus der Vielzahl der Produktionsmöglichkeiten zu treffen. Ohne Wirtschaftsrechnung, die auf die Verwendung von in Geld ausgewiesenen Marktpreisen angewiesen ist, kommt es zum »geplanten Chaos«, wie Mises es später einmal bezeichnen sollte. Es ist unmöglich, die Dringlichkeit der Bedürfnisse zu erkennen und die Produktion entsprechend auszurichten. Komplexe, mehrstufige Produktionswege lassen sich nicht zielgerecht organisieren und durchführen.

Natürlich kann Geld auch im Sozialismus Verwendung finden. Dies allerdings in nur ganz bescheidenem Umfang. Geld wird im Tauschverkehr, wenn überhaupt, auf den Bereich der Konsumgüter beschränkt bleiben. Im Sozialismus spielt Geld zwar prinzipiell eine ähnliche Rolle wie im Kapitalismus, »[d]och die Bedeutung dieser Rolle ist in der auf dem Gemeineigentum an den Produktionsmitteln beruhenden Gesellschaftsordnung eine andere als in der auf dem Sondereigentum an den Produktionsmitteln beruhenden. Sie ist hier unvergleichlich geringer, weil der Tausch in dieser Gesellschaft eine viel geringere Bedeutung hat, weil er hier überhaupt nur Konsumgüter erfaßt. Da kein Produktivgut im Tauschverkehre umgesetzt wird, wird es unmöglich, Geldpreise der Produktivgüter zu erkennen. Die Rolle, die das Geld in der freien Wirtschaft auf dem Gebiete der Produktionsrechnung spielt, kann es in der sozialistischen Gemeinschaft nicht behalten. Die Wertrechnung in Geld wird hier unmöglich.«[2]

Als Mises sein Argument vorbringt, dass der Sozialismus nicht durchführbar ist, stößt er auf Kritik und Widerspruch; schließlich gilt vielen der Sozialismus als Hoffnungsträger für eine bessere Welt. Doch es gelingt Mises' Widersachern nicht, seine Erkenntnisse zu widerlegen. So fällt etwa den Sozialisten Max Adler und Helene Bauer nichts anderes ein, als darauf zu verweisen, dass in der Zukunft eine sozialistische Wirtschaftsrechnung gefunden werde, die die von Mises zu Recht aufgeworfene Problematik löse. Doch bis heute ist sie nicht gefunden. Die Unmöglichkeit des Sozialismus, die Mises bereits 1919 erkannt hatte, wurde übrigens noch lange infrage gestellt, gerade auch in Fachkreisen. So vertrat der keynesianisch orientierte Ökonom und Wirtschaftsnobelpreisträger des Jahres 1970, Paul A. Samuelson (1915–2009), noch Ende der 1980er-Jahre in seinem weltweit verbreiteten Lehrbuch die Meinung, die Volkswirtschaften der westlichen Welt könnten durchaus noch von den Planwirtschaften des Ostblocks überflügelt werden.

Man mag einwenden, dass es noch Jahrzehnte gedauert hat, bis der Sozialismus kollabiert ist – während Mises seine Unmöglichkeit und Undurchführbarkeit bereits 1929 ausrief.

Darauf kann zweierlei entgegnet werden. Erstens: In den meisten Ländern des Ostblocks hat es keinen »100-prozentigen Sozialismus« gegeben: Es gab zumeist »Ausnahmeregelungen«, sei es in Form von begrenztem Eigentum (etwa am eigenen Wohnhaus) oder kleinen, eigengenutzten landwirtschaftlichen Nutzflächen. Das hat die zerstörerischen Kräfte des Sozialismus gemildert und seinen Verfall verzögert. Zweitens: Die sozialistischen Volkswirtschaften sahen sich mehr oder weniger marktwirtschaftlichen Volkswirtschaften gegenüber. So konnten sie sich im Zuge des Außenhandels dringend benötigte Güter besorgen, die sie, auf sich allein gestellt, nicht hätten produzieren können. Auch wurden sie dadurch in die Lage versetzt, die Marktpreise (für beispielsweise Energie, Agrarprodukte und andere Rohstoffe) auf den Weltmärkten für ihre eigenen Planrechnungen zu nutzen. Isoliert und auf sich allein gestellt, wären die sozialistischen Regime früher zusammengebrochen – weil, wie Mises früh erkannt hatte –, im Sozialismus eine Wirtschaftsrechnung unmöglich ist.

Die endgültige Widerlegung des Sozialismus und all seiner Spielarten

Die Gemeinwirtschaft

»Das Sondereigentum an den Produktionsmitteln zu beseitigen und sie in das Eigentum der Gesellschaft überzuführen, das und nichts anderes ist das Ziel des Sozialismus.«

Ludwig von Mises (2007),
Die Gemeinwirtschaft, S. 26.

Im Jahr 1922 legt Mises sein Buch *Die Gemeinwirtschaft. Untersuchungen über den Sozialismus* vor. Im Vorwort zur englischen Ausgabe (sie erscheint unter dem Titel *Socialism. An Economic and Sociological Analysis*) merkt Friedrich August von Hayek an, ihn und viele andere – wie zum Beispiel Wilhelm Röpke (1899–1966) und Lionel C. Robbins (1898–1984) – habe die Lektüre von Mises' Buch von den sozialistischen Überzeugungen, die gegen Ende des Ersten Weltkriegs Zustimmung fanden, abgebracht und zu überzeugten Marktwirtschaftlern werden lassen. In diesem Werk unterzieht Mises den Sozialismus und all seine Spielarten einer tiefgreifenden kritischen Analyse mit den Mitteln des wissenschaftlich-nationalökonomischen Denkens. Sein Aufsatz »Die Wirtschaftsrechnung im sozialistischen Gemeinwesen« (1920) geht nahezu wortgleich darauf ein und bildet auch das zentrale Argument für den Nachweis der Unmöglichkeit des Sozialismus: Der Sozialismus ist undurchführbar, weil in ihm eine Wirtschaftsrechnung unmöglich ist.

Dass der Sozialismus zum Scheitern verurteilt ist, dass er unmöglich ist, liegt nicht etwa daran, dass die Menschen moralisch zu niedrig stehen, dass man sie nur »besser« machen muss, damit die sozialistische Traumwelt Realität werden kann. Der entscheidende Grund ist, dass eine Wirtschaftsrechnung im Sozialismus undurchführbar ist: »Die Unverwirklichbarkeit des Sozialismus ist nicht in der sittlichen, sondern in der intellektuellen Sphäre begründet. Weil eine sozialistische Gesellschaft nicht rechnen könnte, kann es keine Gemeinwirtschaft geben. Auch Engel könnten, wenn sie nur mit menschlicher Vernunft begabt wären, kein sozialistisches Gemeinwesen bilden.«[1]

Dass Mises' Untersuchung zum Sozialismus eine streng wissenschaftlich fundierte Abhandlung ist, hat einen Grund. Er weiß, dass der Sozialismus sich nicht durch die »bösen Erfahrungen«, die man mit ihm gemacht hat, entzaubern und widerlegen lässt. Selbst die Erfahrung seines Scheiterns kann das nicht leisten, weil sich Erfahrung verschiedentlich deuten lässt. Man kann immer behaupten, dass sich die Missstände, die im »real existierenden Sozialismus« bestanden, beim »nächsten Versuch« vermeiden lassen. Man müsse zum Beispiel nur geeignetere Personen in die verantwortungsvollen Positionen bringen. Der Sozialismus könne daher sehr wohl, ungeachtet seiner bislang unbefriedigenden Ergebnisse, künftig erfolgreich sein. Nur *Vernunftgründe* können aus Mises' Sicht den Sozialismus und seine Versprechungen als falsch entzaubern: »Den Sozialismus können nur die Ideen des Kapitalismus und des Liberalismus überwinden. Nur im Kampfe der Geister kann die Entscheidung fallen.«[2]

Gleichzeitig ist sich Mises bewusst, dass man die Kritik des Sozialismus nicht nur streng wissenschaftlich führen muss, sondern dass es auch notwendig ist, sich mit den Vorurteilen, Illusionen und Traumschlössern auseinanderzusetzen, die viele Menschen in die Arme der sozialistischen Heilsversprecher treiben. Er weiß um die Anziehungskraft der sozialistischen Versprechungen. Der Sozialismus, so Mises, »verspricht ein Paradies auf Erden, ein Schlaraffenland voll Glück und Genuß und, was den Schlechtweggekommenen noch süßer mundet, Erniedrigung aller, die stärker und besser sind als die Menge.«[3] Mises weiß auch um die Abneigung gegen denjenigen, der den Sozialismus entzaubern will: »Wer für sozialistische Maßnahmen eintritt, gilt als Freund des Guten, des Edlen und des Sittlichen, als uneigennütziger Vorkämpfer einer notwendigen Reform, kurz als ein Mann, der seinem Volk und der ganzen Menschheit selbstlos dient .... Wer an den Sozialismus mit den Maßstäben des wissenschaftlichen Denkens herantritt, wird als Verfechter des bösen Prinzips, als Schurke, als feiger Söldling der eigensüchtigen Sonderinteressen einer das Gemeinwohl schädigenden Klasse und als Ignorant in Acht und Bann getan.«[4]

Die Schwierigkeit, eine wissenschaftliche Auseinandersetzung mit dem Sozialismus zu führen, war von den Sozialisten selbst errichtet worden. Die Marxisten hatten einen »Schutzgürtel« aufgebaut, um ihre Lehre vor Kritik abzuschirmen und sie damit zu einer reinen Glaubensangelegenheit zu machen. Sie hatten, auf dem Boden der Hegelschen Dialektik, bestritten, dass die Logik – die Lehre vom richtigen Denken – verbindlich ist. Vielmehr sei das Denken abhängig von der Klassenzugehörigkeit. Ein Denken, das den Sozialismus ablehnt, sei »bürgerliches« Denken und entlarve den Befürworter des Kapitalismus als voreingenommenen Gegner des Sozialismus. Der Marxismus lehrt zudem, dass der »dialektische Prozess« notwendigerweise zum Sozialismus führt. Angesichts einer solchen *Unentrinnbarkeit des Sozialismus* als Ziel und Ende der Geschichte sei es unsinnig, sich mit wissenschaftlichen Untersuchungen über das Wesen des Sozialismus überhaupt befassen zu wollen. Doch Mises durchbricht den marxistischen Schutzgürtel. Er führt konsequent und unbeirrt wissenschaftliche Überlegungen ins Feld, legt die unüberwindbaren Probleme, die der Durchführbarkeit des Sozialismus entgegenstehen, schonungslos offen.

Gleich zu Beginn setzt sich Mises in *Die Gemeinwirtschaft* mit der gesellschaftlichen Einrichtung auseinander, die der Sozialismus – gleich welcher Couleur – zu diskreditieren, zu unterwandern und zu zerstören sucht: dem Privateigentum. Es war insbesondere Jean-Jacques Rousseau (1712–1778), der den Menschen eingeflüstert hat, das Eigentum sei etwas willkürlich Gesetztes, und dass sein Erscheinen (irgendwann in der fernen Vergangenheit) Leid und Konflikt in die Welt gebracht habe. Mises argumentiert, dass schon der Versuch, das Eigentum durch den Verweis auf geschichtliche Erfahrung rationalisieren oder zurückweisen zu wollen, unsinnig ist. Zwar zeigt die Geschichte, dass die Aneignung von Gütern immer wieder durch gewaltsame Beraubung von Eigentümern, die ihr Eigentum rechtmäßig durch Aneignung herrenloser Güter und dem Einsatz eigener Kräfte erworben hatten, erfolgt ist; beispielsweise enteignete der siegreiche Kriegsherr die Besiegten und verteilte deren Güter unter seinem Gefolge. Die einen erhielten dabei mehr, die anderen weniger, und die Unterworfenen hatten das Nachsehen.

In einer freien *Marktwirtschaft* erweist sich jedoch der Hinweis, das Eigentum sei geschichtlich immer wieder aus Gewaltakten geschaffen worden, als gegenstandslos. Hier lässt sich Eigentum nämlich nur auf drei *nicht-aggressiven* Wegen erlangen: (1) durch Aneignung von Gütern, die zuvor von niemand anderem beansprucht wurden; (2) durch Produktion und (3) durch freiwilligen Handel. Herrscht freie Marktwirtschaft, so wird Eigentum erworben, wenn ein Anbieter den Verbrauchern besser dient, als es andere tun. Erfüllt jemand mit seinen angebotenen Diensten und Produkten die Nachfragewünsche besser als andere, so wird er Gewinne erzielen und damit Eigentum an Gütern. In einer freien Marktwirtschaft ist das Erlangen von Eigentum daher kein gewalttätiger Willkürakt (wie es der unkritische Blick auf die geschichtliche Erfahrung nahelegen würde), sondern das Gegenteil ist der Fall: Das Eigentum ist in einer freien Marktwirtschaft das Resultat friedvoller und produktiver Kooperation zwischen Menschen. (Mises' wissenschaftstheoretische Überlegungen werden später noch deutlich machen, dass das Eigentum eine *Kategorie des menschlichen Handelns* ist, dass man es nicht ohne einen logischen Widerspruch verneinen kann.)

Sozialismus ist hingegen Aggression gegen das Eigentum. Der Sozialismus will das Sondereigentum an den Produktionsmitteln abschaffen. Damit stellt sich zunächst einmal die Frage: Warum soll nur das Sondereigentum der Produktionsmittel abgeschafft werden, warum nicht auch das der Konsumgüter? Konsumgüter gehen mit dem Verzehr unter. Sie werden verbraucht und sind dann nicht mehr nutzbar. Um sie nutzen zu können, muss man über sie physisch verfügen. Man muss (Teil-)Eigentum am Frühstücksbrötchen haben, um es konsumieren zu können. Das Eigentum an Konsumgütern lässt sich nicht beseitigen. Es lässt sich nur anders verteilen, als es bereits verteilt ist. Anders stehen die Dinge bei den Produktionsmitteln. Sie werden eingesetzt, um Konsumgüter zu erzeugen. Produktionsmittel müssen nicht notwendigerweise Privateigentum sein, sie können prinzipiell auch im Gemeineigentum stehen. Beispielsweise muss man keine Kaffeeplantage oder Kaffeerösterei besitzen, um eine Tasse Kaffee zu trinken. Es genügt, wenn andere sie besitzen. Es ist prinzipiell denkbar, dass Kaffeeplantage und Kaffeerösterei sich im Gemeineigentum befinden und man trotzdem in den Genuss einer Tasse Kaffee kommen kann, die man im Laden kauft.

Warum aber sollte man das Sondereigentum an den Produktionsmitteln abschaffen? Diejenigen, die im Sozialismus ein sittliches, ein *ethisches* Programm erblicken, stützen sich auf folgende Überlegung: »Handle so, dass Du Dich wie jeden anderen auch als Zweck, niemals bloß als Mittel brauchst.« Damit steht und fällt das ethische Argument für den Sozialismus mit der Behauptung, dass in der auf dem Sondereigentum der Produktionsmittel aufgebauten Wirtschaftsordnung alle Menschen oder doch ihre Mehrzahl als Mittel dienen und nicht Zweck des Handels sind. Die Vorstellung ist hier, dass sich die Gesellschaft in Klassen aufteilt: in Besitzer und Nichtbesitzer, in Reiche und Arme. Doch für die freie Marktwirtschaft – in der auf dem Sondereigentum der Produktionsmittel aufgebauten Gesellschaftsverfassung – gilt das, was der Sozialismus als unethisch anprangert, gerade *nicht*. Die Menschen stehen hier in einer *Wechselwirkung* zueinander: Jeder ist Mittel und Zweck zugleich. In einer freien Marktwirtschaft fördert jeder sein Eigenwohl, indem er dem Wohl seiner Mitmenschen dienlich ist: »Da Gesellschaft nur möglich ist, indem jedermann, sein eigenes Leben lebend, zugleich das der anderen fördert, indem jeder Einzelne Mittel und Zweck zugleich ist, indem jedes Einzelnen Wohlbefinden zugleich die Bedingung für das Wohlergehen der anderen ist, wird der Gegensatz von Ich und Du, von Mittel und Zweck, in ihr überwunden.«[5] Der Vorwurf des Sozialismus, die freie Marktwirtschaft sei unethisch, lässt sich nicht aufrechterhalten, und damit auch nicht die Forderung der Sozialisten, das Sondereigentum der Produktionsmittel sei aufgrund einer ethisch begründeten Erwägung aufzuheben.

Die Abneigung der Sozialisten gegen das Sondereigentum der Produktionsmittel kann auch nicht dadurch erklärt werden, dass es die existierenden Besitzverhältnisse und die damit verbundenen »Ungerechtigkeiten« zementiert. In einer freien Marktwirtschaft muss der Eigentümer seine Produktionsmittel in den Dienst der Nachfrager stellen. Er muss so gesehen sein Eigentum jeden Tag aufs Neue erwerben. Der freie Markt lenkt das Handeln aller, einschließlich des Handelns der Eigentümer der Produktionsmittel, dorthin, wo es den Zwecken der Menschen am nützlichsten ist. Nur dann, wenn der Eigentümer seine Produktionsmittel in einer Weise einsetzt, die den Kundenwünschen entspricht, erzielt er einen Gewinn. Gelingt ihm das nicht, macht er Verluste. Seine Produktionsmittel gelangen dann sprichwörtlich in die Hände derjenigen Produzenten, die die Kundenwünsche vergleichsweise besser erfüllen. In einem freien Markt gibt es daher auch keinen unverrückbaren, auf ewig garantierten Besitzstand – wie es etwa im Feudalismus der Fall ist.

Wie bereits in Kapitel 3 verdeutlicht wurde, scheitert auch das Argument, der Sozialismus könne den materiellen Lebensstandard verbessern im Vergleich zum Kapitalismus. Genau das Gegenteil ist der Fall. Im Kapitalismus ist es den Unternehmern möglich, eine Wirtschaftsrechnung durchzuführen, weil sie auf Marktpreise zurückgreifen können. Ihr Gewinnmotiv stellt sicher, dass sie die Verbraucher mit den Gütern versorgen, die am dringendsten benötigt werden. Völlig anders stehen die Dinge im Sozialismus. Hier ist die Wirtschaftsrechnung ganz und gar unmöglich. Fehllenkung und Verschwendung von knappen Ressourcen sowie wirtschaftliches Chaos und Verelendung sind die unabwendbaren Folgen. Der Sozialismus ist nicht durchführbar, und selbst sozialistische Programme, die nicht die Zerstörung der gesellschaftlichen Kooperation bewusst anstreben, sondern die eine bessere und höhere Gesellschaftsform schaffen wollen, wirken im Ergebnis gesellschaftsvernichtend. Der Grund ist stets der gleiche: Eine sozialistische Wirtschaft ist unmöglich, weil in ihr die Wirtschaftsrechnung unmöglich ist.

Für die Sozialisten ist die *Verteilung* – die Entscheidung darüber, wer wie viel von den produzierten Gütern bekommt – das Problem der Wirtschaft schlechthin. In einem kapitalistischen System sorgt der Markt für die Verteilung. Der Unternehmer macht einen Gewinn, wenn die Absatzpreise, die die Nachfrager für seine Produkte zu bezahlen bereit sind, höher sind als die zur Erstellung der Produkte aufgewandten Kosten. Die Arbeitnehmer erhalten einen Lohn, der dem Wert des von ihnen geleisteten Produktionsbeitrages entspricht. Im Sozialismus muss die Verteilung des Erzeugten anders vonstattengehen, denn hier gibt es keinen Markt. Sie lässt sich grundsätzlich auf vier Arten bewerkstelligen: (1) Jeder erhält die gleiche Menge; (2) jeder erhält das, was er dem Gemeinwesen an Diensten geleistet hat; (3) jeder erhält nach seinen Bedürfnissen; oder (4) jeder wird nach seiner Würdigkeit entlohnt.[6]

Wenn jeder das Gleiche erhält, gibt es keine Unterscheidung zwischen dem Fleißigen und dem Faulen. Der Fleißige würde das Gleiche erhalten wie der Faule. Wollte man bei der Verteilung nach dem Kriterium *Fleiß* verfahren, muss folglich das Prinzip »Jedem das Gleiche« ausscheiden. Weil es im Sozialismus keine Wirtschaftsrechnung gibt, ist es auch nicht möglich, die Verteilung nach dem Beitrag vorzunehmen, den ein jeder zur Erstellung der Güter geleistet hat: Man kann nicht den Ergebnisbeitrag der Einzelnen am Gesamterfolg feststellen. Könnte man beispielsweise die geleisteten Arbeitsstunden als geeigneten Verteilungsmaßstab wählen? Nein, denn der Wert der geleisteten Arbeitsstunden ist verschieden, je nachdem, wofür sie eingesetzt werden (zur Erstellung dringlicher oder weniger dringlicher Güter) und wer sie geleistet hat (Fachkraft oder Ungelernter).

Auch die Verteilung nach der Bedürftigkeit ist unmöglich. Dazu muss man wissen, dass der Mensch stets unter Knappheit handelt, dass sich also nicht alle Bedürfnisse vollauf befriedigen lassen. Es wäre daher von zentraler Stelle festzulegen, bis zu welchem *Grad* die Bedürfnisse eines jeden zu erfüllen sind, aber eine Entlohnung, die den tatsächlichen Bedürfnissen gerecht wird, kann es im Sozialismus nicht geben. Unmöglich ist es auch, die Würdigkeit des Einzelnen als Grundsatz für die Verteilung zu wählen. Denn wie lässt sich feststellen, was die Würdigkeit ausmacht? »Die Berücksichtigung der Würdigkeit des Einzelnen bei der Verteilung der Genußgüter würde Tür und Tor der Willkür öffnen und das Individuum schutzlos der Vergewaltigung durch die Mehrheit preisgeben. Man würde damit Zustände schaffen, die das Leben unerträglich machen.«[7] Man erkennt: Die Verteilung der Güter im Sozialismus muss durch einen Willkürakt erfolgen, egal welcher der obigen Verteilungsgrundsätze oder ob eine Kombination aus ihnen gewählt wird.

Wer aber soll über die Verteilung befinden, die im Sozialismus immer und überall willkürlich sein muss? Das kann nur ein Diktator, eine Gruppe Auserwählter, ein Zentralbüro sein. Diejenigen, die eine solche Verteilungsentscheidung befürworten, haben die Vorstellung, dass der Diktator, das Zentralbüro nach ihren Wünschen verfahren. Sie wollen

»ihren Diktator«, wollen »ihr Zentralbüro«, wollen, dass der Diktator, das Zentralbüro Verteilungsentscheidungen treffen, die sie sich wünschen. Wer aber bekommt die Position des Diktators, wem wird ein Platz im Zentralbüro eingeräumt? Es werden die Ruchlosen, die Rücksichtslosen, die Gewaltbereiten sein, die sich hier durchsetzen. Die Geschichte des Sozialismus bietet dafür reichhaltiges Anschauungsmaterial: Stalin, Hitler, Mao Zedong, Pol Pot. Alle hatten ihre eigene Vorstellung von Verteilungsgerechtigkeit, die sich unterschied von der ihrer Unterworfenen. Sie setzten die Verteilungsentscheidung zu ihrem Machterhalt ein, nicht zur Verwirklichung ethischer Ideale, handelten nicht nach ethischem Prinzip. Vielmehr sorgten sie dafür, dass für unterschiedliche Personen unterschiedliche Regeln galten.

Die politischen Strategien, mit denen der Sozialismus errichtet werden soll, lassen sich in zwei Gruppen aufteilen: (1) Es gibt solche, die darauf abzielen, den Umsturz der bestehenden Eigentumsordnung gewaltsam und mit einem Schlage herbeizuführen – durch das Verstaatlichen, die Vergesellschaftung der Produktionsmittel. (2) Und es gibt solche, die den Sozialismus mittelbar anstreben, und zwar indem sie die bestehende, auf Sondereigentum an den Produktionsmitteln ruhende Wirtschaftsordnung nach und nach aushöhlen und zerstören wollen. Bei letzteren entzieht der Staat den Eigentümern immer mehr die Verfügungsgewalt über ihr Eigentum, beispielsweise durch Regularien, Ge- und Verbote und Besteuerung. »Die Entwicklung zum Sozialismus hat sich nicht nur durch formelle Übertragung des Eigentums an den Staat vollzogen. Auch die Beschränkung der Befugnisse des Eigentümers ist ein Mittel der Sozialisierung. Wenn ihm die Verfügungsmöglichkeit stückweise genommen wird, indem der Staat sich immer mehr Einfluß auf die Bestimmung der Richtung und der Art der Produktion sichert und von dem Ertrag der Produktion einen immer größeren Anteil heischt, so wird dem Eigentümer immer mehr und mehr entzogen, bis ihm schließlich nur der leere Name des Eigentums bleibt, das Eigentum selbst aber ganz in die Hände des Staates übergegangen ist.«[8] Diese unmittelbaren und mittelbaren Politikansätze laufen zwar in ihrem Ergebnis auf dasselbe hinaus. Die mittelbaren Bestrebungen zur Herbeiführung des Sozialismus sind jedoch besonders tückisch, weil sie in der Öffentlichkeit meist nicht als solche erkannt werden, oder aber ihr mit falschen Versprechungen schmackhaft gemacht werden.

Mises arbeitet heraus, dass es keinen wirtschaftlichen Unterschied zwischen Sozialismus und Kommunismus gibt: Beide trachten danach, die Produktionsmittel einer zentralen Führung zu unterwerfen, die sie kontrollieren.[9] Der Nationalsozialismus ist eine Form des Sozialismus, wie Mises es später formuliert: »Man verkennt den Nationalsozialismus, wenn man nicht beachtet, daß er Sozialismus sein will. Nichts ist so irreführend wie die übliche Unterscheidung von ›rechts‹ und ›links‹.«[10] Der Nationalsozialismus und der Sozialismus stehen sich ideologisch nicht gegenüber, sie stehen auf der gleichen Seite: »Daß ungeachtet dieser Verwandtschaft die Fehde mit großer Erbitterung durchgekämpft wird, kann nicht wundernehmen. In jedem sozialistischen Gemeinwesen müßte das Los der politischen Minderheiten unerträglich werden. Wie würde es wohl Nationalsozialisten unter bolschewistischer oder Bolschewiken unter nationalsozialistischer Herrschaft ergehen?«[11] Mises unterzieht alle Spielarten des Sozialismus – ob es sich nun um Voll- oder Halbsozialismus, Militärsozialismus, Kriegssozialismus, Gildensozialismus, Syndikalismus, kirchlichen Sozialismus oder Planwirtschaft handelt – einer kritischen Analyse und zeigt ihre Sinn- und Zweckwidrigkeit auf.

Beispielsweise fordern die Vertreter des *Ständesozialismus*, dass es das Privateigentum nur noch dem Schein nach, aber nicht mehr faktisch geben soll. Der österreichische Ökonom Othmar Spann (1878-1950) schrieb dazu in *Der wahre Staat* (1921): »Es gibt formell Privateigentum, der Sache nach aber nur Gemeineigentum, indem das Privateigentum der Einzelnen auf die Teil-Ganzen (die Stände), das Eigentum der Teilganzen auf die übergeordneten Ganzheiten (Standesverbände) und zuletzt auf das letzte Ganze, den Staat, hingerichtet ist.«[12] Der Ständesozialismus degradiert die Menschen zum bloßen Verwalter ihres Eigentums. Sie handeln nur noch im Auftrag und auf Anweisung der Obrigkeit, wie es Spann erklärt: »Das Privateigentum erlangt durch gemeinnützige Beeinflussung das innere Gepräge des Lehens, wenn es auch der Form nach nicht als Lehen gegeben wird, sondern Privateigentum bleibt.«[13]

Im deutschen *Nationalsozialismus* wurde wie im Ständesozialismus verfahren; Mises sprach hier von Zwangs- beziehungsweise Befehlswirtschaft Die *Nationalsozialisten* beließen den Unternehmern grundsätzlich ihr Sondereigentum an den Produktionsmitteln. Gleichzeitig wurden die Unternehmer vom Staat angewiesen, die Produktion auf die Wünsche des Regimes auszurichten. Das funktionierte vor allem deshalb, weil die *Nationalsozialisten* den Unternehmern die Möglichkeit eröffneten, mit ihrer Produktion Gewinn zu erzielen. Ein weiteres deutsches Beispiel für eine sozialistische Spielart ist der *Hindenburgplan*. Paul von Hindenburg (1847–1934) führte die Oberste Heeresleitung von 1916 bis 1918 und übte quasi diktatorische Regierungsgewalt aus. Ab 1916 wurden die Kontrollen des Wirtschafts- und Gesellschaftslebens verschärft und auf die Kriegserfordernisse ausgerichtet. Die

Zwangswirtschaft unterstellte das Sondereigentum der Produktionsmittel dem staatlichen Kommando.

In *Die Gemeinwirtschaft* benennt Mises eine Reihe von Politikmaßnahmen, die damals wie heute in der Öffentlichkeit als »sozial gerecht« angesehen werden, die sich aber bei genauer Betrachtung als sozialistisch und »unsozial« entpuppen. Gewerkschaften etwa haben die ihnen vom Staat zugebilligte Macht, ein Unterbieten der Löhne durch Arbeitswillige, die der Gewerkschaft nicht angehören, zu verhindern. Sie können Streiks organisieren und Streikbrecher abwehren. Die Gewerkschaftsmacht, das Arbeitsangebot beeinflussen zu können, sorgt dafür, dass nicht alle, die arbeiten wollen, auch eine Beschäftigung finden können. Die Folge ist *erzwungene Arbeitslosigkeit*, das Verschwenden von menschlicher Arbeitskraft. Es ist der gewerkschaftliche Einfluss auf das Lohngefüge, der Umfang und Dauer der Arbeitslosigkeit verantwortet. In einem freien Markt würde sich der markträumende Lohnsatz durch das Angebot von und die Nachfrage nach Arbeit einpendeln. Das mag zwar zu einem niedrigeren Lohnsatz führen, aber unfreiwillige Arbeitslosigkeit gibt es keine. Der freie Marktlohn stellt sicher, dass alle, die arbeiten wollen, auch Arbeit finden, und dass alle die, die Arbeit nachfragen wollen, auch die gewünschte Arbeitsmenge nachfragen können.

Auch die *staatliche Sozialversicherungspolitik* übt eine destruktive Wirkung auf eine arbeitsteilige, auf Privateigentum aufgebaute Volkswirtschaft aus. Als Beispiel sei die staatliche Arbeitslosenversicherung genannt. Sie ist längst kein Akt der Mildtätigkeit mehr, in der derjenige, der in Not geraten ist, karitativen Beistand erhält, sondern sie ist zu einem harten Rechtsanspruch geworden, den der Berechtigte einklagen kann: Als (Zwangs-)Mitglied in der Arbeitslosenversicherung hat er den rechtlichen Anspruch, dass andere für sein Nichtarbeiten bezahlen müssen. Das muss die Arbeitsmoral der Versicherten beeinträchtigen.

Denn nunmehr ist ihr Anreiz geschmälert, einer Beschäftigung nachzugehen beziehungsweise sich bei Arbeitsverlust rasch eine neue Stelle zu suchen. Würde der Arbeitslose seine Lohnansprüche herabsetzen, wie es der Arbeitsmarkt verlangt, so würde er auch eine Arbeit finden. Die staatliche Sozialversicherung führt dazu, dass Umfang und Dauer der Arbeitslosigkeit größer und länger ausfallen, als sie ausfallen würden, wenn es die staatliche Arbeitslosenversicherung nicht gäbe. Besonders problematisch ist dabei, dass der Versicherte den Versicherungsfall selbst herbeiführen kann, beispielsweise weil er seinen Wohnort nicht wechseln will.

Die Politik der Besteuerung ist ebenfalls ein volkswirtschaftlich schädliches Mittel der Sozialisten, so Mises: »Die Steuern sollen die Reichen, die Unternehmer, die Kapitalisten, kurz: die anderen bezahlen; die Arbeiter, kurz: die Wähler, auf deren Stimmen es ankommt, sollen steuerfrei bleiben. Alle Massenverbrauchssteuern – auch die auf geistige Getränke – sind abzulehnen, weil sie das Volk belasten. Die direkten Steuern können nicht hoch genug sein, wofern nur das Einkommen und der Besitz der Arbeit frei bleiben.«[14] Dass die Besteuerung die Leistungsfähigkeit der Produktion schwächt – etwa dadurch, dass es die Kapitalbildung erschwert beziehungsweise entmutigt –, bleibt meist unbeachtet; und auch, dass dadurch der materielle Lebensstandard der Schichten, die die Sozialisten vorgeben zu vertreten, geschädigt wird. Die Politik der Besteuerung wird natürlich auch und vor allem für Steuerungsaufgaben eingesetzt, und auch das schädigt die wirtschaftliche Leistungsfähigkeit der Volkswirtschaft: »Es werden Steuern ausgeschrieben, die als Strafen für als schädlich angesehenes

Handeln erscheinen; die Warenhaussteuer soll den Warenhäusern den Wettbewerb mit den kleinen Läden erschweren, die Börsenverkehrssteuer soll die Spekulation hemmen. Die Abgaben werden so zahlreich und mannigfaltig, daß bei allen geschäftlichen Veränderungen in erster Reihe auf die steuerrechtlichen Folgen geachtet werden muß. Zahlreiche wirtschaftliche Möglichkeiten müssen brachliegen gelassen werden, weil ihre Ausnützung die Steuerbelastung so erhöhen würde, daß sie unrentabel werden müßten.«[15] Die negativen Folgewirkungen spielen damit dem Sozialismus in die Hände: Niedriges Wirtschaftswachstum, geringe Lohnzuwächse und mitunter hohe Arbeitslosigkeit werden der *freien Marktwirtschaft*, dem *freien Unternehmertum* angelastet. Stimmen werden laut, der Staat müsse eingreifen, um die Missstände abzustellen, indem er Einkommen und Vermögen »gerechter« umverteilt.

Für Mises ist die Inflation eine besonders zerstörerische Folge sozialistischer Politik. Inflationäres Geld erschwert die Wirtschaftsrechnung oder macht sie gänzlich unmöglich. Inflation sorgt für »Scheingewinne« in der Kosten- und Bilanzrechnung der Unternehmen, wo eine Wertrechnung mit nicht-inflationärem Geld Verluste ausgewiesen hätte. Daraufhin stellt sich Kapitalverzehr ein: Inflation ermuntert Unternehmer, ihrem Unternehmen zu viel aus der Substanz zu entnehmen und zu wenig zu reinvestieren. Inflation hemmt zudem das Sparen und die Investitionen, und damit erschwert sie den Aufbau des Kapitalstocks. Das wiederum lässt die (künftigen) Einkommen geringer ausfallen – verglichen mit einer Situation, in der es keine Inflation gegeben hätte. Inflation sorgt vor allem auch für eine nicht-marktkonforme Umverteilung von Einkommen und Vermögen. Vor allem aber muss eine Inflationspolitik früher oder später enden, und dann sorgt sie für eine Wirtschaftskrise. Mises bringt es mit den Worten auf den Punkt: »Das letzte Wort des Destruktivismus ist die Inflation.«[16]

Am Ende von *Die Gemeinwirtschaft* kommt Mises zu folgendem Schluss: »Der Sozialismus ist in Wahrheit nicht das, was er zu sein vorgibt. Er ist nicht Wegbereiter einer besseren und schöneren Zukunft, sondern Zertrümmerer dessen, was Jahrtausende der Kultur mühsam geschaffen haben. Er baut nicht auf, er reißt nieder. Nach dem Erfolg seines Wirkens müßte man ihm den Namen Destruktivismus geben. Denn sein Wesen ist die Zerstörung. Er bringt nichts hervor, er zehrt nur auf, was die auf dem Sondereigentum an den Produktionsmitteln beruhende Gesellschaftsordnung geschaffen hat. Da es sozialistische Gesellschaftsordnungen nicht geben kann, es wäre denn als ein Stück Sozialismus inmitten einer im Übrigen auf dem Sondereigentum beruhenden Wirtschaftsverfassung, muß jeder Schritt, der zum Sozialismus hinführen soll, sich in Zerstörung des Bestehenden erschöpfen.«[17]

Der Weg in den Sozialismus ist – anders als die Marxisten behaupten – alles andere als vorbestimmt. Es gibt keine Unentrinnbarkeit vor dem Sozialismus. Welche Richtung die gesellschaftliche Entwicklung nimmt, ob sie dem Sozialismus anheimfällt oder aber das freie Marktsystem bewahrt, hängt vielmehr davon ab, ob die Einsichten in die Unmöglichkeit des Sozialismus Gehör und Akzeptanz finden. Wer die Probleme des Sozialismus geflissentlich ignoriert, wird die Übelstände, für die er sorgt (wie zum Beispiel Rezession und Arbeitslosigkeit), dem Kapitalismus zuschreiben und Besserung von sozialistischen Politiken erwarten. Er wird, wenn er an der sozialistischen Irrlehre unbeirrt festhält, die Misserfolge des Sozialismus allen möglichen Ursachen zuschreiben, aber nicht den Unzulänglichkeiten des Sozialismus selbst. Nur die *besseren Ideen* des Kapitalismus und Liberalismus können den Sozialismus überwinden: »Ideen können nur durch Ideen überwunden werden. Den Sozialismus können nur die Ideen des Kapitalismus und des Liberalismus überwinden. Nur im Kampfe der Geister kann die Entscheidung fallen.«[18]

Im Januar 1932, im Vorwort zur zweiten, umgearbeiteten Auflage von *Die Gemeinwirtschaft*, knüpft Mises – in Vorahnung düsterer Zeiten – das Wohl und Wehe der Welt an das Fortbestehen des Liberalismus: »Mehrere Menschenalter einigermaßen liberaler Wirtschaftspolitik haben den Reichtum der Welt gewaltig gemehrt. Der Kapitalismus hat die Lebenshaltung der Massen auf einen Stand gehoben, den unsere Vorfahren nicht ahnen konnten. Interventionismus und die auf Herbeiführung des Sozialismus gerichteten Bestrebungen sind seit einigen Jahrzehnten am Werke, das Gefüge der arbeitsteilenden Weltwirtschaft zu zertrümmern. Wir stehen am Rande eines Abgrundes, der unsere Zivilisation zu verschlingen droht. Ob die menschliche Kultur für immer untergehen oder ob in letzter Stunde noch gelingen wird, die Katastrophe zu vermeiden und auf den einzigen Weg, der Rettung bringen kann, den Weg zu der auf rückhaltloser Anerkennung des Sondereigentums an den Produktionsmitteln beruhenden Gesellschaftsordnung, zurückzufinden, wird von den Ideen abhängen, die das Geschlecht erfüllen werden, das in den kommenden Jahrzehnten zu wirken berufen ist.«[19] Mises schließt sein Werk, indem er seine Leser nicht nur mit einem Hoffnungsschimmer zurücklässt, sondern indem er ihnen auch die Rezeptur zur Verbesserung der Lage mit auf den Weg gibt: »Daß die Meinung, der Sozialismus müsse kommen, weil die Entwicklung der Gesellschaft mit Notwendigkeit zu ihm hinführe, nicht aufrechtzuerhalten sei, konnte in den vorstehenden Abschnitten dieses Buches gleichfalls gezeigt werden. Die Welt nähert sich dem Sozialismus, weil die große Mehrzahl es will; sie will es, weil sie den Sozialismus für eine höheren Wohlstand verbürgende Gesellschaftsordnung hält. Tritt in dieser Auffassung ein Wandel ein, dann ist es um den Sozialismus geschehen.«[20]

Die Rationalisierung der Freiheit

Liberalismus

»Der Liberalismus ist keine abgeschlossene Lehre, er ist kein starres Dogma; er ist das Gegenteil von all dem: er ist die Anwendung der Lehren der Wissenschaft auf das gesellschaftliche Leben der Menschen.«

Ludwig von Mises (1927), *Liberalismus*, S. 3.

Der klassische *Liberalismus* des späten 18. und 19. Jahrhunderts, wie er unter anderem von Adam Smith (1723–1790), David Hume (1711–1776) und John Stuart Mill (1806–1873) vertreten wird, zielt darauf ab, die willkürliche Obrigkeit durch eine Herrschaft von Gesetzen zu ersetzen. Dazu sind vor allem zwei Dinge unverzichtbar: freie Märkte und freier Wettbewerb. Sie sorgen dafür, dass die wirtschaftlichen Aktivitäten der Handelnden, die ihr Eigeninteresse verfolgen, gleichzeitig auch den Interessen aller anderen am Marktgeschehen Teilnehmenden dienen. Adam Smith spricht in diesem Zusammenhang von der »unsichtbaren Hand«, die den Eigennutz der Menschen produktiv zum allgemeinen Wohl verbindet. Doch schon vor Beginn des Ersten Weltkriegs gerät der Liberalismus zusehends in Verruf; die Wurzeln des deutschen Antiliberalismus reichen weit in das deutsche Kaiserreich zurück. Mit den politischen Umwälzungen nach dem Ende des Ersten Weltkriegs setzt sich der Niedergang des Liberalismus fort. Die Regierungen sorgen dafür, dass der Markt zusehends durch bürokratische Lenkung – auf die in der Kriegszeit zurückgegriffen wurde – ersetzt wird. Der Glaube an die Gestaltbarkeit von Wirtschaft und Gesellschaft durch den Staat, an die Realisierbarkeit sozialistischer Ideale, ist groß. In einer Zeit, in der der Liberalismus in den Augen vieler bereits weitgehend diskreditiert ist, im Jahr 1927, veröffentlicht Ludwig von Mises sein Buch *Liberalismus.*

Für Mises ist der Liberalismus eine geistige, weltzugewandte Lehre. Der Liberalismus ist für ihn die »Lehre von dem Zusammenhang der gesellschaftlichen Dinge und zugleich Anwendung dieser Lehre auf das Verhalten der Menschen in gesellschaftlichen Dingen«.[1] Der Liberalismus ist eine *vernünftige,* eine verstandesgeleitete Ausrichtung der gesellschaftlichen Kooperation, die für wirtschaftliche Prosperität und friedvolles Zusammensein sorgt: »[Der Liberalismus, *A.d.V.*] verspricht nichts, was über das hinausgeht, was in der Gesellschaft und durch die Gesellschaft geleistet werden kann. Er will den Menschen nur eines geben: friedliche, ungestörte Entwicklung des materiellen Wohlstandes für alle, um so von ihnen die äußeren Ursachen von Schmerz und Leid fernzuhalten, soweit das überhaupt in der Macht gesellschaftlicher Einrichtungen steht. Leid zu mindern, Freude zu mehren, das ist sein Ziel.«[2] Was der Liberalismus nicht ist, und was ihn von anderen Ideologien abhebt, ist das Folgende: »Der Liberalismus ist keine Religion, keine Weltanschauung und keine Partei der Sonderinteressen. Er ist keine Religion, weil er weder Glauben noch Hingabe fordert, weil nichts Mystisches um ihn webt und weil er keine Dogmen hat; er ist keine Weltanschauung, weil er nicht den Kosmos erklären will und weil er uns nichts sagt und nichts sagen will über

Sinn und Zweck des Menschendaseins; er ist keine Partei der Interessen, weil er keinem einzelnen und keiner Gruppe irgendeinen Sondervorteil verspricht, verschaffen will oder verschafft.«[3]

Dass der Liberalismus keinen Sonderinteressen dient, hebt Mises in vielen Beiträgen immer wieder hervor. Denn genau diese Einsicht ist wichtig für die Akzeptanz des Liberalismus in der Öffentlichkeit. Es wäre falsch zu glauben, der Liberalismus würde allein der besitzenden Klasse – denjenigen, die bereits das Sondereigentum an den Produktionsmitteln haben – auf Kosten der Nichtbesitzer dienen. In einer reinen Subsistenzwirtschaft setzt der Eigentümer eines Pflugs und eines Grundstücks diese Produktionsmittel ausschließlich zur Erfüllung seiner Bedürfnisse ein. Ganz anders verhält es sich in einer Verkehrs- oder Marktwirtschaft. Hier sind die Eigentümer der Produktionsmittel angehalten, ihre Produktionsmittel so einzusetzen, dass die Produktionsergebnisse den Wünschen der Nachfrager entsprechen. Und nur wenn es den Produzenten gelingt, die Kundenwünsche bestmöglich zu erfüllen, werden sie auch Eigentümer der Produktionsmittel bleiben. Das Wohlergehen derjenigen wird befördert, die kein Sondereigentum an den Produktionsmitteln besitzen: Erst die liberale Wirtschaft macht die Massengüterproduktion, die bekanntlich der breiten Bevölkerung zugutekommt, möglich.

Der Liberalismus ruht auf einer zentralen gesellschaftlichen Institution, dem Privateigentum: »Das Programm des Liberalismus hätte also, in ein einziges Wort zusammengefaßt, zu lauten: Eigentum, das heißt: Sondereigentum an den Produktionsmitteln (denn für die genußfertigen Güter ist das Sondereigentum eine selbstverständliche Sache und wird auch von den Sozialisten und Kommunisten nicht bestritten). Alle anderen Forderungen des Liberalismus ergeben sich aus dieser Grundforderung.«[4] Der unbedingte Respekt vor dem Privateigentum als Handlungsmaxime, wie es Mises' Liberalismus fordert, befördert nicht nur eine höhere Ergiebigkeit der Produktion in einer arbeitsteilig organisierten Gemeinschaft. Er sichert auch die Freiheit des Einzelnen in der Gemeinschaft und ist damit unverzichtbar für eine friedvolle Kooperation.

Der Grund, warum Mises sich für den Liberalismus ausspricht, ist der folgende: Seine nationalökonomischen Überlegungen zeigen, dass der Liberalismus – und mit ihm der Kapitalismus – die einzig mögliche Blaupause für ein dauerhaft funktionierendes Gemeinwesen darstellt. Weder der Sozialismus noch der Interventionismus – das fallweise Eingreifen des Staates in das Marktgeschehen – sind dauerhaft durchführbar. Sie führen vielmehr in die wirtschaftliche und soziale Zerrüttung des Gemeinwesens. Ein dauerhaftes zivilisiertes Zusammenleben der Menschen lässt sich nur organisieren, wenn den Lehren des Liberalismus gefolgt wird. Eine Gesellschaft, die sich an den liberalen Lehren orientiert, wird sich daher marktwirtschaftlich organisieren müssen, nicht etwa aus Voreingenommenheit und ideologischer Überzeugung, sondern allein aufgrund ökonomischer Notwendigkeit.

Bereits in *Nation, Staat und Wirtschaft* (1919) hatte Mises herausgearbeitet, welche katastrophale Wirkung die Abkehr von der liberalen Lehre hatte: Sie hatte die Nationen geradewegs und unabwendbar in den Ersten Weltkrieg geführt. Man glaubte, durch nationalistisch gesinnte und marktfeindliche Politiken den wirtschaftlichen Problemen der Zeit entkommen zu können: »Das Programm des Antiliberalismus hat den großen Weltkrieg entfesselt und die Völker dazu gebracht, sich gegenseitig durch Ein- und Ausfuhrverbote, durch Zölle, durch Wanderungsverbote und durch ähnliche Maßnahmen abzusperren. Es hat im Innern der Staaten zu sozialistischen Experimenten geführt, deren Ergebnis Minderung der Produktivität der Arbeit und damit Mehrung von Not und Elend war. Wer seine Augen nicht absichtlich schließt, muß überall die Anzeichen einer nahenden Katastrophe der Weltwirtschaft erkennen. Der Antiliberalismus steuert einem allgemeinen Zusammenbruch der Gesittung entgegen.«[5] Als Mises 1927 sein Buch *Liberalismus* veröffentlicht, ist der Antiliberalismus in Deutschland und Österreich schon weit vorangeschritten.

Als kompromissloser Vertreter des Liberalismus ist sich Mises bewusst, dass der Mensch alles andere als perfekt ist und dass es immer wieder Menschen gibt, die die Eigentumsrechte ihrer Mitmenschen missachten und verletzen, die bedrohen, stehlen und morden, um ihre eigenen Interessen durchzusetzen. Das Eigentum eines jeden am eigenen Körper und allen anderen rechtmäßig erworbenen Gütern ist so gesehen ständig in Gefahr. Schon in *Die Gemeinwirtschaft* schreibt Mises dazu: »Das natürliche Eigentum hat mit Anerkennung durch die Mitmenschen des Eigentümers nicht zu rechnen. Es wird so lange faktisch geduldet, als die Kraft fehlt, es umzustoßen; es besteht nicht länger, als bis sich ein Gewaltigerer findet, der es an sich reißt.«[6] Es besteht folglich eine Notwendigkeit, den Einzelnen und sein Eigentum vor Übergriffen zu schützen. Diese Aufgabe hat, so Mises, der Staat wahrzunehmen: »Für den Liberalen ist der staatliche Verband zwischen den Menschen eine unbedingte Notwendigkeit, denn dem Staat obliegen die wichtigsten Aufgaben: Schutz des Sondereigentums und des Friedens, in dem allein das Sondereigentum seine Wirkungen zu entfalten vermag.«[7]

Mises verliert dabei jedoch nicht aus dem Auge, dass der Staat ein »Zwangs- und Unterdrückungsapparat«[8] ist. Er weiß, dass dies eine Gefahr in sich birgt, denn »[a]ller politischen Gewalt wohnt die Tendenz inne, sich schrankenlos auszuwirken und das Gebiet ihres Einflußbereiches so weit als möglich auszudehnen. Alles zu beherrschen, keinen Spielraum zu lassen, in dem sich die Dinge frei ohne Eingreifen der Obrigkeit vollziehen können, das ist das Ziel, dem jeder Machthaber heimlich zustrebt.«[9] Mises erkennt als Ökonom sogleich das delikate *Dilemma:* Einerseits muss der Einzelne vor den Übergriffen anderer geschützt werden, und zwar notwendigerweise durch einen Gewaltapparat, den Mises als »Staat« bezeichnet. Andererseits bringt die Existenz des Staates zwangsläufig die Gefahr des Machtmissbrauchs – dem derjenige, der eigentlich geschützt werden soll, zum Opfer fallen kann. Wie löst Mises dieses Dilemma? Die Antwort findet sich in seinem Demokratieverständnis.

Mises befürwortet die Demokratie – die Herrschaft der Mehrheitsmeinung –, weil sie für ihn eine Form der Regierung ist, die einen friedvollen Machtwechsel erlaubt, und das ist von entscheidender Bedeutung für eine produktive, friedliche Kooperation innerhalb des Gemeinwesens: »Demokratie ist jene Verfassungsform eines Staates, die die Anpassung der Regierung an die Wünsche der Regierten ohne gewaltsame Kämpfe ermöglicht. Wenn im demokratischen Staatswesen die Regierung nicht mehr so geführt wird, wie es die Mehrheit der Bevölkerung haben will, dann braucht es keinen Bürgerkrieg, um jene Männer in die Ämter zu bringen, die so zu arbeiten gewillt sind, wie es die Mehrheit will. Der Wahlapparat und der Parlamentarismus sorgen schon dafür, daß sich der Regierungswechsel glatt und reibungslos, ohne Gewaltanwendung und ohne Blutvergießen vollzieht.«[10] Doch Mises spricht sich gleichzeitig ausdrücklich gegen eine unbeschränkte Herrschaft der Mehrheitsmeinung aus.

Die Demokratie bedeutet für Mises *Selbstbestimmungsrecht*, und dieses Recht schließt das *Sezessionsrecht* mit ein – und zwar notwendigerweise, wenn unlösbare Konflikte, Gewalt und Krieg verhindert werden sollen. Mises stützt sich dabei auf die Erfahrung, die im ausgehenden Habsburgerreich der Vielvölker gemacht wurde: »Es muß die Möglichkeit bestehen, daß die Staatsgrenzen verlegt werden, wenn der Wille der Bewohner eines Landesteiles, sich einem anderen Staate anzuschließen als dem, dem sie gerade angehören, sich deutlich kundgegeben hat.«[11] Und weiter: »Das Selbstbestimmungsrecht in Bezug auf die Frage der Zugehörigkeit zum Staate bedeutet also: wenn die Bewohner eines Gebietes, sei es eines einzelnen Dorfes, eines Landstriches oder einer Reihe von zusammenhängenden Landstrichen, durch unbeeinflußt vorgenommene Abstimmungen zu erkennen gegeben haben, daß sie nicht in dem Verband jenes Staates zu bleiben wünschen, dem sie augenblicklich angehören, sondern einen selbständigen Staat bilden wollen oder einem anderen Staate zuzugehören wünschen, so ist diesem Wunsche Rechnung zu tragen. Nur dies allein kann Bürgerkriege, Revolutionen und Kriege zwischen den Staaten wirksam verhindern.«[12]

Das Sezessionsrecht ist nicht nur auf Teilgruppen (wie zum Beispiel Landkreise und Städte) zu beschränken, sondern im Prinzip jedem zu gewähren. Es steht allen zu, bis hin zur kleinsten Einheit, dem Einzelnen, dem Bürger. Einschränkungen dieser Forderung lässt Mises nur aufgrund praktischer Erwägungen gelten: »Das Selbstbestimmungsrecht, von dem wir sprechen, ist jedoch nicht Selbstbestimmungsrecht der Nationen, sondern Selbstbestimmungsrecht der Bewohner eines jeden Gebietes, das groß genug ist, einen selbständigen Verwaltungsbezirk zu bilden. Wenn es irgend möglich wäre, jedem einzelnen Menschen dieses Selbstbestimmungsrecht einzuräumen, so müßte es geschehen. Nur weil dies nicht durchführbar ist, da staatliche Verwaltung eines Landstrichs aus zwingenden verwaltungstechnischen Rücksichten einheitlich geordnet sein muß, ist es notwendig, das Selbstbestimmungsrecht auf den Mehrheitswillen der Bewohner von Gebieten einzuschränken, die groß genug sind, um in der politischen Landesverwaltung als räumliche Einheiten aufzutreten.«[13]

Anders also als die Vertreter der deutschen Ordnungspolitik setzt Mises nicht auf staatlich gesetzte und beaufsichtigte Verfassungsregeln, um den Missbrauch der Staatsmacht zu verhindern. Mit dem Sezessionsrecht setzt er auf eine »marktkonforme Ausstiegslösung«. Die unbegrenzte Zwangsmonopolstellung des Staates – verstanden als territorialer Monopolist der Rechtsetzung und -sprechung, der gleichzeitig das Recht zur Besteuerung innehat – wird dadurch de facto aufgehoben. Erfüllt der Staat aus Sicht der Bürger seine Aufgaben nicht oder nicht in befriedigender Weise, so steht es den Bürgern offen, entweder im Zuge ihrer demokratischen Wahlmöglichkeit auf eine Besserung der Situation hinzuwirken oder aber, wenn der Erfolg ausbleibt, gewissermaßen aus dem Club auszutreten und sich einen besseren Schutzpatron zu suchen. Angesichts der Ausstiegsklausel hat der Staat einen großen Anreiz, sich umsichtig und im Interesse der Minderheiten zu verhalten. Bei »Fehlverhalten« droht nämlich der Austritt beziehungsweise die Auswanderung derjenigen, die sich vom Staat gegängelt fühlen. Kurzum: Mit dem Sezessionsrecht wird die Gefahr des staatlichen Gewaltmissbrauchs beziehungsweise die Gefahr der Mehrheitstyrannei entschärft.

Der Liberalismus hat es im politischen Geschäft schwer, schwerer als der Sozialismus, sich Gehör zu verschaffen.

Schließlich dient ja die liberale Lehre keinerlei Sonderinteressen, die (natürlich) danach trachten, sich auf Kosten anderer Vorteile zu verschaffen. Der Liberalismus baut keine Traumschlösser auf. Er appelliert auch nicht an Neid und Vorurteile, die es im Politikgeschäft erleichtern, Anhänger auf- und einzusammeln. Der Liberalismus geht vielmehr mit einem Nachteil ins Rennen: »Keine Sekte und keine politische Partei haben geglaubt, darauf verzichten zu können, ihre Sache durch den Appell an die Sinne der Menschen zu vertreten. Rhetorisches Wortgepränge, Musik und Gesang erklingen, Fahnen flattern, Blumen und Farben dienen als Symbole und die Führer suchen die Gefolgschaft an ihre eigene Person zu binden. Der Liberalismus tut da nicht mit. Er hat keine Parteiblume und keine Parteifarbe, kein Parteilied und keine Parteigötzen, keine Symbole und keine Schlagworte; er hat die Sache und die Argumente. Die müssen ihn zum Siege führen.«[14]

Das, was den Liberalismus wirkungsmächtig macht, ist allein die Vernunft, die Einsicht der Menschen, dass nur der Liberalismus – der für Privateigentum, freie Märkte, freien Handel, für Frieden und Freiheit, mit einem Wort: für die *freie Marktwirtschaft* steht – ein prosperierendes und friedvolles Zusammenleben der Menschen möglich macht. Mises sieht daher folgerichtig auch nur eine Möglichkeit, dass der Liberalismus sich durchsetzt. Er muss der Öffentlichkeit verständlich gemacht werden: »Für den, der die Welt zum Liberalismus zurückführen will, bleibt kein anderer Weg offen als der, seine Mitbürger von der Notwendigkeit der liberalen Politik zu überzeugen. Diese Aufklärungsarbeit ist das einzige, was der Liberale leisten kann und was er leisten muß, um, soviel an ihm liegt, dem Untergang entgegenzuwirken, dem die Gesellschaft heute mit raschen Schritten zueilt. Dabei ist für Konzessionen an irgendwelche liebgewordenen und eingelebten Vorurteile und Irrlehren kein Raum. In Fragen, die über Sein und Nichtsein der Gesellschaft, über Aufstieg oder Untergang von Millionen Menschen entscheiden, gibt es keine Konzession aus Schwachheit oder übelangebrachter Höflichkeit. Wenn der Liberalismus wieder zur Richtschnur der Politik der großen Völker werden sollte, wenn ein Umschwung in der Gesinnung der Menschen dem Kapitalismus wieder freie Bahn eröffnen könnte, dann wird sich die Welt allmählich aus dem Zustand zu erheben vermögen, in den sie die Politik der vereinigten antikapitalistischen Gruppen gestürzt hat. Einen anderen Weg, der aus den politischen und sozialen Wirren der Gegenwart herausführen könnte, gibt es nicht.«[15]

Mises benennt in *Liberalismus* die notwendige politische Bedingung, unter der ein Gemeinwesen dauerhaft funktionieren kann: »Alle, die in ein Parlament einziehen, um dort über die Regierung des Landes zu entscheiden, müssen von der Überzeugung durchdrungen sein, daß die richtig verstandenen Interessen aller Teile und Glieder der Gesellschaft zusammenfallen und daß alle Arten von Sonderrechten für einzelne Gruppen und Schichten der Bevölkerung dem Gemeinwohl schädlich sind und beseitigt werden müssen.«[16] Ist diese Bedingung aber nicht erfüllt, wird der Parlamentarismus zum Spielball der Sonderinteressen, zum Umverteilungskampfplatz und damit zum Fluch für Gemeinwohl: »Die Sonderinteressenparteien, die in der Politik nichts anderes sehen als die Sicherung von Vor- und Sonderrechten für ihre Gruppe, machen nicht nur den Parlamentarismus unmöglich; sie zerreißen die Einheit des Staates und der Gesellschaft, sie führen nicht bloß zur Krise des Parlamentarismus, sondern zur Krise des staatlichen und gesellschaftlichen Lebens überhaupt. Die Gesellschaft kann auf die Dauer nicht bestehen, wenn sie in lauter Gruppen zerfällt, die für sich Sondervorteile herauszuschlagen bemüht sind, beständig nachrechnen, ob sie nicht zu kurz gekommen sind, und jederzeit bereit sind, die wichtigsten staatlichen Einrichtungen preiszugeben, wenn sie irgendwie einen kleinen Vorteil herausschlagen können.«[17]

In *Liberalismus* finden sich auch Gedanken zum politischen Bestreben, die *Vereinigten Staaten von Europa* zu schaffen – Gedanken, die von ihrer Aktualität nichts eingebüßt haben. Schon damals gab es Befürworter dieser Idee, allerdings aus unterschiedlichen Motiven heraus. Die einen sehen in einem vereinigten Europa einen Weg, um den Wohlstand zu fördern. Die anderen – das sind die »Vorkämpfer der Idee der Vereinigten Staaten von Europa«[18] – finden die Idee der Vereinigten Staaten von Europa aus einem machtpolitischen Kalkül heraus attraktiv: Sie sehen in einem Paneuropa ein »Schutz- und Trutzbündnis, das allein imstande wäre, Europa in den kommenden Jahrhunderten die Bedeutung in der Weltpolitik zu sichern, die ihm in den letzten Jahrhunderten zugekommen ist«.[19] Gegen die letztgenannte Auffassung spricht sich Mises ausdrücklich aus: »Es geht (...) nicht etwa darum, daß die Völker den auf das eigene Volk eingestellten Chauvinismus durch einen auf einen größeren Kreis eingestellten Chauvinismus ersetzen, sondern daß sie erkennen, daß jede Art von Chauvinismus verkehrt ist und daß man an Stelle der alten militaristischen Mittel der internationalen Politik nun neue friedliche Mittel treten lassen muß, die auf gemeinschaftliche Arbeit und nicht auf wechselseitiges Bekriegen abzielen.«[20] Die Mehrung des Wohlstandes erfordert Freihandel und Frieden, und das, so Mises, macht es notwendig, die Staatsmacht einzugrenzen: »Die Völker müssen erkennen, daß das wichtigste Problem der äußeren Politik die Herstellung des ewigen Friedens ist, und sie müssen begreifen, daß man den Weltfrieden nur sichern kann durch Einschränkung der Staatstätigkeit auf das engste Gebiet, so daß dem Staate und seiner räumlichen Begrenzung nicht mehr jene überragende Bedeutung für das Leben des einzelnen zukommt, die es verständlich erscheinen läßt, daß in der Vergangenheit und in der Gegenwart Ströme von Blut vergossen wurden, um die Grenzen der einzelnen Staaten abzustecken.«[21]

Mises sieht das Bestreben, sich mit politischen Mitteln im Kampf um die wirtschaftliche und militärische Vormacht behaupten zu wollen, wie es die Vorkämpfer der paneuropäischen Union verfolgen, als gefahrvoll an. Er warnt: »Die Vorkämpfer von Paneuropa und der Vereinigten Staaten von Europa (...) planen nicht eine neue Form der Staatlichkeit, die sich von den bisherigen, imperialistisch und militaristisch orientierten Staaten dem Wesen ihrer Politik nach unterscheiden soll, sondern ein Neugebilde der alten imperialistischen und militaristischen Staatsidee. Paneuropa soll größer sein als die einzelnen Staaten, die in ihm aufgehen werden, es soll mächtiger sein als diese und daher militärisch leistungsfähiger, besser geeignet, den Großstaaten England, Vereinigte Staaten von Amerika und Rußland Widerstand zu leisten. An Stelle des französischen, des deutschen, des magyarischen Chauvinismus soll der europäische treten; seine Spitze soll sich gegen die ›Ausländer‹ kehren, gegen Briten, Amerikaner, Russen, Chinesen, Japaner; nach innen aber soll es ein alle europäischen Völker einigendes Gebilde sein."[22]

Mit Blick auf dieses europäische Vereinheitlichungsstreben weist Mises auf die Unmöglichkeit hin, die sprachlichen und kulturellen Verschiedenheiten der Völker in einer Staatlichkeit zu vereinheitlichen. So sehr man auch die nationale Abschottung (wie zum Beispiel mittels Schutzzöllen) beklagen mag: »[M]an kann die nationalistische Absperrungspolitik nicht dadurch überwinden, daß man an ihre Stelle die Absperrungspolitik eines größeren Staatsgebildes, das verschiedene Völker zu einer politischen Einheit zusammenfaßt, setzt. Das einzige, was die Schutzzollpolitik und die Autarkiebestrebungen überwinden kann, ist die Erkenntnis ihrer Schädlichkeit und das Verständnis für die Interessensolidarität aller Völker.«[23] Für Mises ist es daher ein Irrweg, wenn die paneuropäische Idee nicht von liberalen, sondern von machtpolitischen Motiven an- und vorangetrieben wird: »Die Bewegung zur Bildung von Unionstaaten ist aus der richtigen Erkenntnis der Unhaltbarkeit aller chauvinistischen Nationalpolitik entsprungen. Aber das, was sie an deren Stelle setzen will, ist undurchführbar, weil es der lebendigen Grundlagen im Bewußtsein der Völker ermangelt. Und könnte selbst das Ziel der paneuropäischen Bewegung erreicht werden, dann würde es in der Welt nicht um ein Haar besser werden. Der Kampf des geeinten Kontinentaleuropa gegen die großen Weltmächte außerhalb seines Gebietes wäre nicht weniger verderblich als es der Kampf der europäischen Staaten untereinander ist.«[24]

Auch dem Problem der Monopolbildung widmet Mises Aufmerksamkeit in *Liberalismus*. Er kommt zu folgenden Ergebnissen. Erstens: »Das Schreckgespenst des Monopols, das immer wieder hervorgeholt wird, wenn man von der freien wirtschaftlichen Entwicklung spricht, braucht uns nicht zu beunruhigen. Die Weltmonopole, die wirklich durchführbar sind, könnten nur einige wenige Artikel der Urproduktion betreffen.«[25] Damit meint Mises, dass es in einem freien Markt im Grunde kein von den Nachfragern ungewolltes Monopol geben kann. Stets gibt es Möglichkeiten für neue Anbieter, in angestammte Märkte einzudringen und erfolgreich zu sein, wenn ihre Produkte besser und billiger sind als die der etablierten Anbieter. »Die Vorstellung eines Universalkartells und eines Universalmonopols der verarbeitenden Industrie ist daher ganz und gar unvollziehbar.«[26] Ein echtes Monopol könnte nur im Bereich der Verfügbarkeit über bestimmte Bodenschätze entstehen. Aber solange es Ersatzstoffe (Substitute) gibt oder sie entwickelt werden können, kann auch hier kein dauerhaftes Monopol entstehen.

»Wie immer man auch das Monopolproblem drehen und wenden will, immer wird man darauf zurückkommen, daß Monopolpreise nur dann möglich sind, wenn es sich um die Verfügung über Bodenkräfte bestimmter Art handelt oder wenn Gesetzgebung und Verwaltung die Voraussetzung für die Monopolbildung schaffen.«[27] Damit weist Mises auf ein zentrales und häufig verkanntes Problem hin: Staatliche Eingriffe sind es – nicht die freie Marktwirtschaft, der Kapitalismus —, die für Monopole sorgen. »Monopole der verarbeitenden Industrie, die nicht auf der monopolistischen Verfügung über bestimmte Rohstoffvorkommen beruhen, sind außerordentlich selten. Wo sie vorkommen, sind sie immer nur ermöglicht worden durch bestimmte Maßnahmen der Gesetzgebung, durch Patente und ähnliche Rechte, durch Zoll- und steuerrechtliche Bestimmungen und durch das Konzessionssystem.«[28] Der Liberalismus, der freie Wettbewerb um die Gunst der Kunden, schafft nicht etwa das vielfach befürchtete Monopolproblem, er entschärft es vielmehr beziehungsweise lässt es gar nicht erst aufkommen.

Mises' Liberalismusverständnis ist im Kern eine menschenzugewandte Lebensphilosophie, die auf dem Respekt vor der Freiheit und der Einzigartigkeit des Individuums in der Gemeinschaft aufbaut und – in Anlehnung an Immanuel Kant – die Verwirklichung des (praxeologisch) begründeten *Ideals der vernünftigen Autonomie* des Einzelnen vor Augen hat. Das erklärt, warum Mises unermüdlich den Liberalismus erklärt und rationalisiert: »Die tiefste und letzte Grunderkenntnis liberalen Geistes ist die, daß es die Ideen sind, die das gesellschaftliche Gebäude menschlicher Kooperation aufbauen und aufrechthalten, und daß auf dem Fundament falscher und verkehrter Ideen ein dauerhafter Gesellschaftsbau nicht errichtet werden kann. Nichts kann die lebenfördernde gesellschaftsaufbauende Ideologie ersetzen, am wenigsten die Lüge, mag sie sich auch Taktik, Diplomatie oder Kompromiß nennen. Wenn die Menschen nicht aus Erkenntnis der gesellschaftlichen Notwendigkeit freiwillig das tun, was zur Erhaltung der Gesellschaft und zur Förderung des Wohlstandes in ihr getan werden muß, kann man sie durch keine List und durch keinen Kunstgriff auf den richtigen Weg bringen. Wenn sie irren und fehlgehen, dann muß man trachten, sie durch Belehrung aufzuklären; wenn man sie aber nicht aufzuklären vermag, wenn sie im Irrtum beharren, dann läßt sich nichts machen, um den Untergang aufzuhalten.«[29]

Staatseingriffe sind schädlich

Kritik des Interventionismus

»Entweder Kapitalismus oder Sozialismus; ein MitteldING gibt es nicht.«

Ludwig von Mises (2013), *Kritik des Interventionismus*, S. 36

Im Jahr 1929 erscheint Ludwig von Mises' *Kritik des Interventionismus. Untersuchungen zur Wirtschaftspolitik und Wirtschaftsideologie der Gegenwart.* Es handelt sich um eine Aufsatzsammlung, die bei ihrer Neuauflage 1976 um einen zusätzlichen Aufsatz (der den Titel trägt *Verstaatlichung des Kredits*) erweitert wird. Die Kritik des Interventionismus ist heute noch genauso relevant wie damals. Nach dem Ende des Ersten Weltkriegs kommt es zu einer verstärkten Abkehr vom Liberalismus und Hinwendung zur staatlich beeinflussten und gelenkten Wirtschaft, zum *Interventionismus.* Unter Interventionismus ist Folgendes zu verstehen: »ein System des durch Eingriffe der Regierung und anderer gesellschaftlicher Zwangsmächte (z. B. der Gewerkschaften) beschränkten, geregelten und geleiteten Sondereigentums. Die Wirtschaftspolitik, die diesem Ideal zustrebt, nennen wir Interventionismus, das System selbst die Gebundene Wirtschaft.«[1] Anders als im Sozialismus dürfen im Interventionismus Bürger und Unternehmer ihr Eigentum behalten, zumindest formal. Der

Staat schreibt den Eigentümern jedoch durch Weisungen, Vorschriften, Regulierung, Gebote und Verbote vor, was sie mit ihrem Eigentum dürfen und was nicht.

Um das Problem des Interventionismus zu verstehen, lässt sich auf den *Kobra-Effekt* verweisen.[2] Ihm zufolge hatten die Briten in ihrer indischen Kolonie mit einer Kobra-Schlangenplage zu tun. Um sie einzudämmen, gaben die Briten eine Prämie aus, gezahlt für jeden Kobrakopf, den die Inder ablieferten. Die Inder lieferten daraufhin immer mehr Schlangenköpfe ab. Denn sie hatten begonnen, Kobras zu züchten, um mit ihnen Geld zu verdienen. Als die Briten die Kopfprämien für die Kobras daraufhin abschafften, setzten die Inder ihre gezüchteten Schlangen frei. Die Schlangenpopulation und damit die Kobraplage nahmen dadurch zu. Die staatliche Maßnahme löste also nicht das Problem, das gelöst werden sollte. Im Gegenteil: Sie verschärfte das Problem sogar noch. Der Kobra-Effekt illustriert allerdings in erster Linie einen *Fehlanreiz*: Er zeigt eine *ungewollte Konsequenz* eines staatlichen Eingriffs. Mises hingegen führt ökonomische Gesetzmäßigkeiten ins Feld, um das Problem des Interventionismus aufzuzeigen.

Mises' zentrale Einsicht, die er in *Kritik des Interventionismus* formuliert, ist die folgende: Jeder Markteingriff des Staates ist kontraproduktiv, weil der Interventionismus die Ziele, die seine Befürworter mit ihm verwirklichen wollen, entweder nicht erreichen kann oder wenn doch, dann nur, indem er ungewünschte, schädliche Nebenwirkungen verursacht. Diese Einsicht lässt sich am besten anhand einiger Beispiele verdeutlichen.

Man nehme einmal an, der Staat will die Einkommen der bislang gering bezahlten Beschäftigten erhöhen. Dazu setzt er einen *Mindestlohn* – einen Mindestpreis für Arbeit – fest. Fällt der Mindestlohn höher aus als der Lohn, der sich aus dem freien Angebot von und der freien Nachfrage nach Arbeit im Markt einstellt, ist ungewollte Arbeitslosigkeit die Folge. Der Mindestlohn sorgt dafür, dass das Arbeitsangebot ansteigt (im Vergleich zur Situation, in der kein Mindestlohn erhoben wurde). Er sorgt aber gleichzeitig auch dafür, dass die Nachfrage nach Arbeitskräften abnimmt. Eine Mindestlohnpolitik wird die Beschäftigungszahl folglich nicht steigern, sondern wird das Gegenteil erreichen: Die Zahl der Beschäftigten wird abnehmen. Die negativen Folgen treffen in der Regel vor allem die niedrig qualifizierten Arbeitnehmer, genau diejenigen, die ohnehin schon ein geringes Einkommen haben und denen man Besserung versprochen hat. Sie sind die Ersten, die bei einer solchen Intervention nicht mehr bezahlbar sind und keine Anstellung mehr finden.

Will der Staat verhindern, dass die Arbeitsnachfrage aufgrund des Mindestlohns abnimmt, so könnte er auf folgende Idee kommen: Man muss andere Produktionskosten der Unternehmen reduzieren, damit sie in die Lage versetzt werden, die höheren Löhne bezahlen zu können. Um das zu erreichen, muss der Staat nun *Höchstpreise* für zum Beispiel Rohstoffe und Halbfabrikate festlegen. Ein solcher Eingriff hätte nun aber wiederum Auswirkungen auf die Erzeugung in den von den Höchstpreisen betroffenen Produktionszweigen: Höchstpreise, die die bisherigen markträumenden Preise unterschreiten, führen dazu, dass nicht mehr alle bisherigen Anbieter wirtschaftlich produzieren können. Die weniger rentablen Anbieter stellen ihre Produktion ein und entlassen ihre Arbeiter. Das Ergebnis ist, dass die Erzeugung von Rohstoffen und Halbfabrikaten abnimmt. Sie fehlen nun in den nachfolgenden Produktionswegen, und folglich kann die gesamtwirtschaftliche Produktion nicht mehr wie bisher aufrechterhalten werden.

Ein weiteres Beispiel ist eine Mietpreisbegrenzung. Sie kommt ökonomisch gesehen einem *Höchstpreis* für Mietraum gleich. Nehmen wir an, der Staat will Wohnraum erschwinglich machen. Dazu setzt er einen Mietpreis fest, der nicht überschritten werden darf. Wenn dieser Höchstpreis für Miete niedriger ausfällt als der bisherige markträumende Preis, hat das zwei Effekte. Zum einen übersteigt die Nachfrage nach Mietraum das bestehende Angebot. Wohnraum wird knapp. Zum anderen wird ein Höchstpreis für Vermietung Investoren davon abhalten, in Wohnungen zu investieren. Sowohl Instandhaltungs- als auch Erneuerungsinvestitionen unterbleiben. Die Folge ist eine Verschlechterung der Wohnbedingungen für Mieter. Zudem stellt sich dann die Frage: Wie soll der knappe Wohnraum zugeteilt werden? Weil Angebot und Nachfrage nun nicht mehr über den Preis zum Ausgleich gebracht werden können, muss der Mietraum irgendwie zugeteilt, muss »rationiert« werden. Die Folgen sind unproduktive Warteschlangen, Korruption und Mauscheleien in der Wohnungswirtschaft.

Dass der Interventionismus sinn- und zweckwidrig ist, zeigt auch das folgende Beispiel. Der Staat erhebt Steuern auf Unternehmensgewinne und verteilt die dadurch erzielten Einnahmen nach politischen Erwägungen um. Die Besteuerung der Gewinne bedeutet nun aber, dass die Gewinnrendite der Unternehmer, die sich nach Abzug der Steuer errechnet, abnimmt. Der Anreiz zu investieren und Arbeitsplätze zu schaffen, schwindet. Indem die Steuern das Einkommen des Besteuerten vermindern, steigt seine Zeitpräferenz, und zwar notwendigerweise. Für ihn wird das gegenwärtig verfügbare Einkommen wertvoller im Vergleich zum künftig erzielbaren

Einkommen. Der Konsum steigt, die Investitionen nehmen ab. Doch nicht nur das. Der Besteuerte will nun auch *rascher* an die gewünschten Güter gelangen, auch wenn er dazu auf weniger zeitintensive und damit weniger ergiebige Produktionswege zurückgreifen muss. Auch dadurch wird die Produktionsleistung geschmälert – und zwar notwendigerweise im Vergleich zu einer Situation, in der nicht besteuert wird.

Nun könnte man einwenden: Die Produktionsleistung des Besteuerten mag zwar sinken. Aber könnte das nicht aufgewogen werden von den positiven Effekten, die daraus resultieren, dass die Steuerempfänger zusätzlich Geld bekommen und es ausgeben? Für die (Netto-)Steuerempfänger, die Nichtproduzenten, wird es billiger, auf produktive Tätigkeiten zu verzichten, und sie haben die Möglichkeit, auf unproduktive Tätigkeiten auszuweichen, um das eigene Einkommen zu erhöhen. Sie wählen eine Regierung, die ihnen ein Einkommen zuschanzt, das anderen abgenommen wird. Auf diese Weise können sie an ein Einkommen gelangen, ohne dass sie dafür eine produktive Marktleistung bereitstellen müssen. Unter diesen Umständen muss es zu einem Ansteigen der Zeitpräferenz in der Volkswirtschaft insgesamt kommen. Produzenten und Nichtproduzenten sparen und investieren weniger und konsumieren mehr als im Falle der Nichtbesteuerung. Die materielle Ausstattung der Volkswirtschaft fällt geringer aus, als sie ohne Besteuerung und Umverteilung ausfallen würde.

Ein weiteres Beispiel für das Scheitern des Interventionismus ist das staatlich beherrschte Kredit- und Geldsystem. Überall auf der Welt haben die Staaten die Geldproduktion monopolisiert und bringen ungedecktes Geld in Umlauf, das durch Bankkreditvergabe »aus dem Nichts« geschaffen wird; es lässt sich auch als Fiat-Geld bezeichnen (vom lateinischen *fiat:* »so sei es«). Das Fiat-Geld führt nicht nur zu Inflation und einer nicht-marktkonformen (Um-)Verteilung von Einkommen und Vermögen. Es sorgt vor allem auch für Fehlinvestitionen, Kapitalaufzehrung, »Boom-und-Bust«-Zyklen, eine immer weiter anschwellende Verschuldung und einen sich immer weiter ausdehnenden Staatsapparat zu Lasten der Privatwirtschaft. Wer meint, durch die Ausgabe von Fiat-Geld ließen sich Wachstum und Beschäftigung fördern, sitzt einem schweren Irrtum auf. Die staatliche Geldpolitik destabilisiert vielmehr das Wirtschaftsgeschehen und sorgt für eine relative Verarmung: Sie führt dazu, dass sich die Güterproduktion nicht mehr an der Deckung der dringlichsten Bedürfnisse ausrichten kann.

Die staatliche monopolisierte Geldproduktion und die Ausgabe von ungedecktem Papiergeld ist eine besonders problematische Folge des Interventionismus. Sie erweist sich geradezu als ein *Wachstumselixier* für den Staat. Das Verwenden von ungedecktem Papiergeld führt unweigerlich zu Finanz- und Wirtschaftskrisen. Zeigen sich die Anzeichen einer herannahenden Störung, werden meist Rufe laut – von Unternehmerverbänden, Gewerkschaften, Bürgern und Politikern –, der Staat solle die Krise »bekämpfen«. Denn die Ursache der Krise wird dem freien Markt, nicht aber dem Interventionismus zugeschrieben, und man meint, die Krise könne nur durch staatliches Eingreifen abgewehrt werden. Der Staat wird aufgefordert, die Konjunktur mit nachfragewirksamen Ausgaben (wie zum Beispiel durch zusätzliche Infrastrukturinvestitionen) zu stützen. Kommt der Staat diesen Aufforderungen nach, wird er zum aktiven Nachfrager auf dem Markt – mit weitreichenden Folgen.

Die Industrien, die von den staatlichen Aufträgen begünstigt werden, erhöhen ihre Nachfrage nach Roh- und Werkstoffen sowie nach Arbeitskräften und treiben die Preise dieser Produktionsfaktoren in die Höhe. Zum Nachteil anderer Industrien, denn diese müssen nunmehr höhere Preise für ihre Vorleistungsgüter bezahlen. Während die Produktion in den vom Staat privilegierten Industriezweigen zunimmt, nimmt sie in den nicht privilegierten Industrien ab. Der Staat kann folglich die gesamtwirtschaftliche Prosperität nicht mehren. Er kann lediglich Ressourcen, die sich bislang in den Händen von *A* befunden haben, an *B* weiterreichen. Was der eine bekommt, wird dem anderen genommen. Der staatliche Interventionismus sorgt zudem dafür, dass die volkswirtschaftliche Produktions- und Beschäftigungslage nun davon abhängt, dass er seine Nachfrage fortführt. Ansonsten lassen sich Produktion und Beschäftigung in den staatlich geförderten Industrien nicht aufrechterhalten – und ein neuerlicher Konjunktureinbruch wäre die Folge. Ein Rückzug aus einer einmal getroffenen Intervention ist also nicht möglich, ohne die Probleme zutage zu fördern, die man mit der Intervention aus der Welt befördern wollte.

Ein Paradebeispiel für den Interventionismus, der immer weitere Kreise zieht, ist die europäische Einheitswährung. Anfang 1999 wurden die nationalstaatlichen ungedeckten Papierwährungen durch den Euro ersetzt: eine *supra*nationale ungedeckte Papiergeldwährung. Doch schon bald zeigte sich, dass es mit der Einheitswährung nicht so funktioniert, wie es die Euro-Befürworter in Aussicht gestellt hatten. Mit dem Maastricht-Vertrag und dem Europäischen Stabilitäts- und Wachstumspakt gelang es nicht, die staatliche Verschuldung im Zaume zu halten. Der Anreiz der Staaten, sich im Gemeinschaftswährungsraum dank der stets expansiven Geldpolitik der Europäischen Zentralbank (EZB) zu verschulden, war schlichtweg zu groß. Aber nicht nur die Staaten verschuldeten sich immer höher auch die Verschuldung der Banken geriet aus dem Ruder. Es kam, wie es kommen musste: Der anfängliche Konjunktur- und Kreditboom, für den die Euro-Einführung und die Geldpolitik der EZB sorgten, kippte spätestens 2008/2009 in einen Abschwung um.

Seither werden überdehnte Staats- und Bankenschuldner durch künstlich niedrig gehaltene Zinsen von der EZB über Wasser gehalten. Zudem hat die Euro-Zentralbank den Finanzmärkten signalisiert, dass sie mit einer – wenn nötig – unbegrenzten Basisgeldzufuhr die Zahlungsunfähigkeit von Eurostaaten und -Banken »bekämpfen« wird. Dadurch wird das im Maastricht-Vertrag niedergelegte Prinzip, dass jeder Staat eigenverantwortlich ist für seine eigenen Staatsfinanzen, ausgehebelt. Vielmehr erzwingt die EZB eine Haftungsgemeinschaft, indem sie Euro-Staatsanleihen aufkauft und sie mit neuen, »aus dem Nichts« geschaffenen Euro bezahlt. In gleicher Weise wirkt der Europäische Stabilitätsmechanismus (ESM), mit dem eine supranationale Verschuldungsebene geschaffen wurde. Zudem wurde eine »Bankenunion« auf den Weg gebracht. Sie soll sicherstellen, dass (per gemeinsamer Einlagensicherung) die Kreditrisiken im euroraumweiten Bankensystem vereinheitlicht werden: dass also Einlagen bei deutschen Sparkassen so gut und sicher sind wie die Einlagen bei portugiesischen und spanischen Banken.

Wohin führt all das? Künstlich gesenkte Zinsen, das Ausweiten der Geldmenge und die Vergemeinschaftung von Schulden löst weder die Probleme, die die ungedeckte Euro-Einheitswährung geschaffen hat, noch kann auf diesem Wege Wachstum und Beschäftigung geschaffen werden. Mit diesen Kunstgriffen werden die Probleme übertüncht und zudem noch vergrößert: Die Kosten der künftigen *Bereinigungskrise* steigen an. Zudem werden von den Parlamentariern

Machtzentren geschaffen beziehungsweise gebilligt, die sich einer (direkt-)demokratischen Willensbekundung der Wähler entziehen. Beispielsweise ist die EZB zur zentralen Machtschaltstelle im Euroraum aufgestiegen: Ihre Entscheidungen, die nicht nur geldpolitischer, sondern auch bankenregulatorischer Natur sind, entscheiden mittlerweile über das Wohl und Wehe von nationalen Regierungen, Banken, Konjunkturen und letztlich auch der nationalen Wirtschaftsstrukturen.

Die Tatsache, dass der Interventionismus seine Ziele nicht erreichen kann, überzeugt jedoch seine Befürworter nicht von seiner Unmöglichkeit, so Mises. Es bestärkt sie vielmehr in ihrem Eifer. Sie fordern »weitergehende«, »bessere« und »innovativere« Interventionen: »Daß das System schlecht funktioniert, schreibt er [der Befürworter des Interventionismus, *A.d.V.]* ausschließlich dem Umstande zu, daß die Gesetze nicht weit genug gehen und daß ihre Durchführung durch Korruption behindert wird. Gerade der Mißerfolg der Interventionspolitik bestärkt ihn in der Überzeugung, daß das Sondereigentum durch strenge Gesetze kontrolliert werden müsse. Die Korruption der mit der Ausführung der Staatsaufsicht betrauten Organe erschüttert nicht sein blindes Vertrauen in die Unfehlbarkeit und Makellosigkeit des Staates; sie erfüllt ihn nur mit moralischem Abscheu gegenüber den Unternehmern und Kapitalisten.«[3] Der Interventionismus erweist sich als selbstverstärkend, er löst *Interventionsspiralen* aus, die letztlich zu Zuständen führen, die schlimmer sind als die Zustände, die es ursprünglich zu verbessern galt.

Der Interventionismus – und das ist Mises' zentrale Botschaft an dieser Stelle – ist keine dauerhaft durchführbare Wirtschaftsverfassung. Einen »Mittelweg«, einen »dritten Weg« – heute würde man vermutlich von der »sozialen Marktwirtschaft« sprechen –, der zwischen Sozialismus und

Kapitalismus verläuft, gibt es nicht, kann es nicht geben. Ein Mischsystem, das das »Gute« von Kapitalismus und Sozialismus bewahrt und das »Schlechte«, das ihnen anhaftet, ausspart, ist eine Illusion. In Mises' Worten: »Es gibt eben keine andere Wahl als die: entweder von isolierten Eingriffen in das Spiel des Marktes abzusehen oder aber die gesamte Leitung der Produktion und der Verteilung an die Obrigkeit zu übertragen. Entweder Kapitalismus oder Sozialismus; ein Mittelding gibt es nicht.«[4] Der Interventionismus führt, wenn er nicht beendet wird, zu einer sozialistisch-totalitären Wirtschafts- und Gesellschaftsverfassung, in der das menschliche Handeln unter das Diktat des alles und jeden kontrollierenden Staates gestellt wird; in der das Privateigentum bestenfalls dem Namen nach bestehen bleibt, de facto jedoch abgeschafft ist. Mises nennt diese Form der Wirtschaftsverfassung *Zwangswirtschaft*.

Ein Beispiel für die Zwangswirtschaft ist das Deutsche Reich während des Ersten Weltkriegs. Man spricht in diesem Zusammenhang auch vom *Hindenburg-Plan*: Der bereits erwähnte Paul von Hindenburg (1847–1934) übt von 1916 bis 1918 quasi diktatorische Regierungsgewalt aus. Ab 1916 verschärft er die Kontrollen des Wirtschafts- und Gesellschaftslebens im Kaiserreich und richtet die Produktion auf die Kriegserfordernisse aus. Das Sondereigentum der Produktionsmittel unterstellte Hindenburg dem staatlichen Kommando. Der deutsche Staat bestimmte fortan, wer was wann und wo und wie zu produzieren hatte. Ein weiteres Beispiel für die Zwangswirtschaft findet sich im deutschen Nationalsozialismus. Die Nationalsozialisten beließen den Unternehmern zwar formal ihr Sondereigentum an den Produktionsmitteln. Gleichzeitig wurden die Unternehmer jedoch vom Staat strikt angewiesen, die Produktion allein auf die Wünsche des Regimes auszurichten. Der Unternehmer wurde zu einem befehlsempfangenden, zur Ausführung gezwungenen *Betriebsführer* degradiert.

Mises zeigt, dass der Interventionismus sinn- und zweckwidrig. Der Interventionismus führt zu Ergebnissen, die schlechter sind als der Zustand, den seine Befürworter zu verbessern trachteten. Mises erkennt nicht nur, dass durch interventionistische Eingriffe die materielle Wohlfahrt aller leidet. Er sieht auch die freiheitsgefährdenden Folgewirkungen, die aus einer einmal begonnenen Interventionspolitik erwachsen. Die Interventionsspirale beginnt sich zu drehen und höhlt die marktwirtschaftlichen Prinzipien zusehends aus. Der Staat dringt dabei immer weiter vor in alle Lebens- und Wirtschaftsbereiche, ob Arbeitsmärkte, Bildung und Erziehung, Energieversorgung, Gesundheitswesen, Altersvorsorge sowie Kredit- und Geldwesen. Staatliche Ge- und Verbote reglementieren und verengen die Handlungsfreiheiten der Bürger und Unternehmer. Die Gesellschaft wird nach und nach in eine sozialistisch-totalitäre Konstruktion verformt, die nicht nur die Freiheit, sondern letztlich den Wohlstand und die friedvolle Kooperation zerstört.

Wie sich ökonomische Erkenntnisse gewinnen lassen

Grundprobleme der Nationalökonomie

»Die Erfassung des Allgemeinen, die vom Besonderen absieht und formalaxiomatisch nur das Prinzipielle ins Auge faßt, ist die Aufgabe, die unserer Wissenschaft obliegt.«

Ludwig von Mises (1933), *Grundprobleme der Nationalökonomie*, S. 13

1933 veröffentlicht Ludwig von Mises sein Buch *Grundprobleme der Nationalökonomie. Untersuchungen über Verfahren, Aufgaben und Inhalt der Wirtschafts- und Gesellschaftslehre*. Es ist eine Zusammenstellung von einzelnen Aufsätzen, die er zwischen 1928 und 1931 veröffentlicht hat und die er bei Publikation um zwei weitere Aufsätze ergänzt. Das Werk beschäftigt sich insbesondere mit zwei für die Nationalökonomie zentralen Fragestellungen: (1) Was sind die erkenntnistheoretischen (die *epistemologischen)* Grundlagen nationalökonomischer Aussagen und Gesetze? (2) Welche Rolle spielt die *Grenznutzenschule* – die *subjektivistische Wertlehre* – für die Wissenschaft vom menschlichen Handeln, welche Erklärungskraft kommt ihr zu? Die Antworten auf diese beiden

Fragen sind von besonderer Bedeutung für das wissenschaftliche Verständnis der Nationalökonomie. Mises' Antwort auf die erste Frage ist: Die Nationalökonomie ist eine *apriorische* (Handlungs-)Wissenschaft. Seine Antwort auf die zweite Frage lautet: Die *Grenznutzenschule* kann einen Geltungsanspruch zur Erklärung des menschlichen Handelns schlechthin erheben.

Mises macht sich daran, in *Grundprobleme der Nationalökonomie* die Möglichkeit einer allgemeingültigen Wissenschaft vom menschlichen Handeln aufzuzeigen: »Die Untersuchungen dieses Buches erblicken ihre Aufgabe darin, das logische Recht der Wissenschaft darzulegen, die nach allgemeingültigen Gesetzen des menschlichen Handelns strebt, d.h. nach Gesetzen, die Geltung beanspruchen ohne Rücksicht auf Ort, Zeit, Rasse, Volkstum, Klasse der Handelnden, und damit zu zeigen, was die allgemeingültige Wissenschaft vom menschlichen Handeln, die als Soziologie und Nationalökonomie vor uns steht, anstrebt.«[1] Für Mises ist diese Untersuchung von allergrößter – wirtschaftswissenschaftlicher und damit auch praxisrelevanter – Bedeutung, weil »kein nationalökonomisches oder soziologisches Problem, mag es sich auch bei oberflächlicher Betrachtung als recht einfach darstellen, zu bewältigen ist, wenn man nicht bis auf die logischen Grundlagen der Wissenschaft vom menschlichen Handeln zurückgeht.«[2]

Die zentrale Frage, die Mises in *Grundprobleme der Nationalökonomie* stellt und auch beantwortet, lautet daher: *Won welcher Art ist die Wissenschaft der Nationalökonomie?* Ist sie eine *Erfahrungswissenschaft*, wie es die Naturwissenschaft (allen voran die Physik) ist, in der Erkenntnisse durch Erfahrung beziehungsweise Beobachtung (durch Messen, Wiegen und Zählen) gewonnen werden können? Oder ist sie eine gänzlich anders geartete Wissenschaft, eine Wissenschaft eigener Art? Wenn letzteres der Fall ist, ist für die Nationalökonomie eine von den Erfahrungs- und Naturwissenschaften sich unterscheidende wissenschaftliche Vorgehensweise (man spricht hier von der *wissenschaftlichen Methode)* erforderlich, um Erkenntnisse zu gewinnen. Mises legt dar, dass die Nationalökonomie *keine* Erfahrungswissenschaft, sondern dass sie eine Handlungswissenschaft, eine *Lehre des menschlichen Handelns* ist. Sie ist eine Wissenschaft, die ihre Erkenntnisse aus der Anwendung der (Handlungs-)Logik zu gewinnen hat.

Im Zentrum der Handlungswissenschaft steht – wie im Einführungskapitel bereits skizziert – der Satz »Der Mensch handelt«. Er ist auf den ersten Blick trivial. Auf den zweiten Blick erweist er sich jedoch von überaus großer Tragweite. Der Satz »Der Mensch handelt« lässt sich nicht verneinen, ohne dass man in einen unüberwindbaren intellektuellen Widerspruch gerät. Wer sagt »Der Mensch handelt nicht«, der handelt – und widerspricht seiner eigenen Aussage, dass der Mensch nicht handelt. Mises schlussfolgert, »daß es eine apriorische Theorie des menschlichen Handelns geben muß und gibt«.[3] »Nicht aus der Erfahrung stammt, was wir über die Grundkategorien des Handelns wissen, über Handeln, Wirtschaften, Vorziehen, über die Beziehung von Mittel und Zweck, und über alles andere, das mit diesem zusammen das System menschlichen Handelns ausmacht. Das alles erkennen wir wie die logischen und mathematischen Wahrheiten aus uns heraus, a priori und ohne Bezug auf irgendwelche Erfahrung. Und nie könnte Erfahrung jemand, der dies nicht aus sich heraus begreift, zur Erkenntnis dieser Dinge bringen.«[4] Mises formuliert die Nationalökonomie damit als *apriorische Handlungswissenschaft*. Der aus der Terminologie des preußischen Philosophen Immanuel Kant (1724–1804) stammende Begriff *a priori* steht für selbstevidente Erkenntnis, deren Wahrheitsgehalt erfahrungsunabhängig und von strenger Allgemeingültigkeit ist.

Exkurs: Das »a priori« des menschlichen Handelns

Der preußische Philosoph Immanuel Kant (1724–1804) nennt Erfahrungsaussagen *a posteriori* – was sich mit »im Nachhinein« übersetzen lässt.[5] Als *a priori* bezeichnet er Aussagen, die erfahrungsunabhängig gültig sind, die mittels Wahrnehmung (Erfahrung) weder als wahr noch als falsch erwiesen werden können. Der Begriff *a priori* steht für selbst-evidente Erkenntnis, also für Erkenntnis, die nicht widerspruchsfrei widerlegt werden kann, und die Allgemeingültigkeit beansprucht. A-priori-Aussagen finden sich zum Beispiel in der Mathematik und Logik. Kant verwendet ein weiteres Begriffspaar: Er spricht von *analytischen* und *synthetischen* Aussagen. Analytische (oder auch: »zergliedernde«) Aussagen sind solche, deren *Prädikat* bereits im Begriff des *Subjekts* enthalten ist. Ein Beispiel lautet: »Alle Körper sind ausgedehnt.« Die Erkenntnis, dass Körper (Subjekt) ausgedehnt (Prädikat) sind, ist im Begriff des Körpers bereits mitgedacht: Das, was einen Körper ausmacht, ist, dass er ausgedehnt ist. Analytische Aussagen sind nicht wahr aufgrund von Definitionen, sondern über ihren Wahrheitsgehalt entscheiden Subjekt, Prädikat und der *Satz des Widerspruchs*. Synthetisch (oder: »verbindend«) sind Aussagen, bei denen keine logische Verbindung zwischen Subjekt und Prädikat besteht. Beispiel: »Die Münze ist aus Gold.« Der Satz führt dem Begriff »Münze« etwas hinzu, was in ihm nicht (denknotwendig) enthalten ist (»sie ist aus Gold«). Die

Unterscheidungen zwischen *a priori – a posteriori* und *analytisch – synthetisch* ergeben vier Kombinationsmöglichkeiten, die nachstehend abgebildet sind.

Abbildung l: Unterscheidungen »a priori – a posteriori« und »analytisch – synthetisch«

	analytisch	synthetisch
a priori	(1)	(3)
a posteriori	(2)	(4)

Analytische Urteile sind von ihrem Begriff her *a priori*, sodass Möglichkeit (1) unproblematisch ist. Möglichkeit (2) entfällt dadurch: Weil analytische Urteile von ihrem Begriff her *a priori* sind, kann es analytische Urteile *a posteriori* nicht geben. Möglichkeit (4) ist der »Normalfall«: Synthetische Urteile sind a posteriori, aus der Erfahrung stammend. Möglichkeit (3) verdient besondere Aufmerksamkeit: denn synthetische Urteile *a priori* sind begrifflich möglich. Sie stehen für Erkenntniserweiterung unabhängig von aller Erfahrung. Sie führen zur Kernfrage in Kants »Kritik der reinen Vernunft« (1781): *Wie sind synthetische Urteile a priori möglich?* Kant vertritt die Auffassung, dass der Mensch die äußeren Dinge, die reale Welt, nicht objektiv erfahren kann, sondern dass er nur das erfährt, was den Bedingungen genügt, unter denen er Erfahrungen macht. Das Erkenntnisvermögen (mit-)bestimmt folglich die Erkenntnis. In Kants Worten: »Wenn aber gleich unsere Erkenntnis mit der Erfahrung anhebt, so entspringt sie darum doch nicht eben alle aus der Erfahrung.«[6] Die Gegenstände der menschlichen Erfahrung müssen nach Kant den *tranzendentalen Bedingungen* menschlicher Erfahrung genügen: »[D]ie Bedingungen der Möglichkeit der Erfahrung überhaupt sind zugleich Bedingungen der Möglichkeit der Gegenstände der Erfahrung, und haben darum objektive Gültigkeit in einem synthetischen Urteil a priori.«[7] A priori synthetische Aussagen sind folglich dadurch möglich, dass sich die Gegenstände nach dem menschlichen Erkenntnisvermögen richten, und nicht die Erkenntnis nach den Gegenständen.[8]

Von welcher erkenntnistheoretischen Art ist die Aussage, dass der Mensch handelt? Mises selbst hält sich hier etwas bedeckt – nicht in der Betonung der apriorischen Stellung der Praxeologie, wohl aber wenn es gilt, die Vereinbarkeit von Erkenntniswert und Erfahrungsunabhängigkeit darzulegen. Er betont vielmehr den analytischen *A-priori*-Charakter der Sätze der Praxeologie: »Apriorische Wissenschaft ist reine Begriffswissenschaft; sie kann nichts anderes zutage fördern als Tautologien und analytische Urteile. Alle ihre Sätze werden aus den Begriffen und den Begriffsbestimmungen auf rein logischem Wege abgeleitet; sie geben nichts, was nicht schon in den Voraussetzungen enthalten war.«[9] Hans-Hermann Hoppe spricht mit Blick auf den Satz »Der Mensch handelt« von einem *Handlungsaxiom*, und aus seiner Sicht erfüllt es die Anforderungen eines *synthetischen Urteils a priori*.[10] Nach Kant entstammen *synthetische Urteile a priori* der Vernunft: Zum einen kann ihr Wahrheitsgehalt nicht verneint werden, ohne in einen unauflösbaren logischen Widerspruch zu verfallen; und zum anderen kann die Aussage nicht aus der Wahrnehmung (den Sinneseindrücken) stammen, sondern sie wird durch Reflexion gewinnen. Beide Anforderungen erfüllt der Satz »Der Mensch handelt«: Man kann ihn nicht verneinen, ohne einen logischen Widersprich zu verursachen. Und man kann menschliches Handeln nicht voraussetzungslos beobachten, ohne schon zu wissen, was menschliches Handeln ist. Wüsste man nicht bereits, was menschliches Handeln ist, könnte man lediglich sich hin- und herbewegende Körper ausmachen, ein menschliches Handeln ließe sich daraus nicht verstehen. Murray N. Rothbard, der ebenfalls den Begriff *Handlungsaxiom* verwendet, stellt auf eine aristotelische, neothomistische Interpretation ab.[11] Für ihn ist die unzweifelhaft wahre Aussage, dass der Mensch handelt, durch innere und äußere Erfahrung selbstevident und a priori in Bezug auf die Erfahrung. Rothbard fasst sie – im Sinne eines weit gefassten Empirismus – als ein »Gesetz der Realität« auf. Die deutschen Philosophen Rolf W. Puster und Michael Oliva Cordoba kommen in ihrer *Hamburger Deutung* zum Ergebnis: *»Die Sätze der Praxeologie sind analytisch* (wahr); Praxeologie ist, recht verstanden, *analytische Praxeologie«*[12] – und entfernen sich damit nach eigenem Bekunden nicht sehr weit von Mises' eigener Deutung. Allen voranstehend aufgeführten Interpretationen ist jedoch gemein, dass sie den erkenntnistheoretischen Geltungsanspruch, den Mises mit seiner Praxeologie erhebt – also dass ihre Aussagen Erkenntniswert haben und gleichzeitig auch erfahrungsunabhängig als wahr einsehbar sind –, teilen und grundlegende Kritiken, die Mises' Praxeologie entgegengebracht werden, zurückweisen können. Wie aber kann der *A-priori*-Satz »Der Mensch handelt« Erkenntniswert haben und zugleich erfahrungsunabhängig sein? Es ist seit jeher eine zentrale *(Idealismus-)*Kritik an der Lehre Kants, dass man nicht beides gleichzeitig haben kann:

eine wahre Aussage, die gleichzeitig auch erfahrungsunabhängig ist. Wie also kann es sein, dass die logischen Kategorien der Praxeologie Realitätswissen bereitstellen?[13] Die Antwort lautet: *Der menschliche Geist mit seinen praxeologischen Kategorien ist der eines Handelnden.* Der Handelnde interagiert mit der realen Welt durch seinen physischen Körper, und der menschliche Geist ist daher als Kategorie des Handelns zu verstehen. In Mises' Worten: »Das ›wirkliche Ding‹, mit dem die Praxeologie es zu tun hat, ist das menschliche Handeln, das eines Stammes ist mit der menschlichen Vernunft. Dass die Vernunft durch bloßes Denken das Wesen des Handelns zu ergründen vermag, ist im Ursprung des Handelns aus der Vernunft gelegen. Die durch widerspruch- und fehlerfreies Denken gewonnenen Sätze der Praxeologie sind nicht nur vollkommen sicher und unbestreitbar wie die Sätze der Mathematik; sie beziehen sich mit aller ihrer Sicherheit und Unbestreitbarkeit auf das Handeln, wie es im Leben und in der Wirklichkeit geübt wird. Die Praxeologie vermittelt daher exaktes Wissen von wirklichen Dingen.«[14]

Aus der unbestreitbar wahren *A-priori*-Erkenntnis, dass der Mensch handelt, lassen sich – durch logische Ableitungen *(Deduktionen)* – weitere wahre Aussagen gewinnen: »Den Begriff des Handelns erfassen wir als denkende und handelnde Menschen. Indem wir diesen Begriff erfassen, erfassen wir zugleich die Begriffspaare Weg und Ziel, Mittel und Zweck, Ursache und Wirkung, Anfang und Ende und damit auch die Begriffe Wert, Gut, Tausch, Preis, Kosten. Sie alle sind notwendigerweise mitgedacht im Begriffe des Handelns und mit ihnen die Begriffe Werten, Rangordnung und Wichtigkeit, Knappheit und Überfluß, Vorteil und Nachteil,

Erfolg, Gewinn und Verlust. Die logische Entfaltung aller dieser Begriffe und Kategorien in systematischer Ableitung aus der Grundkategorie ›Handeln‹ und die Aufweisung der zwischen ihnen bestehenden notwendigen Beziehungen bilden die erste Aufgabe unserer Wissenschaft (...). Über den apriorischen Charakter dieser Untersuchungen kann ein Zweifel überhaupt nicht aufkommen.«[15]

Das voranstehende Zitat soll nun näher erläutert werden. Handeln bedeutet, dass der Handelnde einen Zustand durch einen anderen Zustand, der als vergleichsweise vorteilhafter eingestuft wird, ersetzt. Jedes Handeln ist dabei denknotwendig an zwei Bedingungen geknüpft.[16] Zum einen an das Vorliegen von *Unzufriedenheit*. Sie ist der Antrieb für das Handeln. Wäre der Handelnde zufrieden mit dem Zustand, in dem er sich befindet, würde es kein Handeln geben (und das ist, wie vorangehend erläutert, nicht denkbar). Zum anderen muss der Handelnde über die Auffassung verfügen, dass er durch sein Handeln seinen *Zustand verbessern* kann. Weiterhin wissen wir, dass nur Individuen handeln. Die Gesellschaft oder Gruppen haben keine eigenständige Existenz, die sich von den teilnehmenden Individuen scheiden ließe. Kollektive lassen sich zurückführen auf Individuen, auf ihr individuelles Handeln. »Staat«, »Volk« oder »Gemeinschaft« sind lediglich Metaphern, sie haben für sich genommen keine Entsprechung in der Realität. Menschliches Handeln ist zudem immer und überall *zielbezogen*. Indem er handelt, versucht der Handelnde Ziele (welcher Art auch immer) zu erreichen. Um Ziele zu erreichen, müssen *Mittel* eingesetzt werden. Mittel sind stets knapp mit Blick auf die Ziele, zu deren Erreichen sie eingesetzt werden. Gäbe es die Mittel, die zur Zielerreichung eingesetzt werden müssen, im Überfluss, wären sie nicht knapp, und es gäbe mit Blick auf diese Mittel kein Handeln. *Knappheit* ist in der Kategorie »Mittel und Zweck« also schon mitgedacht.

Die Ursache-Wirkungs-Beziehung *(Kausalität)* ist ebenfalls eine Kategorie des menschlichen Handelns. Handeln setzt die Kategorie »Mittel zum Zweck« und damit auch die Kategorie Kausalität voraus. Gäbe es keine Kausalität, so könnte der Mensch nicht handeln. Es wäre ihm nicht möglich, den Lauf der Dinge, der sich ohne sein Eingreifen einstellen würde, gezielt zu beeinflussen. Ohne Kausalität könnte er nicht handeln, und das ist, wie bereits erläutert, denkunmöglich. Schon Menger hatte die Kausalität als Gesetzmäßigkeit herausgestellt. Der erste Satz seiner *Grundsätze der Volkswirtschaftslehre* aus dem Jahr 1871 lautet: »Alle Dinge stehen unter dem Gesetze von Ursache und Wirkung. Dieses grosse Princip hat keine Ausnahme und vergebens würden wir im Bereiche der Empirie nach einem Beispiele von seinem Gegentheile suchen.«[17] Mises gibt Mengers Aussage eine (handlungs-)logische Begründung.

Tauschen, Wert, Preis, Ertrag, Kosten, Gewinn und Verlust sind ebenfalls Kategorien des menschlichen Handelns. Handeln ist *Tauschen*: Ein Zustand wird durch einen anderen, als wünschenswerter erachteten, Zustand eingetauscht. Der *Wert* entspringt der subjektiven Beurteilung des Handelnden: Beim Handeln gibt man das hin, was man weniger wertschätzt und erhält dafür das, was man höher wertschätzt. *Werturteile* messen nicht, sie skalieren im Sinne von »mehr« oder »weniger«; es handelt sich bei ihnen um Ordinalskalen, nicht um Kardinalskalen. Das, was man hingibt im Tausch für das, was man bekommt, ist der Preis. Der *Ertrag* ist der Zugewinn, den man durch das Handeln erfährt. Die *Kosten* sind das, was beim Handeln aufgewendet werden muss. Ist der Unterschied zwischen dem erzielten Erfolg und den dabei entstandenen Kosten positiv, so spricht man von *Gewinn*; ist er negativ, spricht man von *Verlust*. Gewinn und Verlust als Kategorien des menschlichen Handelns sind nicht zu verwechseln mit den Begriffen, die man aus der Geldrechnung kennt: Handlungslogisch gesehen handelt sich hier um subjektive psychische Zustände, die nicht gemessen werden können.

In *Grundprobleme der Nationalökonomie* spricht Mises sich gegen die (zu seiner Zeit und auch heute allgemein akzeptierte) Auffassung aus, die Nationalökonomie ließe sich mathematisieren. Er argumentiert jedoch, dass sich die Mathematik, anders als in den Naturwissenschaften, in der Wissenschaft des menschlichen Handelns nicht anwenden lässt.[18] Dass heute die Nationalökonomie in weiten Teilen mathematisiert ist, stellt zunächst einmal keine Begründung dar, ob ein solches Vorgehen wissenschaftstheoretisch angemessen ist oder nicht. Mises kritisiert die Mathematisierung der Nationalökonomie, indem er sich auf die Erkenntnis beruft, dass menschliches Handeln Ausdruck von *Wertungen* ist. Das Handeln zielt stets darauf ab, einen Zustand, der aus Sicht des Handelnden als weniger vorteilhaft angesehen wird, durch einen anderen Zustand, der als vorteilhafter erachtet wird, zu ersetzen. Beim (freiwilligen) Handeln gibt jeder das, was er weniger wertschätzt, und erhält dafür das, was er höher wertschätzt.

Kauft beispielsweise Herr *A* eine Aktie für 100 Euro, so ist ihm die Aktie mehr wert als 100 Euro. Beim Verkäufer der Aktie verhält es sich genau umgekehrt: Der Aktienverkäufer wertet 100 Euro höher als die Aktie. Ein mathematischer Ökonom bildet die zugrundeliegende Transaktion ab, indem er eine Gleichung aufstellt, die die Aktie *gleichsetzt* mit den 100 Euro, die für sie bezahlt wurden. Doch für keinen der am Tausch Beteiligten gilt eine derartige Gleichheit. Dass die Aktie für 100 Euro den Besitzer gewechselt hat, zeigt lediglich den *Preis* (also den *objektiven Tauschwert)* an, den die Aktie gegenüber dem Geld zu einem bestimmten Zeitpunkt hatte. Dieser Preis sagt aber nichts darüber aus, welchen *Wert* die Marktakteure der Aktie und dem Geld zugewiesen haben. Weder für Herrn *A* noch für Herrn *B* besteht eine Wertgleichheit von Aktie und 100 Euro. Eine solche Transaktion lässt sich mit einer mathematischen Gleichung nicht abbilden oder erklären.

Im Bereich des menschlichen Handelns kann es zudem so etwas wie ein *Gleichgewicht* – im Sinne eines Ruhestands – nicht geben. Es würde nämlich bedeuten, dass nicht mehr gehandelt wird. Das aber lässt sich nicht widerspruchsfrei denken. Das Handeln mag ein Unwohlsein lindern, mag dazu verhelfen, einen Zustand zu erreichen, der eine höhere Zufriedenheit bringt. Aber das Erreichen eines endgültigen Gleichgewichts ist dem Handelnden (aus logischen Erwägungen) nicht vergönnt. Der Versuch, die Nationalökonomie mathematisieren zu wollen, scheitert letztlich an der folgenden Einsicht: *Die Mathematik kann niemals der Ausgangspunkt einer Wissenschaft sein.* Stets bestimmt das wissenschaftliche Erkenntnisobjekt, ob es einer mathematischen Behandlung zugänglich ist oder nicht. Und diese Beurteilung erfolgt durch das sogenannte *ansetzende Denken,* wie es der Philosoph und Wissenschaftstheoretiker Hugo Albert E. H. Dingler (1881–1954) bezeichnet.[19] Bevor man ein Erkenntnisobjekt (wie zum Beispiel Einkommen, Geldmenge, Zins und Preise sind, beziehungsweise was sie ausmacht) mit mathematischen Symbolen, Formeln und Gleichungen erfassen kann, muss man bereits eine Vorstellung haben, mit welcher Art von Erkenntnisobjekt man es zu tun hat (was also zum Beispiel Einkommen, Geldmenge, Zins und Preise ausmacht). Diese Erkenntnis kann jedoch nicht aus der Mathematik stammen, sondern sie muss notwendigerweise *a-mathematisch* sein. Hier, im *ansetzenden Denken*, liegt die zentrale Herausforderung einer jeden Wissenschaft, um das für sie »richtige« Vorgehen zu bestimmen.

Die Vertreter der mathematisierten Nationalökonomie befassen sich in der Regel nicht mit der *Begründungsfrage* ihrer Wissenschaft (und folglich steht aus ihrer Sicht der Anwendbarkeit der Mathematik in der Nationalökonomie nichts im Wege). Mises argumentiert, dass das *ansetzende Denken* in der Nationalökonomie der handelnde Mensch, das handelnde Individuum ist und sein muss: »Der Mensch handelt« ist eine *wahre* Aussage, von der die nationalökonomische Wissenschaft *widerspruchsfrei* ihren Ausgangspunkt nehmen kann – beziehungsweise die nationalökonomische Wissenschaft darf sich nicht in einen Widerspruch mit dieser A-priori-Erkenntnis begeben. Das aber geschieht, wenn man menschliches Handeln mittels Gleichungen mathematisiert. Weiterhin ist zu beachten, dass es im Bereich des menschlichen Handelns keine Verhaltenskonstanten in dem Sinne gibt, dass beispielsweise eine Erhöhung der Gütermenge um X Prozent stets zu einer Senkung des Güterpreises um *Y* Prozent führt. In der Physik beispielsweise lassen sich konstante Beziehungen zwischen Phänomenen identifizieren. »Diese konstanten Beziehungen sind in der Nationalökonomie nicht aufzuweisen.«[20]

Wollte man dem Wahrheitsgehalt dieser Aussage widersprechen, so müsste man annehmen, dass das menschliche Handeln bestimmt wird durch äußere Faktoren (physikalischer, chemischer oder psychologischer Art). Doch für eine solche Überlegung, die menschliches Handeln im Sinne einer naturwissenschaftlichen Ursache-Wirkungs-Beziehung erklären will, lässt sich keine überzeugende Begründung finden. Zum einen weiß man nicht, wie und warum bestimmte Bedingungen der äußeren Welt im handelnden Menschen Reaktionen auslösen. Verschiedene Menschen reagieren unterschiedlich auf die gleichen äußeren Reize, und derselbe Mensch kann auf den gleichen äußeren Impuls zu verschiedenen Zeiten unterschiedlich reagieren. Zum anderen lässt sich eine notwendige, eine konstante Verbindung zwischen einem äußeren Reiz und den Ideen, die er im handelnden Menschen erzeugt und die ihn handeln lassen, nicht mit wissenschaftlichen Mitteln aufspüren. Diese Einsicht speist sich nicht etwa aus Erfahrung, sondern der Gedanke, es ließen sich im Bereich des menschlichen Handelns konstante Verhaltensmuster aufspüren (dass der Handelnde auf einen bestimmten äußeren Reiz *A* immer und überall die gleiche Reaktion *B* zeigt), erweist sich als *logisch widersprüchlich*.[21]

Würde ein bestimmter äußerer Reiz immer und überall eine bestimmte Idee und damit ein bestimmtes Handeln auslösen, so wäre man in der Lage, mit dem gegebenen Einflussfaktor (dem äußeren Reiz) künftiges Handeln zu prognostizieren. Das wiederum würde aber bedeuten, dass die Zukunft nicht mehr unsicher wäre, und das wiederum käme der Aussage gleich, der Mensch könne nicht mehr handeln: Wäre die Zukunft sicher, ließe sich der Gang der Dinge nicht mehr durch menschliches Handeln beeinflussen. Dass aber der Mensch nicht handelt, lässt sich nicht widerspruchsfrei denken. Vor dem Hintergrund dieser Überlegungen kommt man zum Ergebnis, dass das, was das menschliche Handeln ausmacht, aus logischen Gründen nicht in Formeln, Gleichungen und Funktionen abgebildet werden kann. Die Nationalökonomie ist, so Mises, nicht mathematisierbar.

Mises zieht eine scharfe Trennlinie zwischen der *apriorischen* Handlungswissenschaft – der Lehre des menschlichen Handelns – und der Erfahrungswissenschaft, die nationalökonomisches Wissen aus Erfahrung, der Geschichte, gewinnen will. Die Geschichte ist die Aufzeichnung, die Berichterstattung von vergangenem menschlichem Handeln. Sie zeigt, was sich zugetragen hat. Aus ihr lassen sich jedoch *keine Gesetzmäßigkeiten* – Erkenntnisse, die immer und überall gelten – ableiten. Um Gesetzmäßigkeiten aus Vergangenem abzuleiten, bedarf es als Grundvoraussetzung gleichartiger, vergleichbarer Beobachtungen. Karl R. Popper spricht in diesem Zusammenhang von »Protokollsätzen«[22], die sich in den Naturwissenschaften im Zuge von Laborexperimenten gewinnen lassen. Im Bereich des menschlichen Handelns kann es jedoch keine Protokollsätze geben. Zum einen ist menschliches Handeln stets in dem Sinne besonders, dass es *einmalig* ist: Der handelnde Mensch handelt immer unter besonderen Bedingungen, hat zeitpunktabhängige Ziele und Präferenzen und einen zeitpunktabhängigen Wissensstand. Dies alles ändert sich im Zeitablauf. Zum anderen ist menschliches Handeln das Ergebnis einer Vielzahl von komplexen, miteinander verbundenen Faktoren. In den Naturwissenschaften ist es möglich, den Einfluss eines Faktors auf das Erkenntnisobjekt zu untersuchen, indem alle anderen Einflussfaktoren konstant gehalten werden. Im Bereich des menschlichen Handelns ist das nicht möglich. Aus der Beobachtung vergangenen menschlichen Handelns lassen sich daher auch keine Gesetzmäßigkeiten ableiten.

Um Geschichtliches, um historische Daten deuten zu können, braucht man eine Theorie. Es gibt kein voraussetzungsloses, theorieloses Erfassen und Interpretieren geschichtlicher Ereignisse. Zum Beispiel bedarf es einer Theorie, um überhaupt so etwas wie Geldmenge, Einkommen und Zins beobachten und erfahren zu können. Jedes wissenschaftliche Denken setzt daher bereits eine Theorie voraus. Weiterhin ist zu beachten, dass historische Beobachtungen zwar nationalökonomische Theorien illustrieren können. Sie können sie aber niemals als wahr bestätigen oder als falsch zurückweisen. Das kann nur durch *folgerichtiges Denken*, durch Rückgriff auf allgemeingültige *A-priori-Gesetze* des menschlichen Handelns, erfolgen. Diese Einsicht lässt anhand eines einfachen Beispiels verdeutlichen: die Wirkung, die das Ausweiten der Geldmenge auf die Güterpreise beziehungsweise die Kaufkraft des Geldes hat.

Steigt die Geldmenge, und steigen nachfolgend auch die Preise, scheint die Theorie »Eine steigende Geldmenge senkt die Kaufkraft des Geldes« zu bestätigen. Was aber, wenn die Geldmenge steigt, und die Preise unverändert bleiben? Ist die Theorie dann widerlegt? Die Antwort lautet: Nein. Dass auf den Geldmengenanstieg kein Anstieg der Preise beobachtbar ist (und folglich die Kaufkraft des Geldes unverändert bleibt), kann daran liegen, dass die Güternachfrage gefallen ist. In diesem Falle hat das Ansteigen der Geldmenge verhindert, dass die Preise gefallen sind – was sie getan hätten, wenn die Geldmenge nicht ausgeweitet worden wäre. Die Geldmenge hatte sehr wohl eine preistreibende Wirkung, die aber in den beobachtbaren Daten nicht zutage tritt. Kurzum: Aus Beobachtungen lässt sich die Theorie »Eine Erhöhung der Geldmenge senkt die Kaufkraft des Geldes« weder bestätigen noch zurückweisen. Der Wahrheitsgehalt der Theorie kann nur durch allgemeingültige Gesetze des menschlichen Handelns beurteilt werden.

Mises geht in seinem Werk *Grundprobleme der Nationalökonomie* auch der Frage nach: *Welchen Geltungs- beziehungs-*

weise Anwendungsbereich hat die subjektivistische Wertlehre? Ausgangspunkt seiner Überlegungen ist die unbestreitbare Erkenntnis, dass der Mensch handelt, und dass unter Handeln bewusstes, zielgerichtetes Handeln zu verstehen ist (ein Handeln also, das sich von unbewusstem, reflexivem Handeln unterscheidet): »Alles bewußte Verhalten von Menschen stellt sich als Vorziehen eines A einem B gegenüber dar. Es ist ein Wählen zwischen sich bietenden Möglichkeiten. Diese Wahlakte allein, diese in die Außenwelt hinauswirkenden inneren Entscheidungen, sind uns gegeben. Wir erfassen ihren Sinn, indem wir den Begriff der Wichtigkeit setzen. Wenn ein Individuum A dem B vorzieht, dann sagen wir, daß ihm im Augenblicke des Wahlaktes A wichtiger (wertvoller, begehrenswerter) erschien als B.«[23] Das Vorziehen, das *Tauschen*, ist das »Grundgesetz des wirtschaftlichen Handelns«[24]: Der Handelnde tauscht das, was er geringer schätzt, gegen das, was er höher schätzt. Ganz offensichtlich gilt das für den Tausch, der zwischen zwei Personen stattfindet. Es gilt aber auch für den *isoliert Handelnden:* Der auf einer Insel lebende Robinson Crusoe tauscht durch sein Handeln (fortwährend) eine Situation (wie beispielsweise von der Sonne beschienen zu sein) durch eine aus seiner Sicht vorteilhaftere Situation ein (wie etwa im Schatten sitzen).

Das Grundgesetz des Handelns gilt immer, ob nun Sachgüter oder immaterielle Güter die Objekte des Handelns sind: Es ist eine Tatsache, »daß das menschliche Verhalten eine unauflösbare Einheitlichkeit aufweist, und daß es, wenn es Sachgüter gegen nicht materiell verkörperte Güter umsetzt, sich in nichts von dem unterscheidet, was es im Umsatz von Sachgütern kennzeichnet.«[25] Das Grundgesetz des Handelns lässt auch keine Unterscheidung zwischen »wirtschaftlichem Handeln« und »nicht-wirtschaftlichem Handeln« zu:

bei jedem Handeln kommt das Grundgesetz des Handelns zum Ausdruck. Es ist keine Besonderheit einer bestimmten Verhaltensart. Die subjektive Grenznutzentheorie hat daher Geltung für alle menschlichen Handlungen. Sie ist nicht begrenzt auf das »wirtschaftliche« Handeln des Menschen, sondern sie gilt für das Handeln des Menschen schlechthin. Sie erklärt nicht nur das Handeln des Einzelnen, sondern letztlich auch gesamtgesellschaftliche Phänomene – denn letztere lassen sich, wie es der *methodologische Individualismus* aufzeigt, gedanklich stets auf das Handeln des Einzelnen zurückführen.

Umgang mit einer Viruserkrankung in einem liberalen(-libertären) Gemeinwesen

Wie ginge ein liberal-libertäres Gemeinwesen mit dem Problem einer weltweiten Viruserkrankung um? Um diese Frage zu beantworten, stelle man sich zunächst eine *libertäre* Gesellschaft vor, also eine, in der alles privatisiert ist: Landflächen, Gewässer, Straßen, Flughäfen, Häuser et cetera. befinden sich in privatem Eigentum (dieses Konzept wird auch »Privatrechtsgesellschaft« genannt). Hier obliegt es den Eigentümern zu entscheiden, welche Personen unter welchen Bedingungen auf ihr Land und Firmengelände, in ihre Geschäfte, Büros, Busse, Schiffe und Flugzeuge gelangen und welche nicht. Wenn die Eigentümer beispielsweise eine Ansteckung fürchten, werden sie sich zurückhalten, anderen Personen den Zugang zu ihren Grundstücken, Wohnungen oder Geschäften zu gewähren, beziehungsweise sie werden entsprechende Schutzvorkehrungen treffen. Gleichsam werden es Personen, die sich vor einer Ansteckung schützen wollen, vermeiden, mit anderen in Kontakt zu kommen, sie werden also nicht deren Grundstücke, Wohnungen und Geschäfte aufsuchen; oder sie werden sie dann aufsuchen, wenn sie sich durch ihre eigenen Maßnahmen hinreichend geschützt fühlen; oder wenn ihnen die Schutzmaßnahmen derjenigen, deren Eigentum sie betreten, als ausreichend erscheinen. Es gilt das Prinzip der *Eigenverantwortung*: Dem Einzelnen obliegt es, die für ihn passende Schutzvorkehrung zu treffen. Wer sich dafür entscheidet, trotz Virusausbruch weiterhin mit seinen Mitmenschen in Kontakt zu treten, der muss die damit verbundenen Risiken selbst tragen. Steckt sich zum Beispiel Person A bei Person B an, kann der A den B nur dann für den entstandenen Schaden haftbar machen, wenn der B den A nachweislich über die versprochenen Schutzmaßnahmen getäuscht hat. Die Folgen einer Viruserkrankung betreffen bekanntlich unterschiedliche Personen in unterschiedlicher Weise – einige Personengruppen stärker als andere, einige Länder, Regionen, Städte und Gemeinden stärker als andere. Daher werden auch die Schutz- und Behandlungsmaßnahmen mitunter höchst unterschiedlich ausfallen (müssen). Die dabei zu treffenden Entscheidungen werden in einer Privatrechtsgesellschaft nicht von zentraler Stelle getroffen, sondern dezentral herbeigeführt, eben von den Eigentümern beziehungsweise den Personen, die das Eigentum anderer betreten. Die jeweils Betroffenen holen sich Rat, orientieren sich an der Expertise von unterschiedlichen Experten wie zum Beispiel Virologen, Psychologen, Soziologen und Ökonomen, und auf Basis dieses Wissens wird auf unterschiedliche Lösungen geschlussfolgert. Aus der resultierenden Vielzahl unterschiedlicher Lösungen erwächst ein *Lernpotential*: Man kann herausfinden, was funktioniert und was nicht, schlechte Lösungen durch bessere ersetzen. Vor allem privatisierte Krankenversicherungsunternehmen hätten Anreize, ihre Kunden gut zu beraten, wie sie sich vor der Viruserkrankung am besten schützen können – denn eine erfolgreiche Prävention senkt die Kosten und erhöht die Gewinne der Krankenversicherungsfirmen.

Ähnlich würde man in einem klassisch-liberal verfassten Gemeinwesen verfahren. Anders als eine Privatrechtsgesellschaft zeichnet es sich durch ein Nebeneinander von Staaten aus, die miteinander im Standortwettbewerb stehen, und die selbst – und das ist wichtig zu betonen – keiner Zentralinstanz mehr unterworfen sind. Zwar besteht auch hier die Möglichkeit, dass ein einzelner Staat von oben unpassende oder gar falsche Schutz- und Behandlungsmaßen diktiert. Aber da es zwischen den Staaten immer noch Konkurrenz um die beste Lösung zur Viruseindämmung und -behandlung gibt, ist der mögliche Fehler, das Ausmaß von Machtmissbrauch begrenzt: Bessere Lösungen werden er- und bekannt, schlechte und falsche Lösungen diskreditiert. Problematisch wird es jedoch, wenn von zentraler Stelle eine Lösung für alle Staaten *verbindlich* vorgegeben wird. Dann besteht – wie immer bei zentraler Machtkonzentration – in der Tat die Gefahr, dass fehlerhafte Entscheidungen getroffen werden, die sehr große Ausmaße annehmen können, oder dass Missbrauch mit der Macht betrieben wird (etwa durch »Rent-Seeking« seitens zum Beispiel Pharmaunternehmen und einflussreicher Einzelpersonen). Das Problem ist hier, dass die Personen, die die staatliche Entscheidungsmacht innehaben, nicht, anders als in der Privatrechtsgesellschaft, die Kosten ihrer schlechten und fehlerhaften Entscheidungen persönlich tragen müssen. Und genau das führt bekanntermaßen immer wieder zu großen, nicht selten zu verheerenden Problemen.

Die Entscheidung, wie auf die Ausbreitung einer Viruserkrankung zu reagieren ist – ob sie mit dem Staat oder ohne ihn, durch den freien Markt zu lösen sei –, würde Mises sehr wahrscheinlich, wie alle seine ökonomischen Überlegungen, mit Hilfe des *vernünftigen Denkens* treffen: »Unser Fassungsvermögen ist sehr beschränkt; wir dürfen nicht hoffen, jemals die letzten und tiefsten Weltgeheimnisse zu entschleiern. Doch der Umstand, daß wir über Sinn und Zweck unseres Daseins nie ins Klare kommen können, hindert uns nicht, Vorkehrungen zu treffen, um ansteckenden Krankheiten auszuweichen und uns zweckmäßig zu kleiden und zu ernähren, und er soll uns nicht hindern, die Gesellschaft so zu gestalten, daß die irdischen Ziele, die wir anstreben, am zweckmäßigsten erreicht werden können.«[26]

Gelangt man zum (Vernunft-)Schluss, dass das freie Marktsystem die Härten und Kosten, die mit der Verbreitung einer Viruserkrankung verbunden sind, stärker abmildert beziehungsweise besser bewältigen kann als der Staat, wäre aus dieser utilitaristischen Erwägung heraus auch der freie Markt und nicht der Staat mit der Herbeiführung einer Lösung zu beauftragen. Interessanterweise besteht theoretisch eine recht enge logische Verbindung zwischen der liberalen Staatslösung, in der der Staat keine Zwangsmonopolstellung innehat, und der Privatrechtsgesellschaft, in der es keinen Staat (wie wir ihn heute kennen) gibt (in der also alle Güter privatisiert und auch die Güter Recht und Sicherheit im freien Markt bereitgestellt werden): Mises hatte sich bekanntlich für ein »Ausstiegsrecht« aus dem Staat ausgesprochen und ihm dadurch sein Zwangsmonopol genommen. Die Menschen einer Region könnten beispielsweise aus dem Staat ausscheiden, wenn sie mit den Vorgaben des Zentralstaates zur Bekämpfung der Virusausbreitung nicht einverstanden sind. Das wäre der Weg, der, konsequent zu Ende gedacht und beschritten, geradewegs zur Privatrechtsgesellschaft führt.

Ludwig von Mises' Opus Magnum

Nationalökonomie

> *»Die allgemeine Wissenschaft vom menschlichen Handeln ist Theorie und nicht Geschichte, sie ist apriorische Erkenntnis und nicht Erfahrungswissenschaft.«*
>
> Ludwig von Mises (1940), *Nationalökonomie*, S. 39.

Im Frühjahr 1940, Mises befindet sich im Exil in der Schweiz, erscheint sein Opus magnum *Nationalökonomie. Theorie des Handelns und Wirtschaftens*. Es ist ein geisteswissenschaftliches Monumentalwerk, das, so Hans-Hermann Hoppe, »in Grundlegung und Systematik, thematischem Umfang, Geschlossenheit und Vollständigkeit der Darstellung, begrifflicher Klarheit und Schärfe sowie Zeitlosigkeit der Geltung im Bereich der Sozialwissenschaften einzigartig ist, und im Vergleich zu dem die Arbeiten selbst der bedeutendsten seiner Vorgänger dilettantisch erscheinen.«[1] Das Werk entfaltet jedoch zunächst keine Wirkung. Zu dieser Zeit hat das liberal-freiheitliche Denken, für das Mises steht, im wissenschaftlichen und öffentlichen Diskurs keinen Raum mehr: Der Zweite Weltkrieg wütet, der nationalsozialistische Terror verfolgt Andersdenkende unbarmherzig. Erst im Jahre 1949, fast ein Jahrzehnt später, veröffentlicht Mises *Nationalökonomie* überarbeitet und erweitert in englischer Sprache als

Human Action. A Treatise on Economics. Mit der Veröffentlichung von *Human Action* in den Vereinigten Staaten von Amerika beginnen Mises' Lehren sich zu verbreiten und Wirkung zu entfalten.[2]

Auf den ersten 114 von insgesamt 756 Seiten der *Nationalökonomie* erläutert Mises die erkenntnistheoretischen Erkenntnisse der Lehre vom menschlichen Handeln. Auf diesem Fundament aufbauend, werden auf den nachfolgenden gut 650 Seiten frühere Arbeiten zu Marktwirtschaft, gehemmter Marktwirtschaft, Geld- und Konjunkturtheorie sowie zur gesellschaftlichen Ordnung zu einem Gesamtsystem der theoretischen Nationalökonomie zusammengeführt und fortentwickelt. Bereits in *Grundprobleme der Nationalökonomie* (1933) hatte Mises ausgeführt, dass die Nationalökonomie eine Wissenschaft ist, die sich von den Naturwissenschaften grundlegend unterscheidet – und dass sie deshalb eine wissenschaftliche Methode erfordert, die nicht von den Naturwissenschaften entliehen werden kann. Die Nationalökonomie ist, so Mises, eine *apriorische Handlungswissenschaft*, eine erfahrungsunabhängige Lehre vom menschlichen Handeln. In *Nationalökonomie* bezeichnet er sie erstmalig als *Praxeologie*, ein Begriff, der vom französischen Philosophen Alfred Espinas (1844–1922) stammt. Dass Mises der Wahl der wissenschaftlichen Methode, dem Aufspüren der *richtigen Theorie*, eine herausragende Stellung einräumt, hat einen Grund.

Es gibt keine Erfahrung ohne Theorie. Theorielose Erfahrung ist unmöglich. Theorie ist immer im Spiel, wenn Erfahrung gemacht wird: »In jedem schlichten Bericht der Vorgänge steckt notwendigerweise schon Theorie.«[3] »Handeln ohne Denken, Praxis ohne Theorie sind unvorstellbar. Das Denken mag fehlerhaft, die Theorie mag falsch sein, doch Denken und Theorie können nie fehlen.«[4] Das führt zur Frage: Welche der vielen nationalökonomischen Theorien sind richtig, welche falsch? Mises gibt mit seiner Praxeologie die Antwort. Ausgangspunkt seiner Überlegungen ist der Satz »Der Mensch handelt«. Dieser Satz gilt *a priori:* Er ist selbstevident, lässt sich mit den Mitteln der Logik nicht widerspruchsfrei verneinen, hat Allgemeingültigkeit. Nationalökonomische Erkenntnisse entfalten sich aus der Logik des menschlichen Handelns, werden aus ihr widerspruchsfrei abgeleitet.

In *Grundprobleme der Nationalökonomie* hatte Mises bereits einige Kategorien vorgestellt, die im Satz »Der Mensch handelt« mitgedacht werden. Hierzu zählen Ziel, Mittel, Knappheit, Ursache-Wirkung (Kausalität), Ertrag, Kosten, Preis, Gewinn und Verlust. In *Nationalökonomie* erläutert er diese Kategorien eingehend und fügt weitere hinzu. Dazu ein paar Beispiele: Menschliches Handeln ist stets zielbezogen, es ist *bewusstes Verhalten:* Durch das Handeln soll ein Zustand durch einen anderen Zustand, der als vorteilhafter angesehen wird, ersetzt werden. Vom bewussten Handeln ist das *unbewusste Verhalten*, die rein reflexive Reaktion, zu unterscheiden. Menschen zeigen *Reflexe* auf bestimmte Stimuli (wie zum Beispiel ein Zurückschrecken angesichts eines plötzlich herannahenden Gegenstandes). Ein solches unbewusstes Handeln klassifiziert Mises als ein *Datum* für das Handeln, als eine Tatsche der Außenwelt. In dem Maße, in dem der handelnde Mensch einen Reflex willentlich unterdrückt, erweitert er den Bereich seines bewussten Handelns. Für Außenstehende mag nicht immer zweifellos erkennbar sein, ob der Handelnde in einer bestimmten Situation bewusst oder unbewusst handelt. Das ändert aber nichts an der Erkenntnis, dass menschliches Handeln stets zielbezogen ist.

»Der Mensch handelt« bedeutet immer individuelles Handeln. Ein Handeln einer Gruppe, eines Kollektivs gibt es nicht.

Handlungen der *Menschenmasse* lassen sich gedanklich stets auf das Handeln der Einzelnen zurückführen. Die Wissenschaft des menschlichen Handelns (die Nationalökonomie) muss daher auch ihren Ausgangspunkt am Handeln des Einzelnen, des Individuums nehmen. Damit wird der *methodologische Individualismus* rationalisiert, den schon Carl Menger als Ausgangspunkt des wirtschaftswissenschaftlichen Denkens vorgebracht hat. Menschliches Handeln bedeutet weiterhin, dass *Mittel* (beziehungsweise *Güter*) eingesetzt werden müssen, um Ziele zu erreichen. Zum Beispiel muss ein Handelnder seine Stimmbänder einsetzen, um eine sprachliche Aussage zu machen; er muss Gedankenkraft einsetzen, um eine Mathematikaufgabe zu lösen. Mittel, die zur Zielerreichung einzusetzen sind, sind denknotwendigerweise *knapp*. Wären sie nicht knapp, müsste der Handelnde sie nicht bewirtschaften, sie wären für ihn keine Güter, keine Mittel.

Menschliches Handeln impliziert eine Ursache-Wirkungs-Beziehung (*Kausalität*), die *Mittel*-Zweck-Beziehung: »In einer – unserem Denken unvorstellbaren – Welt ohne Kausalität wäre für menschliche Vernunft und für menschliches Denken kein Feld. Eine so beschaffene Welt wäre ein Chaos, in dem die Menschen sich nicht zu orientieren vermochten.«[5] Kausalität ist im Satz »Der Mensch handelt« schon mitgedacht. Der Mensch kann die reale Welt nicht erfassen und verstehen, ohne dass seine Wahrnehmung die Kategorie der Kausalität schon voraussetzt. Die *Zeit* ist ebenfalls eine Kategorie des menschlichen Handelns.[6] Aus der Erfahrung weiß jeder, dass sich menschliches Handeln in der Zeit vollzieht, dass das Handeln Zeit erfordert. Es dauert, bis eine Handlung zur Zielerreichung führt. Die Erkenntnis, dass Zeit eine Kategorie des menschlichen Handelns ist, entstammt jedoch nicht der Erfahrung, sondern sie findet ihre Begründung in der Logik des menschlichen Handelns. Würde das menschliche Handeln sich nicht in zeitlicher Erstreckung vollziehen, würde das Handeln den gewünschten Zustand sofort und unmittelbar, ohne zeitlichen Verzug, zustande bringen. Dann aber wäre menschliches Handeln gar nicht mehr möglich – was sich nicht widerspruchsfrei denken lässt. Im Satz »Der Mensch handelt« wird folglich die Kategorie *Zeit* schon mitgedacht.

Jedes Handeln ist auf die Zukunft gerichtet, und die Zukunft ist für den Handelnden *unsicher*, und zwar sowohl mit Blick auf die künftigen möglichen Zustände als auch mit Blick auf die Wahrscheinlichkeit ihres Eintretens. Beispielsweise ist heute nicht bekannt, welche Produkte künftig entwickelt und angeboten werden, und welche Nachfragepräferenzen sich herausbilden werden. Die Erkenntnis, dass die Zukunft unsicher ist, leitet sich nicht etwa aus der Erfahrung ab, sondern sie lässt sich praxeologisch begründen. Wäre die Zukunft sicher, so würde der Handelnde schon heute wissen, was die Zukunft bringt. Wenn er aber schon heute mit Sicherheit weiß, was in der Zukunft geschieht, kann er nicht mehr handeln: Er könnte durch sein Handeln keinen Einfluss auf den Gang der Dinge nehmen. Das aber würde bedeuten, dass der Mensch nicht handeln kann – dass aber der Mensch nicht handeln kann, lässt sich nicht widerspruchsfrei denken. Die Unsicherheit der Zukunft ist somit eine Kategorie des menschlichen Handelns.

Das *Gesetz des abnehmenden Grenznutzens* – die heute allgemein anerkannte Grundlage der Wert- und Preistheorie – lässt sich ebenfalls aus den Kategorien des menschlichen Handelns ableiten. Der *Grenznutzen* bezeichnet dabei den Nutzen, den eine zusätzlich verfügbare Gütereinheit stiftet. Das Gesetz vom abnehmenden Grenznutzen besagt, dass (1) der Grenznutzen einer größeren Gütermenge höher ist als der einer kleineren; und dass (2) eine zusätzliche Gütereinheit einen Grenznutzen stiftet, der niedriger ist als der Grenznutzen, den ein um eine Einheit verringerter Gütervorrat stiftet. Der Mensch handelt unter Knappheit, und folglich wird er eine größere Gütermenge einer kleineren vorziehen; mit ihr kann er mehr Ziele erreichen. Jede zusätzliche Einheit kann aber jedoch nur zur Befriedigung eines Bedürfnisses eingesetzt werden, dessen Befriedigung weniger dringlich ist als das am wenigsten dringliche Bedürfnis, das mit einer unvermehrt gebliebenen Gütermenge befriedigt werden kann. Während Leon Walras (1834–1910) und William Stanley Jevons (1835–1882) das Gesetz des abnehmenden Grenznutzens als psychologisches Sättigungsgesetz verstehen, hatte bereits Carl Menger erkannt, dass es sich hierbei um eine *logische* Erkenntnis handelt. Mises arbeitet heraus, dass das Gesetz des abnehmenden Grenznutzens in der Logik des menschlichen Handelns mitgedacht ist.

Die *Zeitpräferenz* (ein Begriff, den der amerikanische Ökonom Frank A. Fetter (1863–1949) geprägt hat) ist ebenfalls eine Kategorie des menschlichen Handelns. Mit Zeitpräferenz ist gemeint, dass der Handelnde eine frühere Erfüllung seiner Bedürfnisse höher schätzt als eine spätere Erfüllung; und dass er ein Mehr einem Weniger vorzieht. Der Grund: Der Mensch handelt unter *Knappheit* – und dies notwendigerweise schon deswegen, weil die Zeit ein unverzichtbares Mittel zu Erreichung von Zielen ist. Jedes menschliche Handeln erfordert Zeit. Ein zeitloses Handeln gibt es nicht, kann es logisch nicht geben. Der stets unter Knappheit handelnde Mensch bevorzugt daher eine frühere Erfüllung seiner Ziele gegenüber einer späteren Erfüllung. Die Zeitpräferenz ist folglich immer und überall *positiv*. Es lässt sich logisch nicht widerspruchsfrei denken, dass die Zeitpräferenz verschwindet oder gar negativ wird. Damit lässt sich auch der Zins als eine Kategorie des menschlichen Handelns verstehen. Er ist die Manifestation der Zeitpräferenz.

Mises' Lehrer Böhm-Bawerk (1851–1914) hatte den Zins als *Wertdifferenz* erklärt: Menschen schätzen gegenwärtig verfügbare Güter höher ein als künftige gleicher Art. Böhm-Bawerk erklärte den Zins durch Rückgriff auf drei Faktoren: (1) gegenwärtige Bedürfnisse sind üblicherweise weniger gut befriedigt als künftige Bedürfnisse; (2) Menschen neigen dazu, künftige Bedürfnisse zu unterschätzen; und (3) längere beziehungsweise mehrstufige Produktionswege (die »Umwegsproduktion«) erhöhen die Produktivität. Böhm-Bawerk hatte in diesem Zusammenhang geschrieben, dass »gegenwärtige Güter *in aller Regel* einen größeren Wert besitzen als künftige von gleicher Art und Zahl«.[7] An der Aussage, dass die Zeitpräferenz und damit der Zins *in aller Regel* positiv seien, stößt sich Mises. Zu Recht, denn Böhm-Bawerks Aussage kann *keine Allgemeingültigkeit* beanspruchen. Auch überzeugt Mises das Argument nicht, der Zins sei durch produktionstechnische Faktoren (durch die »Mehrergiebigkeit der kapitalistischen Produktionsumwege«) zu erklären. Wenn man annimmt, dass keinerlei Verbesserungen in der Produktionstechnik mehr möglich sind, würde Böhm-Bawerks Erklärung bedeuten, dass der Zins auf null Prozent fällt. Das ist gleichbedeutend mit der Aussage, dass der Handelnde zwei Äpfel, die erst in 1000 Jahren verfügbar sind, einem Apfel, der gegenwärtig verfügbar ist, vorzieht. Diese Vorstellung scheint nicht nur absurd zu sein, sie ist auch unlogisch, wie Mises zeigt.

Die praxeologische Kategorie der Zeitpräferenz bedeutet, dass der Handelnde das gegenwärtig verfügbare Gut (Gegenwartsgut) *notwendigerweise* höher wertschätzt als das Gut (gleicher Art), das erst künftig verfügbar ist (Zukunftsgut).[8] Künftige Güter erleiden folglich einen *Preisabschlag* gegenüber gegenwärtigen Gütern. Diesen Preisabschlag bezeichnet Mises als »Urzins«. Indem Mises den Urzins als Kategorie des menschlichen Handelns erklärt, macht er zugleich auch deutlich, dass das *Zinsphänomen eine einheitliche Erscheinung* ist (und dass es keine getrennten Erklärungen für den Zins auf Kapital, auf Kredite und auf Boden (Rente) gibt). Der Urzins steckt sprichwörtlich in jedem handelnden Menschen. Den Urzins gibt es in einer Naturalwirtschaft genauso wie in einer Geldwirtschaft. Es gibt ihn im Sozialismus genauso wie im Kapitalismus. Auch Robinson Crusoe, gestrandet auf der einsamen Insel, hat einen Urzins.

Der Urzins kann niemals auf null, geschweige denn darunter fallen. Was würde passieren, wenn der Urzins auf null fiele? Das gesamte Einkommen würde (in einem kapitalistischen System) gespart und investiert. Es würde nichts konsumiert. Und zwar nicht nur heute, sondern auch künftig nicht – und für alle Zeit nicht. Ein Wirtschaften, um zu konsumieren, gäbe es nicht mehr. Eine absurde Vorstellung! Was würde passieren, wenn die Menschen mit dem bevorstehenden Ende der Welt rechnen? Die Zeitpräferenz und damit der Urzins würden extrem stark, ins Unendliche. Die Zukunftsgüter würden im Prinzip wertlos. Die Preise der Gegenwartsgüter stiegen hingegen extrem, ins Unendliche. Kein noch so hoher Marktzins würde die Handelnden dann noch dazu bewegen, auf Konsum zu verzichten, zu sparen und zu investieren. Und schließlich: Was würde passieren, wenn der Staat den *Marktzins* (im Sinne eines positiven Realzinses) verbietet? Dann haben Konsumverzicht, Sparen und Investieren keinen Sinn mehr. Die Handelnden würden aufgrund ihres positiven Urzinses alle Vorräte, die noch vorhanden sind, aufzehren. Es würde keine Ersatz- oder Erweiterungsinvestition mehr geben. Ohne einen Marktzins würde die arbeitsteilige Marktwirtschaft zusammenbrechen.

Die erkenntnistheoretische Erklärung des Urzinses

Der Zins ist ein äußerst komplexes Phänomen, das in der Volkswirtschaftslehre nach wie vor so etwas wie ein »Zankapfel« ist – was etwa seine Ursache und mögliche Ausprägung angeht. Das Zinsphänomen lässt sich in der Tat nicht allein mit ökonomischer Theorie begreifen, sondern es bedarf dazu auch einiger erkenntnistheoretischer Einsichten. Den Ansatzpunkt liefert der Königsberger Philosoph Immanuel Kant (1724–1804). Ihm zufolge hängen die Erfahrungen, die wir Menschen machen, von unserem Erkenntnisvermögen ab. Die Gegenstände unserer Erfahrung, so Kant, müssen sich nach unserem Erkenntnisvermögen richten, wenn sie Gegenstände unserer Erfahrung sein sollen. Wir Menschen schreiben folglich den Gegenständen unserer Erfahrung gewisse Eigenschaften vor; wir machen Erfahrungen unter den Bedingungen unseres Erkenntnisvermögens. Diejenigen Aussagen, die behaupten, dass die Gegenstände unserer Erfahrung diesen Bedingungen unterworfen sind, nennt Kant *synthetische Urteile a priori*. Wenn man dieser Interpretation folgt, dann lassen sich Zeitpräferenz und Urzins als *Bedingungen für die Möglichkeit objektivierbarer Erfahrung* verstehen.

Um das zu verdeutlichen, führt man sich zunächst die nicht widerlegbare Aussage, dass der Mensch handelt, vor Augen. Sie ist mit logischen Mitteln nicht widerlegbar. Wer sagt, der Mensch handelt *nicht*, der handelt und widerspricht dem Gesagten. Aus der Logik des menschlichen Handelns lässt sich nun eine Reihe weiterer logisch widerspruchsfreier Aussagen ableiten. Beispielsweise dass das Handeln immer zielbezogen ist. Und dass der, der handelt, Mittel einsetzen muss, um seine Ziele zu erreichen. Mittel sind stets knapp (wären sie nicht knapp, wären sie keine Mittel). Weil Mittel knapp sind, wertet der Handelnde notwendigerweise einen größeren Gütervorrat (also mehr Mittel) höher als einen kleineren Gütervorrat (weniger Mittel). Zeit ist ein unverzichtbares Mittel, denn zeitloses Handeln lässt sich nicht widerspruchsfrei denken. Und weil Zeit ein knappes Mittel ist, zieht der Handelnde eine frühere Zielerreichung einer späteren Zielerreichung vor. Genau darin kommt die Zeitpräferenz zum Ausdruck, und ihre Manifestation ist der Urzins. Zeitpräferenz und Urzins stecken gewissermaßen in jedem handelnden Menschen.

Zeitpräferenz und seine Manifestation, der Urzins, sind Ausdruck des Wertverhältnisses, das der Handelnde Gegenwartsgütern relativ zu Zukunftsgütern (gleicher Art und Güte) zuweist. Der Urzins steht für den Wertabschlag, den die spätere Erfüllung der Bedürfnisse gegenüber der früheren Erfüllung der Bedürfnisse (von gleicher Art und Güte und unter sonst gleichen Bedingungen) erleidet. Wird zum Beispiel das Gegenwartsgut besonders hoch bewertet relativ zum Zukunftsgut, sind Zeitpräferenz und Urzins hoch; und sind Zeitpräferenz und Urzins sehr niedrig, wird das Gegenwartsgut nur wenig höher als das Zukunftsgut bewertet. Zeitpräferenz und Urzins sind von Mensch zu Mensch unterschiedlich, und sie können sich auch im Verlauf des Lebens verändern. Beispielsweise haben Kinder in der Regel eine hohe Zeitpräferenz und folglich einen hohen Urzins: Das Hier und Heute ist ihnen um vieles wichtiger als das Morgen. Umsorgende Eltern zeichnet hingegen eine tendenziell niedrige Zeitpräferenz aus: Sie sind bereit, in erheblichem Umfang auf Gegenwartskonsum zu verzichten, zu sparen, um dadurch für künftige Bedürfnisse vorzusorgen.

In »Reinform« tritt der Urzins (theoretisch) nur im Geldzins in Erscheinung. Geld ist das allgemein akzeptierte Tauschmittel, und es dient als Recheneinheit (numéraire). Und weil jede Geldeinheit so gut ist wie jede andere auch, weil die Geldeinheiten also untereinander vollständig austauschbar sind, kommt im Austauschverhältnis zwischen einer Geldeinheit heute und einer Geldeinheit in der Zukunft die »reine Zeitpräferenzrate«, also der Urzins, zum Ausdruck.

Der Handelnde hat eine positive Zeitpräferenz und folglich auch einen positiven Urzins, und zwar immer und überall. Zeitpräferenz und Urzins der Handelnden können daher auch nicht null oder negativ werden; sie lassen sich aus dem Werten und Handeln der Menschen aus logischen Gründen nicht wegdenken. Ein positiver Urzins bedeutet, dass aus dem Einkommen ein Teil konsumiert und ein Teil gespart (also investiert beziehungsweise zur Produktion verwendet) wird. Die Vorstellung, der Urzins wäre null, ergibt ein groteskes Ergebnis. Denn das hieße, dass für den Handelnden nur noch »Mehr ist besser als weniger« zählt, und dass das Kalkül »früher ist besser als später« keinerlei Bedeutung mehr für ihn hat. Der Handelnde würde also 2 Euro in zehn Jahren 1 Euro heute vorziehen; er würde 2 Euro in 100 Jahren einem Euro heute vorziehen. Ein Urzins von null bedeutet, dass das gesamte Einkommen gespart wird, dass nichts konsumiert, sondern alles investiert wird; denn weil Mittel knapp sind, lässt sich nicht in Abrede stellen, dass durch eine weitere Verlängerung der Produktionszeit die erzeugbaren Güter mengenmäßig erhöht und/oder in ihrer Qualität verbessert werden können. Wenn man also einen Urzins von null annähme, so impliziert das, dass man heute nicht konsumiert, aber auch morgen nicht und auch nicht übermorgen, auch nicht in einem Monat oder zehn Jahren. Das klingt nicht nur grotesk, das ist es auch, weil die Annahme eines Urzinses von null das Handeln (unter Knappheit) verneint, und das ist ein handlungslogischer Fehlschluss.[9] Die Idee gar, es gäbe keinen Urzins, ist unvereinbar mit dem logischen Menschenverstand: Sie ist gleichbedeutend mit der Aussage, dass der Mensch nicht handelt. Das aber ist logisch widersprüchlich und damit falsch. Ein negativer Urzins lässt sich mit logischem Menschenverstand gar nicht sinnvoll verstehen, es wäre die Negation eines a priori Urteils.

Die Kategorien des menschlichen Handelns, die Mises in seinem Werk *Nationalökonomie* anführt, sind nicht abschließend. Hans-Hermann Hoppe zeigt, dass das *Privateigentum* – verstanden als Eigentum am eigenen Körper (Selbsteigentum) und an den rechtmäßigen, durch freiwillige (also nicht-aggressive) Transaktionen erworbenen Gütern – ebenfalls eine Kategorie des menschlichen Handelns ist. Dazu greift er auf das *a priori des Argumentierens* zurück, das die deutschen Philosophen Karl-Otto Apel (1922–2017) und Jürgen Habermas (*1929) formuliert haben. Argumentieren ist eine (konkrete) Form des menschlichen Handelns, und man kann nicht *nicht* argumentieren. Widerspricht man dieser Aussage, so argumentiert man – und widerspricht dem

Gesagten. Argumentieren setzt Eigentum voraus: Es lässt sich nicht ohne *performativen Widerspruch* argumentieren, dass man nicht über Selbsteigentum und Eigentum an den selbst erwirtschafteten Mitteln verfügt. Das Privateigentum erweist sich daher als eine weitere Kategorie des menschlichen Handelns. Es erschließt sich aus der unbestreitbaren, aprioristischen Erkenntnis, dass der Mensch handelt.[10]

Das bisher Gesagte führt zu einer wichtigen Erkenntnis. Dass der Mensch den Gegenständen seiner Erfahrung gewisse Eigenschaften »vorschreibt«, ist eine der wichtigsten Einsichten, die Immanuel Kant vorgebracht hat: Der Mensch erfährt die Dinge nicht so, wie sie sind, sondern wie sie ihm erscheinen, wie er sie erkennen kann. Er kann nur das erfahren, was den Bedingungen genügt, unter denen er Erfahrungen machen kann. Die praxeologischen Kategorien sind notwendige Bedingungen der menschlichen Erfahrung, und sie kommen dadurch zustande, dass der Mensch sein Erkenntnisvermögen ausübt. Damit macht Mises' Praxeologie nationalökonomische Theorien zu wissenschaftlich entscheidbaren Wahrheitsfragen. Mit ihr wird es möglich zu erkennen, ob nationalökonomische Theorien richtig oder falsch sind. Dazu ist es nicht nötig, die Theorien in der Praxis auszuprobieren. Die Antwort lässt sich durch praxeologisches Denken aufspüren: Stehen die Theorien nicht im Einklang mit den praxeologischen Kategorien (den notwendigen Bedingungen, die auf die Ausübung der menschlichen Erkenntnisfähigkeiten zurückgehen), sind legitime Zweifel an ihrer Richtigkeit anzumelden. Beispielsweise kann eine Theorie, die behauptet, der Urzins könne auf null fallen oder gar negativ werden, als falsch eingesehen und zurückgewiesen werden. Gleiches gilt für die Theorie, die behauptet, es gäbe keine Knappheit; oder die Theorie, die besagt, eine Geldmengenausweitung sei

»neutral« in Bezug auf ihre Verteilungswirkung von Einkommen und Vermögen.

Mit praxeologischem Denken lässt sich auch erkennen – im Zuge einer »methodischen Rekonstruktion«[11] —, dass eine gesellschaftliche, arbeitsteilige Kooperation freiwillig, aus dem Eigeninteresse der Individuen heraus und damit »natürlich« zustande kommt. Denn »wenn und insoweit arbeitsteilig verrichtete Arbeit ergiebiger ist als Einzelarbeit und wenn und insoweit diese Tatsache von den Menschen erkannt wird, drängt das Handeln zur Vergesellschaftung und zwar zu fortschreitender Vergesellschaftung, nicht aus geheimnisvollem, unerklärbarem Trieb, sondern aus dem Wesen des Handelns selbst. Die Erfahrung lehrt uns, dass die Bedingung – höhere Ergiebigkeit der arbeitsteilig verrichteten Arbeit – gegeben ist, weil ihre Voraussetzungen – ungleiche Begabung der Menschen und ungleiche Eignung der verschiedenen Punkte der bewohnbaren Teile der Erde für die Erzeugung der verschiedenen Güter – gegeben sind. So vermögen wir das Werden und das Fortschreiten gesellschaftlicher Bindung zu begreifen.«[12]

Die Erklärung für den Zivilisationsprozess, der den Übergang vom animalischen Nebeneinander zur friedvollen und produktiven Kooperation gebracht hat, liegt folglich in der Logik des *menschlichen Handelns:* Nicht der Abschluss eines Gesellschaftsvertrages oder die Gründung einer staatlichen Zwangsmacht ist notwendig, um die Zivilisation hervorzubringen, sondern sie liegt in der Logik des menschlichen Handelns: »Um zu begreifen, dass die Menschen nicht gesondert auf die Nahrungssuche gehende Einzelgänger geworden und geblieben sind, müssen wir keineswegs ein besonderes Eingreifen der Gottheit durch Offenbarung und Bestellung von charismatischen Führern oder einen geheimnisvollen Trieb zur Vergesellschaftung zu Hilfe nehmen. Wir können eine Hypothese entbehren, der eine Gläubigen gewiss anstößige Auffassung zugrunde liegt, dass das ursprüngliche Schöpfungswerk so mangelhaft gewesen sei, dass zu seiner Befreiung von einem Grundfehler noch einmal oder gar öfter ein neues Eingreifen des Schöpfers notwendig wurde. Wir können auf die allzu einfache Zurückführung der gesellschaftlichen Bindung auf das Wirken eines Vergesellschaftungstriebes verzichten. Wir brauchen auch nicht anzunehmen, dass die isolierten Einzelnen sich zur Stiftung der Gesellschaft durch förmlichen Vertrag verbunden hatten. Die Kraft, die gesellschaftliche Bindung entstehen lässt und sie fortschreitend verdichtet, ist menschliches Handeln, das der Einsicht in die höhere Ergiebigkeit des Zusammenhandelns und Zusammenwirkens durch Arbeitsteilung entspringt.«[13]

Auf praxeologischen Überlegungen fußend, legt Mises eine weitere wichtige Erkenntnis vor, auf die hier hingewiesen werden soll: dass der Kapitalismus nicht nur in der Lage ist, die Lebenszeit der Menschen zu verlängern, sondern auch das Überbevölkerungsproblem zu entschärfen beziehungsweise zu lösen. Mises schreibt: »Der Reichtum, mit dem der Kapitalismus alle Schichten, vor allem aber die breiten Volksmassen der kapitalistischen Länder überschüttet, und die Fortschritte der hygienischen Einrichtungen und des therapeutischen Könnens, die man dem Kapitalismus dankt, haben die Sterblichkeit, besonders die der Kinder, so sehr herabgedrückt und die durchschnittliche Lebensdauer so sehr verlängert, dass die Beschränkung der Geburtenzahl, um Erfolg zu erzielen, heute weiter gehen muss als in der vorkapitalistischen Zeit. Der Übergang zum Kapitalismus hat daher die Geschlechtssitten weitgehend beeinflusst. Nicht die Praxis der Geburtenregelung ist neu, sondern das, dass sie allgemeiner und in stärkerem Umfang geübt wird. Neu ist vor allem die Erscheinung, dass sie nicht nur auf die höheren Schichten der Gesellschaft, auf den Adel, die Bürger und die Grossbauern, beschränkt bleibt, sondern alle Schichten umfasst. Denn es ist eine der wichtigsten sozialen Wirkungen des Kapitalismus, dass er alle Schichten der Gesellschaft entproletarisiert; er hebt die Arbeitermassen so, dass auch sie ›verbürgerlichen‹ und wie besitzende Bürger denken und handeln. Auf die Bewahrung der erreichten höheren Lebenshaltung bedacht, beginnen sie Geburtenregelung zu üben. In dem Masse, in dem der Kapitalismus fortschreitet, greift auch die Geburtenregelung als allgemeine, von allen Schichten des Volkes geübte Handlungsweise um sich.«[14]

In *Nationalökonomie* greift Mises noch einmal das Thema Wanderung auf, das ihn schon in *Nation, Staat und Wirtschaft, Die Gemeinwirtschaft* und *Liberalismus* beschäftigt hat. – Bei ungehinderter Mobilität von Arbeit und Kapital würden beide Produktionsfaktoren zu den vorteilhaftesten Produktionsstandorten auf dieser Welt wandern. Arbeit würde in die Regionen strömen, in denen die höchsten Löhne zu erzielen sind. Kapital würde dort investiert, wo es den höchsten Grenzertrag erbringt. Arbeit und Kapital werden aus den Regionen abgezogen, in denen sich nur vergleichsweise niedrige Löhne und niedrige Kapitalrenditen erzielen lassen. Bei gänzlich ungehinderter Mobilität von Arbeit und Kapital würden sich folglich Löhne und Kapitalrenditen auf ein einheitliches Weltniveau bewegen. Es gäbe fortan dichte und weniger dicht besiedelte Regionen, aber überall würden gleiche Löhne gezahlt und gleiche Kapitalrenditen erzielt.

Die ungehinderte Mobilität würde für die größtmögliche Ergiebigkeit von Arbeit und Kapital sorgen. Ein Ergebnis, das, so betont Mises, letztlich allen an der Marktwirtschaft Teilnehmenden zugutekommt. Besteht hingegen eine (staatlich erlassene) Wanderungsbeschränkung, so bedeutet das, dass die Löhne in den weniger dicht besiedelten Gebieten künstlich hoch, die Löhne in den dichter besiedelten Regionen künstlich niedrig gehalten werden. Wirtschaftlich betrachtet beschwört die Wanderungsbeschränkung – soweit die Produktionsbedingungen in den verschiedenen Standorten der Welt ungleich sind – damit einen *Interessenkonflikt* zwischen Menschen aus unterschiedlichen Regionen herauf. Plädiert Mises daher für eine »Politik der offenen Grenzen«? Seine Antwort würde er vermutlich aus einer differenzierten Betrachtung entwickeln: Mises unterscheidet die Situation, in der es eine freie Marktwirtschaft gibt, von der Situation, in der der Staat eine gewichtige Rolle im Wirtschafts- und Gesellschaftsleben spielt.

In einer freien Marktwirtschaft, in der die Eigentumsrechte respektiert sind und das macht ihren Kern aus —, gibt es *keine prinzipiellen Interessenkonflikte* zwischen den Menschen, ob nun zwischen Menschen innerhalb einer Region oder zwischen den Menschen aus verschiedenen Regionen. Die Konsumenten kaufen die Güter bei denjenigen, bei denen sie sie zu kaufen wünschen. Unternehmen beschäftigen diejenigen, die ihren Ansprüchen am besten genügen, ob nun In- oder Ausländer. Menschen aus Land *A* gelangen nur dann in Land *B*, wenn sie im wahrsten Sinne des Wortes freiwillig eingeladen werden von den Menschen in Land *B*. Würden die Bewohner aus Land *A* uneingeladen in Land B einwandern, wäre das eine Aggression gegen das Privateigentum der Menschen in Land *B* – und Letztere hätten das Recht, sich dagegen zur Wehr zu setzen. In einer freien Marktwirtschaft also gibt es daher so etwas wie ein »Wanderungsproblem« nicht.

Anders stehen die Dinge, wenn Einzelne sich die staatliche Politik dienstbar machen und sich Privilegien verschaffen – wie das in einer demokratisch verfassten Gemeinschaft regelmäßig der Fall ist. Dann entbrennt ein Kampf um die Vormachtstellung: Jeder muss fürchten, in die Minderheitsposition zu gelangen, der Mehrheit unterworfen zu werden. Das gilt für Einheimische genauso wie für Zuwanderer. Die dabei entstehenden Nachteile, die ein jeder zu befürchten hat, werden umso größer sein, je mächtiger und breiter der Wirkungskreis der staatlichen Gewalt ist. Bei Zuwanderung werden die Einheimischen darauf drängen, dass sich die Zuwanderer assimilieren, dass sie Sprache und Kultur ihrer neuen Heimat übernehmen. Gelingt die freiwillige Assimilierung nicht, kommt es unweigerlich zu Konflikten: Sprachliche, kulturelle und ethnische Minderheiten können in der Demokratie nicht darauf hoffen, in nennenswertem Umfang auf die Regierungsmacht Einfluss nehmen zu können – sie müssen vielmehr Nachteile befürchten. In einer Demokratie ist folglich kein Raum für sprachlich-kulturell-ethnische Vielfalt.

Mises spricht sich aufgrund ökonomischer Überlegungen gegen Einwanderungsbeschränkungen aus. Er redet aber aufgrund politischer Erwägungen auch *nicht* einer »Politik der offenen Grenzen« das Wort. Vielmehr empfiehlt er eine liberale Wirtschafts- und Gesellschaftsordnung, um das Wanderungsproblem zu lösen beziehungsweise erst gar nicht aufkommen zu lassen:[15] Mises fordert (später, in Nationalökonomie (1940)) das De-facto-Auflösen des staatlichen Zwangsapparates, was aber die nationalstaatliche Souveränität nicht antasten muss: »Die Wirtschaftsgestaltung des 19. Jahrhunderts, die die früher isolierten Wirtschaftsgefüge der einzelnen Länder und Weltteile zum Weltwirtschaftsgefüge verschmolzen hat, hatte die Aufhebung der Souveränität der Einzelstaaten erfordert. Man darf nicht etwa behaupten, dass der Liberalismus in diesem Punkte versagt habe, weil er in sein Programm nicht auch die Vernichtung der politischen Unabhängigkeit der Einzelstaaten und ihre Unterordnung unter die Oberherrschaft eines die ganze Erde umspannenden Weltstaats aufgenommen hat. Es war im liberalen Sinne folgerichtig, die politische Einigung und Befriedung der Menschheit nicht durch die Schaffung eines neuen Zwangsapparates anzustreben, sondern durch eine Wandlung des Denkens und der Gesinnung. Nicht von außen sollte den Menschen der Frieden durch Zwang und Waffengewalt aufgedrängt werden; sie sollten friedlich werden durch die Erkenntnis, dass sie ihre menschlichen Ziele nur auf friedlichem Wege erreichen können. Wenn alle Völker, von liberalen Ideen durchdrungen, liberale Politik machen, werden sie in Frieden leben und friedlich kooperieren, auch wenn dem äußeren Anschein nach die Souveränität der Staaten unberührt bleibt und die Empfindlichkeiten und Eitelkeiten der Fürsten und Minister geschont werden. Wie im englischen Staatswesen die Formen des königlichen Absolutismus sich als verträglich mit demokratischer Parlamentsherrschaft erwiesen haben, so würden auch die Formen einzelstaatlicher Souveränität der politischen Einigung der Welt nicht im Wege stehen.«[16]

Zusammengefasst könnte Mises' Position zur Wanderungsproblematik wie folgt lauten: In einer liberalen Welt – in einer freien Marktwirtschaft – wird es kein Wanderungsproblem geben. Denn hier ist das Eigentum respektiert und geschützt. Die Menschen haben Selbstbestimmung und können frei entscheiden, wen sie auf ihrem Land dulden und mit wem sie in Arbeitsteilung treten wollen; und die einzelstaatliche Souveränität ermöglicht es einzelnen Gruppen (beziehungsweise jedem Einzelnen, der freiwillig dazugehören will), selbstbestimmt und harmonisch in der Gemeinschaft souveräner Gruppen beziehungsweise Einzelstaaten zu leben. Daher ist der Einfluss des Staates auf Wirtschafts- und Gesellschaftsfragen auf das Stärkste einzuschränken.

Es ist bereits an verschiedenen Stellen erläutert worden, dass Mises das nationalökonomische Denken konsequent in der Erkenntnis verankert, dass menschliches Handeln immer und überall ein individuelles ist (das ist der *methodologische Individualismus)*, und dass Werte und Wertungen stets personenbezogen sind (das ist der *methodologische Subjektivismus)*. Daraus folgen weitreichende Konsequenzen für die Anwendbarkeit des Wahrscheinlichkeitskalküls im Bereich der Nationalökonomie. In *Human Action* unterscheidet Mises zwischen *Klassen-Wahrscheinlichkeit* (class probability) und *Fall-Wahrscheinlichkeit* (case probability); diese Unterscheidung geht zurück auf die Arbeiten seines Bruders, des Mathematikers Richard von Mises (1883–1953). Ein Beispiel für eine *Klassen-Wahrscheinlichkeit* ist das Ziehen von Losen. Sollen beispielsweise fünf Lose aus insgesamt 100 Losen gezogen werden, so weiß man zwar alles über die Gesamtheit der Lose, aber über die zu ziehenden fünf Lose weiß man nichts, außer dass sie Teil der Gesamtheit sind. Ein Beispiel für eine *Fall-Wahrscheinlichkeit* ist eine Präsidentschaftswahl. Es handelt sich hier um einen einmaligen, nicht reproduzierbaren Vorgang. Er bildet einen eigenen Fall. Auf ihn lässt sich das Konzept der numerischen Wahrscheinlichkeit nicht anwenden. Grundsätzlich lässt sich mit numerischen Wahrscheinlichkeiten nur dort operieren, wo eine Anzahl gleichartiger Ereignisse betrachtet wird. Im Bereich des menschlichen Handelns gibt es jedoch derartige gleichartige Ereignisse nicht. Jede menschliche Handlung ist zeitpunktbezogen und zeitabhängig, einmalig und nicht reproduzierbar. Sie stellt eine eigene Klasse dar, auf die das Wahrscheinlichkeitskalkül nicht anwendbar ist.

In *Nationalökonomie* setzt sich Mises eingehend mit der *Stabilisierungsidee* auseinander: dem allseits anzutreffenden Wunsch der Menschen, von den Widrigkeiten eines sich ständig verändernden Marktumfeldes verschont zu bleiben. Aus diesem Grund sind viele Menschen empfänglich für das Versprechen des *stabilen Geldes*. Doch die Logik des menschlichen Handelns offenbart, dass es so etwas wie einen unveränderlichen Wert nicht gibt, *logischerweise* nicht geben kann, und dass es daher auch kein wertstabiles Geld geben kann. Menschen handeln, sie verändern ihre Ziele und Präferenzen. Folglich verändern sich auch die Werte, die sie den Gütern zuweisen. Der Tatsache, dass mal dieses Gut, dann wieder jenes höher wertgeschätzt wird, ist auch der Wert des Geldes unterworfen. Folglich sind alle Politiken zum Scheitern verurteilt, die darauf abzielen, den Geldwert zu stabilisieren. Schlimmer noch: Politiken, mit denen der Geldwert stabil gehalten werden soll, führen notwendigerweise zu Störungen im Markt- und Preisgefüge.

Weil das Gut Geld (wie jedes andere Gut auch) Wert- und Preisschwankungen hat, sind die Begriffe *Inflation* und *Deflation* nicht wirtschaftswissenschaftlich begründet: »Die Ausdrücke Inflation und Deflation bezeichnen nicht praxeologische Begriffe. Sie sind aus der Vorstellung herausgebildet worden, dass es ›normales‹ Geld gebe, dem man Neutralität zuschreiben darf. Als Inflation und Deflation wollte man dann das ›abnormale‹, das ›schlechte‹ Geldwesen bezeichnen, bei dem Kaufkraftänderungen von der Geldseite [also durch Geldmengenvermehrung, *A.d.V.]* her auftreten. Man kann die Ausdrücke Inflation und Deflation zur Erleichterung der Darstellung in wirtschaftsgeschichtlichen und wirtschaftspolitischen Erörterungen ohne Bedenken verwenden, wenn man damit von der Geldseite her wirkende starke Veränderungen der Kaufkraft bezeichnen will.«[17] Mises' Überlegungen machen gleichzeitig auch deutlich, dass unter Inflation (Deflation) nur das Symptom einer Ursache, nämlich die Vermehrung (Verminderung) der Geldmenge zu verstehen ist.

Aus Mises' Sicht muss das Geld nicht stabil im Sinne einer Unveränderlichkeit aller Geldpreise der Güter sein, um für die Wirtschaftsrechnung verwendet werden zu können: »Für die Wirtschaftsrechnung genügt es, wenn das Geld nicht heftigen Schwankungen der Kaufkraft ausgesetzt ist. Goldgeld und, bis in die Mitte des neunzehnten Jahrhunderts, auch Silbergeld haben allen Anforderungen der Wirtschaftsrechnung entsprochen. Die Veränderungen der Kaufkraft des Goldes vollzogen sich so langsam, dass die Wirtschaftsrechnung des Unternehmers sie unberücksichtigt lassen durfte, ohne dass daraus allzu schwere Fehler entstehen konnten.«[18] Ein Sach- beziehungsweise Goldgeld ist nicht nur »natürliches« Geld, sondern auch eines, das die Geldfunktionen in zufriedenstellender Weise erfüllt: »Man hat an der Goldwährung manches auszusetzen gewusst; man hat ihr den Vorwurf gemacht, dass sie nicht vollkommen sei. Doch niemand weiß anzugeben, wie man an Stelle der Goldwährung Vollkommeneres und Besseres setzen könnte. Gewiss, die Goldwährung ist nicht wertstabil. Doch Wertstabilität und Kaufkraftfestigkeit sind Unbegriffe. In einer sich verändernden Welt, das heißt in einer lebenden Welt, kann es keine Festigkeit der Kaufkraft und keine Wertstabilität geben. Dass die Kaufkraft des Geldes schwankt, ist für ein Geld eines nicht starren Systems der Marktbeziehungen notwendig.«[19] Zudem ist das Gold den wertbeeinflussten Eingriffen des Staates entzogen, ein großer Vorteil, so Mises: »Die Goldwährung macht die Gestaltung der Kaufkraft von dem Einfluss der Politik und der schwankenden wirtschaftspolitischen Anschauungen wechselnder Majoritäten unabhängig. Das ist ihr Vorzug.«[20]

In *Nationalökonomie* erörtert Mises zudem detailliert die monetäre Konjunkturtheorie, deren Grundlagen er in *Theorie des Geldes und der Umlaufsmittel* gelegt hat. Er hatte frühzeitig die Ausgabe von *Umlaufsmitteln* als Auslöser von Wirtschaftsstörungen erkannt (mit Umlaufsmittel bezeichnet Mises Geld, das durch Kreditvergabe, der keine echte Ersparnis gegenübersteht (Mises nennt sie Zirkulationskredite), geschaffen wird). Der (Ur-)Zins spielt in dieser Theorie eine entscheidende Rolle. In einem freien Markt bildet sich der volkswirtschaftliche Urzins durch das Angebot von und die Nachfrage nach Ersparnissen; er ist somit Ausdruck der *sozialen Zeitpräferenzrate*. Der Marktzins richtet sich am Urzins aus und wird »ergänzt« durch eine Risiko-, Liquiditäts- und Inflationsprämie. Er stellt sicher, dass nur die Investitionen durchgeführt werden, für deren Verwirklichung auch genügend Ersparnisse verfügbar sind.

Wenn aber Banken neues Geld durch Kredite, denen keine Ersparnis (in Form von Konsumverzicht) gegenübersteht, in Umlauf bringen, fällt der Marktzins unter den Urzins. Die Wertrelation zwischen Gegenwarts- und Zukunftsgütern wird dadurch verzerrt. Der künstlich verminderte Zins ermuntert zu Investitionen, die bislang unrentabel erschienen. Unternehmer beginnen, in zeitlich gestreckte Produktionsumwege zu investieren. Die Wirtschaft belebt sich, es kommt zum »Boom«. Wenn die Ausweitung der Geldmenge sich jedoch als einmalig erweist, wenn der Zustrom neuen Geldes versiegt, geht der Boom zu Ende. Das vermehrte Sparen lässt den Zins steigen. Ein Teil der Investitionen, die der abgesenkte Zins in Gang gesetzt hat, wird dadurch unrentabel. Unternehmen schränken ihre Produktion ein, verkaufen Unternehmensteile, reduzieren die Belegschaft. Das Konjunkturgebäude bricht zusammen, es kommt zum »Bust«.

Boom-und-Bust-Zyklen stellen sich ein, wenn falschen ökonomischen Lehren gefolgt wird, die empfehlen, den Zins immer weiter herabzudrücken, um dem Bust zu entkommen, der unweigerlich auf den Boom folgen wird: »Auch heute weigern sich noch viele, die sich für Nationalökonomen halten, den Zinssatz einfach als Markterscheinung zu betrachten.

Man hält den Zins für ein Hindernis menschlicher Wohlfahrt, man glaubt, dass es Pflicht der Obrigkeit sei, auf Senkung der Zinshöhe hinzuarbeiten, und meint, dass Kreditausweitung das Mittel sei, das diesen Erfolg erzielen kann. Mit dem Wiedererstarken der interventionistischen Wirtschaftspolitik und der Erneuerung der Lehren, die sie rechtfertigen wollen, wuchs auch die Volkstümlichkeit des Bankinterventionismus. Die Staaten wollen aktive Konjunkturpolitik treiben, sie wollen ›ankurbeln‹ und den Aufschwung endlos fortgehen lassen, und sie brandmarken alle nationalökonomischen Lehren, die die Aussichtslosigkeit solcher Politik erweisen, als dismal science.«[21]

Die Politik des fortgesetzten Zinssenkens, indem die Geldmenge durch Kredite ausgeweitet wird, denen keine echte Ersparnis gegenübersteht, kann allenfalls vorübergehend wirken. Sie kann nicht endlos fortgeführt werden. Entweder wird die Kreditvergabe und Geldmengenvermehrung »aus dem Nichts« beendet. Dann kommt es zur Bereinigungskrise: Die Fehlentwicklungen, die im Zuge des künstlich abgesenkten Zinses aufgelaufen sind, werden korrigiert durch den Bust. Oder die Kredit- und Geldexpansion wird fortgesetzt. Dann aber setzt irgendwann eine »Flucht in die Sachwerte« ein – und zwar dann, wenn die Menschen damit rechnen, dass sich die Geldmengenvermehrung und die dadurch ausgelösten Preissteigerungen unaufhaltsam beschleunigen. Das Kredit- und Geldsystem kollabiert: »Doch endlos hätte man den Aufschwung der Konjunktur durch Festhalten an der Kreditausweitung nicht verlängern können. Früher oder später muss es zum Zusammenbruch des durch die Kreditausweitung ausgelösten Aufschwungs kommen, und der Anpassungsprozess, den man Niedergang der Konjunktur nennt, wird umso schmerzlicher sein und umso mehr Zeit beanspruchen, je länger die Kreditausweitung fortgesetzt worden war und je größer der Umfang der durch sie bewirkten Kapitalfehlleitung gewesen ist.«[22]

Mises erfasst die verhängnisvolle Wirkung, die die Boom-und-Bust-Zyklen nach sich ziehen: Die freie Marktwirtschaft wird diskreditiert. Man schreibt ihr die Missstände wie Arbeitslosigkeit und sinkende Einkommen zu, nicht aber dem Kredit- und Geldmengenausweiten »aus dem Nichts«. Das wiederum befördert markt- und freiheitsfeindliche Politiken: »Nichts hat die liberalen Wirtschaftsideen und das kapitalistische Wirtschaftssystem ärger kompromittiert als der wiederkehrende Wechsel von fieberhafter Haussespekulation, dramatischem Zusammenbruch der Konjunktur und langanhaltender Depression. Die öffentliche Meinung gewöhnte sich daran, in den ›Auswüchsen der Haussespekulation‹ und in den Widrigkeiten des Niederganges Übelstände zu erblicken, die dem kapitalistischen System notwendigerweise anhaften. Sozialistische und interventionistische Ideen konnten allgemeinen Anklang finden, weil man in den Krisen eine unabwendbare Begleiterscheinung ›freier‹ Wirtschaft zu sehen glaubte. Man begriff nicht, dass die Übelstande, die man beklagte, die Folge von Bemühungen waren, den Zinsfuss künstlich durch Kreditausweitung zu drücken, und suchte daher die Wirkungen der Intervention auf dem Darlehensmarkte nicht durch die Beseitigung der Einrichtungen, die Kreditausweitung möglich machten, zu erreichen, sondern durch weitere Interventionen zu Gunsten der geschädigten Interessen einzelner Gruppen und Schichten. So verstrickte man sich immer stärker in das Gestrüpp der Interventionen, aus dem sich kein Ausweg mehr finden ließ.«[23]

Lassen sich mit nationalökonomischer Erkenntnis verlässliche Voraussagen machen?[24] Die Zukunft ist unsicher. Das zeigt nicht nur die Erfahrung, es ist auch eine Erkenntnis, die aus der Logik des menschlichen Handelns folgt. Man weiß heute nicht, was die Zukunft bringen wird und wie man selbst und andere künftig handeln werden. Beispielsweise ist heute unbekannt, welche Unternehmen mit welchen Produkten künftig auf dem Markt erscheinen, und wie sich die Vorlieben der Konsumenten verändern werden. Das heißt aber nicht, dass alles Künftige unsicher sei. In der Nationalökonomie ist es möglich, unter bestimmten, vorherrschenden Umfeldbedingungen das *qualitative Ergebnis menschlicher Handlungen* mit absoluter Bestimmtheit vorherzusagen. Es lässt sich beispielsweise mit Gewissheit sagen, dass ein Ausweiten der Geldmenge den Tauschwert der Geldeinheit vermindern wird (und zwar im Vergleich zu einer Situation, in der die Geldmenge unverändert bleibt); oder dass freiwilliges Tauschen alle Beteiligten besserstellen wird; oder dass ein Rückgang der Nachfrage nach Gut *A* – ceteris paribus – zu einem Rückgang des Preises von Gut *A* führt. Es ist hingegen nicht möglich, die *quantitativen* Folgen, die das Handeln hervorruft, mit wissenschaftlichen Mitteln zu prognostizieren. Beispielweise lässt sich nicht mit Exaktheit sagen, *um wie viel* die Kaufkraft des Geldes schwindet, wenn die Geldmenge um 10 Prozent ausgeweitet wird. Dies hängt vielmehr von den *besonderen Umständen* ab. Im Bereich des menschlichen Handelns gibt es aus *logischen* Gründen keine Verhaltenskonstanten, die es erlauben würden quantitative »(Punkt-)Prognosen« abzugeben.

Das Prognostizieren geht über die nationalökonomische Wissenschaft hinaus. In *Human Action* widmet Mises dieser Thematik einen ganzen Absatz (»Forecasting as a Profession«).[25] Er weist darauf hin, dass die Nationalökonomie zwar sagen kann, was die künftigen qualitativen (nicht aber quantitativen) Folgen sind, wenn menschliches Handeln (unter bekannten Bedingungen) stattfindet. Aber sie kann keine Formeln und Gleichungen bereitstellen, die uns sagen können, wie die Zukunft sich gestalten wird – ob die Konjunktur anzieht oder erlahmt, ob die Aktienkurse steigen oder fallen, ob der Wechselkurs steigt oder fällt. Diese Art von (quantitativer) Prognose kann die Nationalökonomie, kann die Praxeologie nicht bereitstellen. Mises hebt hervor, dass die Fähigkeit, die Zukunft einzuschätzen, sie aus heutiger Sicht besser vorherzusehen als andere, eine *unternehmerische Fähigkeit* ist. Die Unternehmer heben sich dadurch von ihren Mitmenschen ab, dass sie »es sich zur besonderen Aufgabe machen, aus den Veränderungen der Marktlage zu profitieren,«[26] zum Nutzen aller in einer freien Marktwirtschaft.

In *Nationalökonomie* weist Mises ausdrücklich auf das Spannungsverhältnis zwischen nationalökonomischer Wissenschaft und Politik hin. Er selbst hatte zeitlebens seine wissenschaftliche Unabhängigkeit streng gewahrt, war bereit, aufgrund seiner nationalökonomischen Erkenntnisse und Überzeugungen, sich der Mehrheitsmeinung entgegenzustellen, ungeachtet der Konsequenzen für seine Person und

Karriere. Er forderte, dass der Nationalökonom parteipolitisch unbefangen sein und bleiben müsse, weil die Politik versucht ist, die Wissenschaft für ihre Zwecke einzuspannen und zu beeinflussen: »Zu politischen Ideen und Doktrinen darf der Nationalökonom allenfalls auf Grund der Ergebnisse umfassender Denkarbeit gelangen; der Anfang wissenschaftlichen Denkens muss in der Abkehr von allen Bindungen an Programme und Parteien liegen.«[27] Die cartesianische Forderung *de omnibus dubitandum* (»An allem ist zu zweifeln«), so Mises, sei zur Leitlinie des wissenschaftlichen Arbeitens zu machen: »Wie die Naturforscher und die Historiker damit anfangen mussten, sich von den Lehren der Bibel und der Dogmen zu befreien, so muss der Nationalökonom sich von den Parteilehren lösen. Das allein und nichts anderes ist der Sinn der Forderung voraussetzungsloser Forschung.«[28]

Immanuel Kants Vernunftkritik und das menschliche Handeln

Die Logik des Handelns (oder: die Handlungslogik, die Lehre vom logischen Handeln) nimmt in Mises' wissenschaftlichem Denken eine Schlüsselstellung ein. Auf ihr ruht seine Begründung der ökonomischen Erkenntnis. Die Frage wurde bereits vorangehend gestellt und diskutiert: Welchen erkenntnistheoretischen Status hat der Satz »Der Mensch handelt«? Sie soll an dieser Stelle noch einmal, und zwar mit Blick auf die Überlegungen des Königsberger Philosophen Immanuel Kant (1724–1804), betrachtet werden.

Kant sah zu seiner Zeit, dass die Fortschritte in der Natur- beziehungsweise Erfahrungswissenschaft das von ihm verfochtene *Aufklärungsideal* – er sprach von *vernünf-*

tiger Autonomie – zusehends infrage stellten. Das konnte er nicht so ohne Weiteres akzeptieren. Denn ihm zufolge kann der Mensch sich nur dann als vernünftige autonome Person begreifen, wenn er an den folgenden metaphysischen Annahmen festhält: Der Mensch hat einen freien Willen; er hat eine unsterbliche Seele; Gott ist die letzte Ursache des Universums; und die Welt ist zweckmäßig auf den Menschen zugeschnitten.

Doch qualifiziert sich die Metaphysik (und die auf ihr basierenden Annahmen) als Wissenschaft? Die Metaphysik beschäftigt sich mit Fragen, die sich nicht durch Beobachtungen (Experimente) beantworten lassen – also wie die Frage nach der Existenz Gottes oder der Unsterblichkeit der Seele. Die Naturwissenschaft hat es da leichter. Ihre Aussagen lassen sich durch Beobachtungen überprüfen. Kant bezeichnet Aussagen, die Erkenntnisse aus Erfahrung ableiten, als a posteriori (im Nachhinein). Erfahrungsunabhängige Erkenntnis, das heißt Aussagen, die auf der Basis von Wahrnehmungen weder als falsch noch als wahr eingesehen werden können, bezeichnet er als a priori. So gesehen müssen metaphysische Aussagen – weil sie nicht durch Erfahrung gestützt oder zurückgewiesen werden können – a priori sein. Damit sind metaphysische Aussagen jedoch noch nicht hinreichend bestimmt. »Körper sind ausgedehnt« ist ein Satz, der a priori wahr ist, und zwar weil er definitionsgemäß wahr ist: Das, was Körper ausmacht, ist, dass sie ausgedehnt sind. Kant nennt Aussagen *analytisch*, die allein aufgrund der Bedeutung der in ihnen vorkommenden Begriffe wahr oder falsch sind. Erfahrungswissenschaftliche Aussagen, die nicht analytisch sind, bezeichnet Kant als *synthetisch*: »Gott ist die letzte Ursache des Universums« ist eine solche Aussage (sie folgt nicht aus der Definition des Begriffes »Gott«).

Metaphysische Aussagen zeichnen sich also durch eine zweite Eigenschaft aus: Sie sind auch synthetisch. Wenn Kant fragt, ob die Metaphysik als Wissenschaft möglich ist, so fragt er nach der Möglichkeit synthetischer Urteile a priori – eine Untersuchung, die er als transzendental bezeichnet: »Ich nenne alle Erkenntnis transzendental, die sich nicht sowohl mit Gegenständen, sondern mit unserer Erkenntnisart von Gegenständen, sofern diese a priori möglich sein soll, überhaupt beschäftigt.« Kant stellt auf die Möglichkeit der notwendigen Bedingungen ab, um objektive Erfahrung von der Lebenswirklichkeit machen zu können. Nach ihm kann nur das von uns Menschen erfahren werden, was den Bedingungen genügt, unter denen der Mensch Erfahrungen machen kann: »[...] die Bedingungen der Möglichkeit der Erfahrung überhaupt sind zugleich Bedingungen der Möglichkeit der Gegenstände der Erfahrung, und haben darum objektive Gültigkeit in einem synthetischen Urteil a priori.«

Der Philosoph Holm Tetens (* 1948) gibt die Aussage des obigen Zitats wie folgt wieder: »Es gibt notwendige Bedingungen der Erfahrung, die dadurch zustande kommen, dass wir unser Erkenntnisvermögen ausüben. Alle Gegenstände der Erfahrung müssen diesen Bedingungen genügen. Daher sind die Aussagen, die behaupten, dass die Erfahrungsgegenstände diesen Bedingungen unterworfen sind, synthetische Aussagen a priori.«[29] Der Mensch erfährt demnach die Gegenstände seiner Erfahrung nicht so, wie sie sind, sondern er auferlegt ihnen vielmehr Eigenschaften, die seinem Erkenntnisvermögen entspringen. Der Satz »Der Mensch handelt« lässt sich als eine notwendige Bedingung für die Möglichkeit von Erfahrung interpretieren, er ist Bedingung und Voraussetzung der Erfahrung.

Aus diesem Grund lässt sich auch mit den Kategorien des menschlichen Handelns der Wahrheitsgehalt von ökonomischen Theorien prüfen: Theorien, die im Widerspruch zu den Kategorien des menschlichen Handelns stehen, müssen ernste Zweifel an ihrer Richtigkeit wecken beziehungsweise müssen als falsch zurückgewiesen werden. Beispielsweise wäre eine Theorie, die zeitloses Handeln der Marktakteure annimmt, nicht widerspruchsfrei denkbar, wäre unsinnig. Oder: Eine Theorie, die besagt, eine Ausweitung der Geldmenge in der Volkswirtschaft sei »neutral«, würde also *nicht* die Einkommens- und Vermögenslage der einzelnen Marktakteure unterschiedlich beeinflussen, ist ebenfalls aus handlungslogischer Sicht als falsch zu verwerfen.

Ludwig von Mises bezeichnet die Lehre des menschlichen Handelns – die er als wissenschaftlich begründbare Erkenntnismethode der Volkswirtschaftslehre ansieht – als *Praxeologie*. Sie ist in der Lage, wahre Erkenntnis im Bereich des menschlichen Handels aufzuspüren. Dazu schreibt er: »Die durch widerspruchs- und fehlerfreies Denken gewonnenen Sätze der Praxeologie sind nicht nur vollkommen sicher und unbestreitbar wie die Sätze der Mathematik; sie beziehen sich mit aller ihrer Sicherheit und Unbestreitbarkeit auf das Handeln, wie es im Leben und in der Wirklichkeit geübt wird. Die Praxeologie vermittelt daher exaktes Wissen von wirklichen Dingen.« Mit dem handlungslogischen Denken (Mises spricht von praxeologischem Denken), mit der Handlungslogik, lässt sich übrigens auch der Idealismuskritik, der sich die Theorie von Kant ausgesetzt sah und sieht, entgegentreten.[30]

Warum der Staat schlechte Leistungen abliefert

Die Bürokratie

»Der Kampf gegen die Eingriffe der Bürokratie ist im Wesentlichen ein Aufstand gegen die totalitäre Diktatur.«

Ludwig von Mises (2004), *Die Bürokratie*, S. 34

Mit dem Ausbruch des Ersten Weltkriegs wird Mises als Soldat an die Front geschickt. Im Dezember 1915 ruft man ihn – er leidet unter einer Hüftverletzung – zum Kriegsministerium in Wien; zurück an der Front ist er von Dezember 1916 bis Dezember 1917.[1] In Wien lernt Mises die durchbürokratisierte *Kriegswirtschaft* kennen. Sie führt Mises eindrücklich vor Augen, was angewandter Sozialismus ist. *Kriegszentralen* kontrollierten die Industrieproduktion und die Verteilung der Rohstoffe an die Produktionsfirmen. Die ausufernde staatliche Reglementierung überführt Österreich-Ungarn in eine Zwangswirtschaft, wenn auch nicht in einem solchen Umfang, wie es im Deutschen Reich geschieht. Wirtschaftschaos ist die Folge: »Es wird die Aufgabe der Wirtschaftsgeschichte sein, die Tollheiten der Wirtschaftspolitik der Mittelmächte während des Weltkrieges im einzelnen darzustellen. Bald wurde zum Beispiel die Parole ausgegeben, aus Futtermangel den Viehbestand durch Vermehrung der Schlachtungen zu vermindern, bald wieder wurden Schlachtungsverbote erlassen und Maßnahmen zur Aufzucht von Vieh getroffen. Ähnliche Planlosigkeit herrschte auf allen Gebieten. Maßnahmen und Gegenmaßnahmen kreuzten sich, bis das ganze Gefüge des Wirtschaftsverkehres zertrümmert war.«[2]

Mises erfährt aus erster Hand, was es bedeutet, wenn die Marktwirtschaft durch Staatskontrolle ersetzt wird – und welche Rolle dabei der *Bürokratie* zukommt. In seinem Buch *Bureacracy*, das 1944 erscheint (die deutsche Übersetzung wird 2004 unter dem Titel *Die Bürokratie* veröffentlicht), legt Mises dar, warum die Bürokratie ein *unerlässliches* Element der staatlichen Methode des Wirtschaftens ist. Zwar lässt sich auch zuweilen beobachten, dass Unternehmen zusehends bürokratischer werden. Doch das ist keine *natürliche* Folge der Marktwirtschaft, in der das Handeln der Unternehmer vom Gewinnmotiv geleitet wird: »Der Trend zu bürokratischer Starre entspringt nicht der Entwicklung der Privatwirtschaft. Er ist ein Ergebnis staatlicher Einmischung in die Wirtschaft. Er ist eine Folge von politischen Maßnahmen zur Beseitigung der Rolle, die das Gewinnmotiv im Rahmen der wirtschaftlichen Organisation der Gesellschaft innehat.«[3]

Wenn also über eine wachsende Bürokratisierung des Wirtschafts- und Gesellschaftslebens (und ihre unvermeidbaren Folgen wie zum Beispiel Verschwendung und Korruption) geklagt wird, so ist das nichts anderes als das Beklagen eines Symptoms. Die Ursache ist eine sich ausdehnende Staat Stätigkeit, die notwendigerweise zu Lasten der Freiheiten der Einzelnen geht: »Was viele Leute heute für ein Übel halten, ist nicht die Bürokratie als solche, sondern die Ausweitung des Bereiches, in dem bürokratisch gewirtschaftet wird. Diese Ausweitung ist eine unvermeidbare Konsequenz der fortschreitenden Freiheitsbeschränkung des einzelnen Bürgers, des anhaltenden Trends heutiger Wirtschafts- und Sozialpolitik hin zum Austausch der Eigeninitiative gegen staatliche Kontrolle. Die Menschen machen die Demokratie verantwortlich, aber was sie wirklich meinen, sind die Bemühungen, den Staat sozialistisch und totalitär zu machen.«[4] Der Widerstand gegen das Ausweiten der Bürokratie greift daher zu kurz im Kampf für die Freiheit: »Der Kampf gegen die Eingriffe der Bürokratie ist im Wesentlichen ein Aufstand gegen die totalitäre Diktatur. Es ist eine unzutreffende Bezeichnung, den Kampf für Freiheit und Demokratie als einen Kampf gegen die Bürokratie zu bezeichnen.«[5]

In jeder hierarchischen Organisation ist es notwendig, die Handlungs- beziehungsweise Machtbefugnisse zu ordnen, zu reglementieren und zu beschränken. Deshalb geht Mises zunächst der Frage nach, wie sich das bürokratische Wirtschaften des Staates vom Wirtschaften einer kaufmännischen, unternehmerischen Geschäftsführung unterscheidet. Im freien Markt folgt der Unternehmer dem Gewinnmotiv. Wenn er die Kundenwünsche erfolgreich bedient, wird er mit einem Gewinn belohnt und kann seinen Betrieb fortführen. Den Gewinn kann er mittels Kostenrechnung zweifelsfrei feststellen, und zwar nicht nur für seine Unternehmung insgesamt, sondern auch für einzelne Unternehmensteile. Der Unternehmer kann daher Verantwortlichkeiten aufteilen und dezentralisieren. Dazu muss er seine Mitarbeiter und Untergebenen nicht etwa durch umfängliche Regeln und Vorschriften einschränken. Es bedarf nur der Beachtung einer Regel: Alle Geschäftsaktivitäten müssen gewinnbringend sein.

Völlig anders verhält es sich in der öffentlichen Verwaltung. Sie wird nicht vom Gewinnmotiv geleitet, hier gibt es keinen unmittelbaren Zusammenhang zwischen den (Steuer-)Einnahmen und den Ausgaben. Für die Tätigkeiten der Bürokratie gibt es keinen Marktpreis. Anders als der Unternehmer können die Bürokraten daher nicht feststellen, wie sie ihre Mittel, die sie sich von den Bürgern und Unternehmern beschaffen, effizient einsetzen. Es ist nicht möglich, die Bürokratie nach unternehmerischem Vorbild zu reformieren, sie effizient zu gestalten. Denn das Charakteristische des bürokratischen Wirtschaftens liegt ja gerade darin, dass es auf keine Wirtschaftsrechnung zurückgreifen kann, wie es dem Unternehmer möglich ist. »Die Verwaltung staatlicher Angelegenheiten ist so verschieden von industriellen Vorgängen wie das Anklagen, Überführen und Verurteilen eines Mörders vom Getreideanbau oder von der Schuhfabrikation verschieden ist. Staatliche und industrielle Leistungsfähigkeit sind völlig verschiedene Dinge. Die Geschäftsführung einer Fabrik kann nicht verbessert werden, indem man eine Polizeistation zum Vorbild nimmt, und eine Steuerbehörde wird nicht leistungsfähiger, indem sie die Methoden einer Autofabrik übernimmt.«[6]

Die Minderleistung, die Verschwendung, die die Bürokratie notwendigerweise mit sich bringt, lässt sich nicht beheben, wenn *öffentliche Unternehmen* innerhalb einer ansonsten marktwirtschaftlich verfassten Ordnung tätig sind. Diese Unternehmen operieren entweder nicht mit dem Gewinnerzielungsmotiv, oder sie streben lediglich eine ›Kostendeckung‹ oder einen ›angemessenen Gewinn‹ an. In jedem Fall läuft das Ergebnis auf ein Subventionieren hinaus. Wenn zum Beispiel ein staatliches Unternehmen Verluste anhäuft, oder wenn es nur einen Teil des Gewinnes erzielt, den es bei ausschließlicher Gewinnorientierung erzielen würde, belastet es den öffentlichen Haushalt. Der Steuerzahler muss die Verluste tragen oder sich mit einem niedrigen Gewinn begnügen.

Damit aber nicht genug: Es leiden auch diejenigen Unternehmen, deren Güter nicht mehr nachgefragt werden, weil die Bürger höhere Steuern zu zahlen haben und ihre Güternachfrage entsprechend einschränken müssen.

Ein privates, im Wettbewerb stehendes Unternehmen strebt systematisch danach, Gewinne zu erzielen und Verlust zu vermeiden. Nicht so ein öffentliches Unternehmen. Bei ihm sind ja gerade Gewinn und Verlust nicht das Kriterium für Erfolg oder Misserfolg seiner Tätigkeit. Das öffentliche Unternehmen soll einem (wie auch immer verstandenen) *Gemeinwohl* dienen. Da das Gewinnmotiv ausgeschaltet ist, bedürfen öffentliche Unternehmen strikter Regeln und Dienstvorschriften, die das Handeln seiner Geschäftsführer leiten. Nur so lassen sich Willkür und Beliebigkeit begrenzen: »Es wäre völlig unmöglich, irgendeinem Individuum oder einer Gruppe von Individuen die Macht zu übertragen, die öffentlichen Mittel unbegrenzt in Anspruch zu nehmen. Es ist notwendig, die Macht der Geschäftsführer verstaatlichter Systeme durch bürokratische Notbehelfe im Zaum zu halten, will man sie nicht zu unverantwortlichen Vergeudern öffentlicher Gelder machen und soll ihre Geschäftsführung nicht den gesamten Haushalt in Unordnung bringen.«[7] Die Geschäftsführung [des öffentlichen Unternehmens, *A.d.V.*] des öffentlichen Unternehmens will seinem Auftraggeber, dem Staat, gefallen, und wird sich sklavisch an Anweisungen und Vorschriften halten. Das Erfüllen der Kundenwünsche wird zweitrangig: »Das Kriterium guter Geschäftsführung ist nicht die Zustimmung der Kunden, die zu einem Überschuß der Einkünfte über die Kosten führt, sondern der strikte Gehorsam gegenüber einer Reihe bürokratischer Regeln. Die oberste Regel der Geschäftsführung ist Dienstbarkeit gegenüber solchen Regeln.«[8]

Diejenigen, die in der Bürokratie dauerhaft tätig sind, unterstützen das zentrale Prinzip, auf dem die bürokratische Tätigkeit beruht, voll und ganz: Dass sie in keiner Weise dem Zwang zur Gewinnerzielung unterworfen sind, wie es in der Privatwirtschaft der Fall ist. Diese Haltung hat Einfluss auf ihre Innovationskraft und -freude: »Der Mangel an Maßstäben, die unbestreitbar den Erfolg oder Mißerfolg bei der Ausführung einer öffentlichen Pflicht ermitteln, verursacht unlösbare Probleme. Er tötet den Ehrgeiz, und er zerstört Initiative und den Anreiz, mehr als das erforderliche Mindestmaß zu tun. Er läßt den Bürokraten auf Anweisungen achten, nicht auf substantiellen und wirklichen Erfolg.«[9] Eine Bürokratie erstarrt, wird unreformierbar: »In einem zweckmäßig organisiertem Staatskörper hängt die Beförderung in einen höheren Dienstgrad in erster Linie vom Dienstalter ab. Die Leiter der Behörden sind größtenteils alte Menschen, die wissen, daß sie nach ein paar Jahren in den Ruhestand geschickt werden. Da sie den größten Teil ihres Lebens in untergeordneten Positionen verbracht haben, gingen Tatkraft und Unternehmungsgeist verloren. Sie meiden Erneuerungen und Verbesserungen. Sie betrachten jedes Reformprojekt als Störung ihrer Ruhe. Ihr starrer Konservativismus frustriert alle Bemühungen der Minister, den öffentlichen Dienst an veränderte Bedingungen anzupassen. Sie schauen auf den Minister als einen unerfahrenen Laien hinab. In allen Ländern mit einer gefestigten Bürokratie pflegten die Leute zu sagen: Die Kabinette kommen und gehen, die Behörden aber bleiben.«[10]

Doch nicht nur die innere Erstarrung, sondern auch die unbändige Expansions der Bürokratie thematisiert Mises. Er resultiert aus der überhöhten Rolle, die dem Staat beim Abstellen von Missständen zugeschrieben wird: »Wenn ein Deutscher sagt ›der Staat‹ oder wenn ein Marxist sagt ›die

Gesellschaft‹, so sind sie überwältigt von Ehrfurcht. Wie kann ein Mensch nur so vollkommen korrupt sein, daß er gegen dieses höchste Wesen aufbegehrt?«[11] Diejenigen, die sich zur Aufgabe gemacht haben, dem Staat zu dienen, werden der Interessenlage ihres Auftraggebers unwidersprochen Folge leisten (müssen). Darin identifiziert Mises auch die Gefahr, dass die Bürokratie nach immer weitreichenderen Kompetenzen strebt, dass sie den Weg in den Totalitarismus – die völlige Unterwerfung des Individuums unter den Staatsbefehl – ebnet: »Die geschriebenen Gesetze sind in den Augen der Funktionäre Hindernisse, die bloß errichtet wurden, um Schurken vor den berechtigten Ansprüchen der Gesellschaft zu schützen. Warum sollte ein Krimineller der Bestrafung entgehen, nur weil der ›Staat‹ bei seiner Verfolgung ein paar nebensächliche Formalitäten verletzte? Warum sollte ein Mensch geringere Steuern zahlen, nur weil es eine Lücke im Steuergesetz gibt? Warum sollten Rechtskundige ihren Lebensunterhalt durch Ratschläge verdienen, wie die Unvollkommenheiten des geschriebenen Gesetzes ausgenutzt werden können? Wozu dienen all diese Beschränkungen, die den ehrlichen, auf das Glück des Volkes zielenden Bestrebungen des Staatsbeamten vom geschriebenen Gesetz auferlegt werden? Wenn es bloß keine Verfassungen gäbe, keine Menschenrechte, Gesetze, Parlamente und Gerichte! Keine Zeitungen und keine Rechtsanwälte! Wie schön wäre die Welt, wenn der »Staat« nur frei wäre, alle Mißstände zu heilen! Es liegt nur ein Schritt zwischen solch einer Mentalität und dem vollkommenen Totalitarismus Stalins und Hitlers.«[12]

Die Rolle der Bürokraten führt in einer Demokratie zu besonderen Problemen. Sie sind einerseits Wähler, die über die Regierung mitbestimmen. Andererseits beziehen sie ihr Einkommen vom Staat, der sie auf seiner Gehaltsliste führt.

Die finanziellen Interessen der Bürokraten gelten uneingeschränkt dem Staat. Schließlich bietet er ihnen ein Einkommen, das sie anderweitig in der Privatwirtschaft nicht erzielen können oder wollen. Der Bürokrat ist nicht primär an einer gesunden Haushaltslage interessiert, sondern an einem Anstieg seiner Bezüge beziehungsweise ihrer fortgesetzten Zahlung. Diese Interessenlage der Bürokraten wird umso bedeutsamer, je mehr von ihnen (und andere Begünstigte) auf der staatlichen Gehaltsliste stehen. Die Demokratie kann so nicht funktionieren, schlussfolgert Mises: »Eine repräsentative Demokratie kann nicht bestehen, wenn ein großer Teil der Wähler auf der öffentlichen Gehaltsliste steht. Wenn die Parlamentarier sich nicht mehr als Treuhänder der Steuerzahler ansehen, sondern als Vertreter der Empfänger von Gehältern, Löhnen, Subventionen, Arbeitslosenunterstützung und anderen Wohltaten aus dem Steuertopf, dann ist es um die Demokratie geschehen.«[13]

Mises ist um Aufklärung bemüht, will den Mythos der staatlichen Güte und Allmacht mit ökonomischen Argumenten entzaubern, will mit Vernunftargumenten den Fehlentwicklungen begegnen, die eine anschwellende Bürokratisierung verursacht und verschärft. Und so schreibt er unumwunden: »Die Wahrheit ist, daß die Regierung nichts geben kann, was sie nicht jemandem genommen hat. Eine Subvention wird niemals von der Regierung aus ihren eigenen Mitteln bezahlt; der Staat gewährt Subventionen immer auf Kosten des Steuerzahlers. Inflation und Kreditausdehnung – heute die bevorzugten Methoden staatlicher Freigiebigkeit – fügen der Menge der verfügbaren Ressourcen nichts hinzu. Sie machen einige Leute reicher, aber nur in dem Maße, in dem sie andere ärmer machen. Eingriffe in den Markt, in Warenpreise, Lohn- und Zinssätze, wie sie von Angebot und Nachfrage bestimmt werden, mögen auf kurze Sicht das bezwecken, was die Regierung erstrebte. Aber auf lange Sicht führen solche Maßnahmen stets einen Zustand herbei, der – vom Standpunkt der Regierung – weniger zufriedenstellend ist als der vorherige Zustand, den sie zu ändern beabsichtigte.«[14]

Dass das menschliche Handeln von den Ideen, von den Theorien abhängt, hebt Mises in vielen seiner Schriften immer wieder hervor. So lässt sich auch seine Aussage verstehen, dass die Durchführbarkeit jeder Regierungsform – ob Monarchie, Demokratie, Totalitarismus et cetera – in letzter Konsequenz immer von der Zustimmung der breiten Bevölkerung abhängt. Ohne sie kann sich über kurz oder lang kein König, kein Parlament, kein Diktator halten. Für jeden, der politische Macht anstrebt oder der sie bereits innehat, ist daher die Kontrolle über die nationalökonomische Lehre von ganz besonderer Bedeutung. Denn sie ist es, die Antworten auf die Frage gibt, ob ein bestimmtes Mittel geeignet ist, ein bestimmtes Ziel zu erreichen: Ob eine Steuererhebung das Volkswohl fördert oder ihm abträglich ist; ob ungedecktes Papiergeld dem Wachstum und der Beschäftigung besser oder schlechter dient als ein Sachgeld; oder ob Mindestlöhne die Einkommenssituation der gering Qualifizierten erhöhen oder reduzieren. Die *bürokratisch Gesinnten* werden bei diesen Fragen den Staat und seine Eingriffe in Wirtschaft und Gesellschaft als notwendig, als unverzichtbar ansehen – allein schon aufgrund ihres Eigennutzkalküls heraus. Ein sich verbreitender *Geist der Bürokratie* wird die *Vernunft der Kritik* abstellen, weil letztlich auch die Lehre der Nationalökonomie staatlicher Eigenlogik unterstellt sein wird: »Das Verschwinden des kritischen Geistes ist eine ernsthafte Bedrohung für den Erhalt unserer Zivilisation. Scharlatane haben es dadurch einfach, das Volk hinters Licht zu führen.«[15]

Mises hat keine Scheu, die *Scharlatane*, die das Volk hinters Licht führen, zu benennen. Er erblickt sie in den staatsbezahlten, den staatsprivilegierten *Intellektuellen*, die sich bereitwillig für die Lobpreisung des Staates einspannen lassen: »Die begeistertsten Anhänger des Marxismus, des Nationalsozialismus und des Faschismus waren die Intellektuellen, nicht die Grobiane. Die Intellektuellen waren niemals ernsthaft daran interessiert, die augenscheinlichen Widersprüche ihrer Glaubensbekenntnisse zu sehen.«[16] Mises' Vorschlag zur Lösung dieses ernsten Problems ist die *Aufklärung*. Sie beruht zum einen darauf, die Gründe offenzulegen, warum ein jeder sich nicht auf die Urteile und Empfehlungen berufsmäßiger, in der Regel Partikularinteressen vertretender Ökonomen verlassen sollte (die häufig als besonders sachkundig erscheinen, weil sie ihre Arbeitszeit und Energie Fragestellungen widmen, bei denen sie als Experten in Erscheinung treten wollen und sollen). Zum anderen zielt Mises darauf ab, die richtige nationalökonomische Lehre der breiten Bevölkerung zugänglich zu machen. Denn nur so wird sie in der Lage sein, selbstbestimmt gemäß der eigenen Interessenlage entscheiden zu können: »Das Ziel der Verbreitung ökonomischer Studien in größeren Bevölkerungskreisen ist nicht, aus jedem Menschen einen Nationalökonomen zu machen. Die Idee ist, den Bürger für seine staatsbürgerlichen Funktionen im Gemeinschaftsleben zu wappnen.«[17]

Der Antiliberalismus führte zum Aufstieg des Nationalsozialismus

Omnipotent Government

»All the oratory of the advocates of government omnipotence cannot annul the fact that there is but one system that makes for durable peace: a free market economy. Government control leads to economic nationalism and thus results in conflict.«

Ludwig von Mises (2010),
Omnipotent Government, S. 286.

1944 veröffentlicht Mises das Buch *Omnipotent Government. The Rise of the Total State and Total War* – der Titel lässt sich als *Allmächtiger Staat. Der Aufstieg des totalen Staates und der totale Krieg* übersetzen und hatten einen deutschen Vorläufer, das Manuskript *Im Namen des Staates* (1939). Mit *Omnipotent Government* will Mises die Gründe für den Aufstieg der nationalsozialistischen Schreckensherrschaft erklären. Er knüpft damit an seine Arbeiten in *Nation, Staat und Wirtschaft* aus dem Jahr 1919 an. Schon kurz nach dem Ende des Ersten Weltkriegs hatte Mises eine Ursachendiagnose des Krieges vorgelegt. Er wollte die Gründe aufdecken, die zum Ausbruch des Ersten Weltkriegs führten und, aufbauend auf diesen Erkenntnissen, Wege aufzeichnen, die die wirtschaftliche und politische Katastrophe überwinden und zu Prosperität und Frieden zurückführen können. In diesem Buch trat Mises nicht nur als ein liberaler, weitblickender Ökonom hervor, sondern insbesondere auch als *theoretischer Historiker*. Nach seiner Analyse führte die *Abkehr vom Liberalismus* unweigerlich in Richtung des Ersten Weltkriegs.

Die üblichen Erklärungen, die für den Aufstieg der Nationalsozialisten im Deutschen Reich und den Ausbruch des Zweiten Weltkriegs herangezogen werden, weist Mises zurück. Es sei nicht der *Vertrag von Versailles* gewesen, der die Deutschen in die Arme des Nationalsozialismus getrieben habe. Der Vertrag von Versailles hatte zwar negative wirtschaftliche und politische Folgen gehabt, hatte große Probleme vor allem in Osteuropa angerichtet. »Aber der Vertrag von Versailles war nicht unfair zu Deutschland, und er warf die Deutschen nicht ins Elend.«[1] Auch die *Große Depression*, die Anfang der 1930er-Jahre des vergangenen Jahrhunderts Deutschland erreichte, lässt Mises nicht als Erklärung gelten. Vor allem aber weist Mises die Überlegung zurück, der Nationalsozialismus sei die unweigerliche Folge eines kriegerischen Naturells der *Teutonen*. In *Omnipotent Government* bietet Mises eine ganz andere Erklärung an für den Aufstieg der braunen Schreckensherrschaft: Der Nationalsozialismus ist der radikale Auswuchs einer Jahrzehnte währenden sozialistischen Tradition der Deutschen, die weit in die deutsche Geschichte zurückreicht. Der deutsche Antiliberalismus setzte im Grunde gleich nach der Revolution von 1848 ein.

Nach dem Ende des Ersten Weltkriegs ist das deutsche Volk besonders empfänglich für Revanchismus, für Bestrebungen, sich gegen empfundenes Unrecht mit militärischen Mitteln zur Wehr zu setzen. Genau davor hatte Mises bereits 1919 gewarnt, nämlich militärisch erstarken und den Krieg wieder aufnehmen zu wollen. Er empfahl: »Den Wiederaufbau nur durch wirtschaftliche Arbeit anstreben, durch volle Freiheiten im Innern die Entfaltung aller Kräfte der Einzelnen und des Volksganzen ermöglichen, das ist der Weg, der zum Leben zurückführt.«[2] Doch Nationalismus, Militarismus und Imperialismus fallen auf fruchtbaren Boden. Die nationalsozialistische Begeisterung fördert die Sucht nach nationaler Überhöhung, schürt das Bestreben nach (Welt-) Herrschaft, nicht zuletzt auch, weil Deutschland groß ist und nur über wenige Rohstoffvorkommen verfügt. Für Mises hat die Entstehung des Nationalsozialismus eine *ideengeschichtliche Ursache:* Es sind nationalsozialistische Ideen, die eine große Anhängerschaft gefunden haben. »Die Anführer der nationalsozialistischen Partei und ihre Sturmtruppen sind sadistische Gangster. Aber die deutschen Intellektuellen und die deutsche Arbeiterschaft tolerieren ihre Herrschaft, weil sie den grundlegenden sozialen, wirtschaftlichen und politischen Lehren der Nationalsozialisten zustimmen. Wer auch immer den Nationalsozialismus als solchen bekämpfen wollte, ... hätte die Meinung der Deutschen ändern müssen. Das überstieg die Kraft der Unterstützer des Etatismus.«[3]

Es ist aber nicht allein die sozialistische Ideologie der Deutschen, sondern auch die der anderen Nationen, die zum Ausbruch des Zweiten Weltkriegs führt. Die fundamentalen Grundsätze der nationalsozialistischen Wirtschaftsideologie, so zeigt Mises auf, unterscheiden sich nicht von denen, die zur gleichen Zeit beispielsweise in Großbritannien von den Liberalen und der Arbeitnehmerschaft und in den Vereinigten Staaten von Amerika von den *Fortschrittlichen* (den »Progressiven«) hochgehalten werden. Mises führt sechs Glaubenssätze auf, die zu dieser Zeit international großen Zuspruch finden:[4] (1) Der Kapitalismus ist ein ungerechtes, ausbeuterisches System. (2) Es ist Aufgabe des Staates, das Geschäftsgebaren der Kapitalisten und Unternehmer zu kontrollieren. (3) Höchstpreise und Mindestlöhne führen zu höheren Einkommen. (4) Die Politik des billigen Geldes fördert die Prosperität; sie hat nichts mit den »Boom-und-Bust«-Zyklen zu tun, Finanz- und Wirtschaftskrisen sind ein dem Kapitalismus innewohnendes Übel. (5) Wer den vorangegangenen Aussagen widerspricht, vertritt böswillig und engstirnig die Interessen der Ausbeuterklasse. (6) Der Vorteil des Außenhandels beschränkt sich auf den Export, während Importe als wirtschaftlich schädlich anzusehen sind. Die beste Situation für eine Nation ist die Unabhängigkeit von Importen.

Die Wirtschaftsideologie der Nationalsozialisten hatte keine wirkliche Gegnerschaft. In Deutschland war die offene Kritik längst zum Schweigen gebracht worden. In Großbritannien und den Vereinigten Staaten von Amerika ernteten sozialismuskritische Stimmen bestenfalls abschätziges Lächeln. »Beide, die deutschen und ausländischen Gegner des Nationalsozialismus, wurden im intellektuellen Kampf besiegt, weil sie verstrickt waren in den gleichen kompromisslosen und intoleranten Dogmatismus. Die britische Linke und die amerikanischen Progressiven wollen allumfassende Kontrolle der Unternehmen für ihr eigenes Land. Sie bewundern die sowjetischen Methoden der Wirtschaftsführung. Indem sie den deutschen Totalitarismus zurückweisen, widersprechen sie sich selbst. Die deutschen Intellektuellen erblicken in Großbritanniens Abkehr vom Freihandel und im Beenden des Goldstandards einen Beweis für die Überlegenheit der deutschen Doktrinen und Methoden. Sie sehen, dass die Angelsachsen ihr eigenes System der Wirtschaftsführung in nahezu allen Bereichen nachahmen. Sie hören eminente Bürger dieser Länder erklären, dass ihre Nationen an diesen

Politiken in der Nachkriegszeit festhalten werden. Warum sollten die Nationalsozialisten nicht überzeugt sein, angesichts all dessen, dass sie die Pioniere einer neuen und besseren wirtschaftlichen und sozialen Ordnung seien?«[5]

Spätestens mit seiner Gründung 1871 fällt man im Deutschen Reich endgültig den sozialistischen Lehren anheim, steht fortan auf Kriegsfuß mit dem *Liberalismus*. Schon kurz nach der Revolutionseuphorie von 1848 war die Begeisterung für den Liberalismus-Demokratismus abgeebbt. Der Grund: Die Folgen eines solchen Umsturzes wären für die gemischtsprachigen Ostgebiete im Deutschen Reich desaströs gewesen. Sie hätten zu Unterdrückung der deutschsprachigen Minderheiten geführt. Die Idee der Freiheit wird zurückgestellt zugunsten eines parlamentarischen Konstitutionalismus, der im Deutschen Reich im Kern ein absolutistischer Despotismus blieb. Das Königs- beziehungsweise Kaiserhaus der Hohenzollern hatte nach preußischer Hegemonie in Deutschland und Prestige gestrebt. Nach dem Krieg von 1870/1871 ist das Ziel erreicht. Man fühlt sich saturiert. Fortan gilt es, die Privilegien der Dynastie und Aristokratie zu bewahren. Flottenbau und Kolonialstreben stehen nicht auf dem Wunschzettel der Hohenzollern. Zugleich ist man in Berlin nicht blind gegenüber der *sozialen Frage*, die die sich ausbreitende Industrialisierung im Deutschen Reich mit sich bringt. Das Kaiserhaus geht die soziale Frage aktiv an, ihre machtpolitische Relevanz wird erkannt. Insbesondere sieht es im bürgerlichen Liberalismus und plutokratischen Parlamentarismus eine Bedrohung und erkennt, dass seine natürlichen Verbündeten aus dem antiliberalen, antikapitalistischen Spektrum stammen. Hierzu zählen insbesondere die Arbeitnehmerschaft, die Gewerkschaften, die Landwirtschaft, die klein- und mittelständischen Betriebe und auch die sozialistischen Parteien.

Der Arbeitnehmerschaft kommt man entgegen, das Streikrecht wird gelockert. Zwischen 1869 – dem Jahr, in dem die kaiserliche Regierung die Koalitionsverbote aufhebt – und 1874 wird so viel gestreikt wie niemals zuvor. In der *Kaiserlichen Botschaft* vom 17. November 1881 wird der Aufbau einer Absicherung für die Arbeiter gegen Unfall, Krankheit und Risiken des Alters angekündigt. Nach dem Abgang des eisernen Kanzlers Otto von Bismarck (1815–1898) im Jahr 1890 beginnt die wirkliche Zeit des *sozialen Königtums der Hohenzollern* unter Kaiser Wilhelm II. (1859–1941). Amerikanische Beobachter sprechen von einem *monarchischen Sozialismus.*[6] Bismarcks Nachfolger beenden seine *Sozialistengesetze* gleich im Januar 1890. Aus Machterhaltungskalkül umwirbt die herrschende Klasse stärker denn je die *antikapitalistischen Kräfte* im Deutschen Reich. Weitere sozialpolitische Gesetze werden erlassen. Die Löhne der Arbeitnehmer werden künstlich erhöht, bessere Arbeitsbedingungen erzwungen und Mitspracherechte ausgeweitet – auf Kosten der Eigentumsrechte der Unternehmer.

Die negativen Folgen dieser interventionistischen Eingriffe – die deutschen Produkte verlieren an internationaler Wettbewerbsfähigkeit – werden durch die Erhebung von Schutzzöllen zu überdecken versucht. Die Realeinkommen der Deutschen nehmen in dieser Zeit nur wenig zu. Dass der Lebensstandard der Deutschen insgesamt dennoch steigt, liegt an der produktiven Kraft des Unternehmertums, an den verbliebenden kapitalistischen Freiräumen. Doch die politisch gefärbte Erklärung der Wohlstandsmehrung zeichnet ein anderes Bild: Dass es den Arbeitern etwas besser geht, liege an der Sozialpolitik des Hohenzollernsystems. Diese Deutung bindet nicht nur die deutsche Arbeitnehmerschaft eng an das kaiserliche Regierungssystem. Sie befördert insbesondere auch antiliberale, kapitalmusfeindliche Tendenzen. Und es ist dieser *Antiliberalismus* mit all seinen Folgen, der die Deutschen international auf einen Konfrontationskurs bringt und letztlich in den Ersten Weltkrieg mündet, so Mises. Die sozialistische Ideologie, die sich letztlich hinter dem Antiliberalismus verbirgt, ist der Nährboden für einen aggressiven *Nationalismus.*

Nicht die Klasse der Junker, nicht die Großindustrie und Hochfinanz und die Mittelklasse waren die Anstifter des Nationalismus, sondern es waren die Intellektuellen, die das Schul- und Universitätssystem beherrschten. Ganz besonders tun sich dabei die Vertreter der *jüngeren Historischen Schule,* der deutschen Staats- und Volkswirtschaftslehre, hervor, angeführt von Gustav von Schmoller (1838–1917) und Adolph Wagner (1835–1917). Aufgrund ihrer etatistisch-interventionistischen Haltung erhalten sie den Beinamen *Kathedersozialisten.* Sie sind Etatisten durch und durch und repräsentieren, wie es Emil du Bois-Reymond (1818–1896) 1870 formuliert hatte, die »intellektuelle Leibgarde der Hohenzollern«. Sie stehen dem freien Markt ablehnend gegenüber, schotten ihre Lehre gegenüber dem Wissenschaftsdiskurs in der Nationalökonomie, wie er vor allem in den angelsächsischen Ländern voranschreitet, ab. Das, was die Kathedersozialisten verbreiten, ist weniger Wissenschaft als Ideologie. Inbrünstig werben sie für Interventionismus, Protektionismus, Importunabhängigkeit, Schutzzollpolitik, Kartelle und Militarismus – und auch für die Eroberung von Lebensraum für das deutsche Volk. Generationen von Studenten werden mit diesen Parolen groß, sind tief durchdrungen von nationalistischen Ideen. Wirkungsvolle, korrigierende liberale Argumente finden kein Gehör. Spätestens mit Beginn der Herrschaft von Kaiser Wilhelm II. (1859–1941) ist der Nationalismus fest verankert im Deutschen Reich.

Der deutsche Nationalsozialismus, wie er sich bis Anfang der 1930er-Jahre entwickelt hat, ist folglich kein Unglücksfall, sondern eine konsequente Radikalisierung der deutschen Nationalismus-Sozialismus-Gesinnung. Die nationalsozialistische Wirtschaftsverfassung ist daher auch ein Gegenentwurf zur Marktwirtschaft, zum Kapitalismus. Sie bedeutet *Zwangs- oder Befehlswirtschaft*: Die Nationalsozialisten belassen zwar formal das Privateigentum, unterwerfen es aber ihrer strikten Kontrolle, sodass die Eigentümer der Produktionsmittel zu weisungsabhängigen *Betriebsführern* degradiert sind. Der Staat gibt vor, was zu produzieren ist. Preise, Löhne und Zinsen werden diktiert. Unternehmergewinne wandern in die Staatskasse. Entweder über hohe Besteuerung, oder indem sie in Staatsanleihen investiert werden müssen. Devisen werden bewirtschaftet. Das Horten von Bargeld kommt Hochverrat gleich. Der Außenhandel wird streng reglementiert. Gleiches gilt für den privaten Konsum. Die nationalsozialistische Wirtschaft hat mit Kapitalismus nicht das Geringste zu tun.

Dass die Nationalsozialisten Deutschland erneut in einen Weltkrieg führen konnten, schreibt Mises auch dem *Antisemitismus* zu: »Der gegenwärtige Krieg konnte nur entstehen wegen des Antisemitismus. Nur der Antisemitismus hat es den Nationalsozialisten möglich gemacht, den Glauben des deutschen Volkes in die Unbesiegbarkeit ihrer Armee wiederherzustellen und somit Deutschland noch einmal in die Politik der Aggression und den Kampf um die Hegemonie zu führen.«[7] Zur Vorgeschichte: Die Propaganda der Obersten Heeresleitung im Ersten Weltkrieg lässt die deutsche Bevölkerung lange im Glauben, der Krieg werde siegreich für sie ausgehen. Doch dann die plötzliche, überraschende Nachricht: Der Krieg ist verloren! Man braucht schnell einen Schuldigen und wird fündig: die *Dolchstoßlegende*. Nicht an der Front sei der Krieg verloren worden, sondern heimische Feinde hätten die Niederlage herbeigeführt. Die Juden seien es gewesen, die dem deutschen Heer, das »im Felde unbesiegt« war, den tödlichen »Dolchstoß von hinten« versetzt hätten. Nur durch die Dolchstoßlegende kann sich der deutsche Nationalismus nach der Niederlage im Ersten Weltkrieg halten, so Mises.

Auch in internationaler Hinsicht schreibt Mises dem Antisemitismus eine kriegstreibende Kraft zu. Das kriegsmüde England verfolgte eine »Politik der Beschwichtigung« gegenüber dem Deutschen Reich, zeigte Verständnis beispielsweise für die deutsche Aufrüstung, die Einführung der allgemeinen Wehrplicht am 16. März 1935 und den Einmarsch in das entmilitarisierte Rheinland am 7. März 1936. Frankreich stand allein gegen das Deutsche Reich. Doch der französische Widerstand gegen Hitlers Expansionspläne wurde geschwächt, weil die Franzosen Hitler vor allem als Gegner der Juden ansahen und nicht so sehr als eine Bedrohung für das eigene Land. Hitlers Aufrüstung wurde kleingeredet, wurde als eine wirksame Verteidigung gegen den jüdischen Bolschewismus angesehen. »Dass Frankreich Hitlers Bestrebungen nicht rechtzeitig blockierte, dass es seine militärischen Vorbereitungen vernachlässigte, und dass es endlich, als der Krieg nicht länger zu verhindern war, nicht kampfbereit war, war die Schuld des Antisemitismus. Die französischen Antisemiten dienten Hitler gut. Ohne sie wäre der neuerliche Krieg vielleicht vermeidbar gewesen, oder er wäre zumindest unter vorteilhafteren Bedingungen ausgefochten worden.«[8] »Nur die antisemitische Verstrickung einer großen Mehrheit der französischen öffentlichen Meinung verhinderte, dass Frankreich Hitler stoppte, als er noch ohne Krieg gestoppt werden konnte. Es war der Antisemitismus, der den deutschen Armeen half, in allen europäischen Ländern Männer zu finden, die ihnen die Türen öffneten. Die Menschheit hat in der Tat einen hohen Preis für den Antisemitismus gezahlt.«[9]

In *Omnipotent Government* formuliert Mises einen Vorschlag, um Osteuropa eine nachhaltige, von den Westmächten unabhängige Nachkriegs- und Friedensordnung zu geben.[10] Dazu empfiehlt er die Schaffung einer »Östlichen Demokratischen Union« (einer *Eastern Democratic Union (EDU)*). Sie soll die Gebiete zwischen den östlichen Grenzen Deutschlands, der Schweiz und Italien und den westlichen Grenzen Russlands umfassen, einschließlich der Balkanländer. Diese Union würde sich (gemäß den damaligen Zahlenverhältnissen) über etwa 700.000 Quadratmeilen erstrecken und rund 120 Millionen Einwohner mit 17 verschiedenen Sprachen umfassen. Eine solche Union würde die osteuropäischen Nationen vor den Übergriffen Deutschlands, Russlands und Italiens schützen und könnte den Frieden bewahren, so ist Mises' Einschätzung. Dass in einer solchen Zusammensetzung zwangsläufig Sprach- und Minderheitenprobleme auftreten, übersieht Mises nicht, er schenkt ihrer Lösung besondere Aufmerksamkeit. Mises' »Östliche Demokratische Union« findet in der Realität jedoch keine Entsprechung mehr: Kurze Zeit nach der bedingungslosen Kapitulation der deutschen Wehrmacht am 7. Mai 1945 fällt der *Eiserne Vorhang*, der Ostblock schottet sich gegen den Westen ab.

In *Omnipotent Government* verdeutlicht Mises, dass der Aufstieg des deutschen Nationalsozialismus das logisch-radikale Resultat sozialistischer Ideen ist (und nicht im Naturell der Deutschen begründet ist, wie zunächst das Verdikt der Siegermächte Glauben machen könnte). Diese Ideen werden im Deutschen Reich ab dem 30. Januar 1933 konsequent und ungehemmt in die Tat umgesetzt. Mises zeigt, dass Sozialismus und Nationalsozialismus alles andere als Gegenpole sind, dass sie vielmehr allerengste Verwandte sind. Sie gehören zum selben Typus des Totalitarismus. Diese Position übernimmt auch Friedrich August von Hayek (1899–1992) in seinem 1944 erschienenen Buch *Der Weg zur Knechtschaft*, das ein Welterfolg wird. Sozialismus und Nationalsozialismus weisen die gleichen totalitären Züge und Tendenzen auf. Beide zielen im Kern darauf ab, das Privateigentum an den Produktionsmitteln abzuschaffen, eine Planwirtschaft einzuführen. Beide wollen die Freiheit des Individuums zerstören und beide wollen sie durch eine Willkür- und Gewaltherrschaft ersetzen.

Ein Psychogramm der Kapitalismusfeinde

Die Wurzeln des Antikapitalismus

»Die viel diskutierte Strenge des Kapitalismus besteht in der Tatsache, daß jedermann nach dem Beitrag, den er zu dem Wohlergehen seiner Mitmenschen leistet, behandelt wird.«

Ludwig von Mises (1979), *Die Wurzeln des Antikapitalismus*, S. 19–20

Mises hatte schon in seinen frühen Arbeiten die Überlegenheit der freien Marktwirtschaft (des Kapitalismus) herausgearbeitet: Sie sorgt nicht nur für Wohlstand und friedvolle Kooperation, die freie Marktwirtschaft ist auch die einzig durchführbare Wirtschafts- und Gesellschaftsordnung. Der Sozialismus lässt sich nicht durchführen. Er bringt Verarmung, Chaos und Gewalt. Auch der Interventionismus – der »dritte Weg«, wie er auch genannt wird – ist kein dauerhaft durchführbares Wirtschafts- und Gesellschaftssystem. Zu diesen Schlussfolgerungen gelangt Mises durch konsequentes Anwenden nationalökonomischen Denkens. Angesichts dieser (praxeologischen) Erkenntnis stellt sich die Frage: Wie lässt sich die weitverbreitete Marktfeindlichkeit, die »antikapitalistische Mentalität«, die bei vielen Menschen offen oder verdeckt vorhanden ist, erklären? Mit dieser Frage beschäftigt sich Mises in *The Anti-Capitalist Mentality,* einer Schrift, die er 1956 vorlegt. Die deutsche Übersetzung erscheint 1958 unter dem Titel *Die Wurzeln des Antikapitalismus.* Das Werk ist im Kern ein Psychogramm.

Warum viele Menschen dem Sozialismus anhängen und den Kapitalismus ablehnen, damit hatte Mises sich schon 1922 in *Die Gemeinwirtschaft* beschäftigt. Auch in anderen Arbeiten, wie etwa in *Grundprobleme der Nationalökonomie,* kehrt er zu dieser Frage zurück. Mises argumentiert, dass sich die Abneigung gegen die freie Marktwirtschaft, den Kapitalismus, nicht allein durch die Gegnerschaft erklären lässt, die sich häufig gegen neue wissenschaftliche Einsichten formiert.[1] Wenn es nicht Vernunftgründe sein können, aus denen sich die Ablehnung des Kapitalismus speist, welche sind es dann? Mises macht »innere Widerstände« dafür verantwortlich. Damit betritt er das Feld der Psychologie, einer Disziplin, die sich von der Praxeologie – der Logik des menschlichen Handelns – in fundamentaler Weise unterscheidet. Die Psychologie beschäftigt sich mit den Vorgängen im menschlichen Inneren. Beispielsweise damit, wie Ziele zustande kommen. Die Praxeologie beschäftigt sich nicht mit den Inhalten der Ziele, die das menschliche Handeln zu erreichen sucht. Sie entfaltet lediglich das Wissen, das in der Logik des menschlichen Handelns enthalten ist. Das bedeutet jedoch nicht, dass Mises Versuche ablehnt, menschliches Verhalten psychologisch zu erklären. Im Gegenteil: Ausdrücklich beschäftigte er sich auch mit dieser Thematik, und zwar unter dem Begriff *Thymologie.* Thymologie steht für die wissenschaftliche Beschäftigung mit den Wertungen, Gemütszuständen und Zielen des Handelnden.[2] Sie ist notwendige Grundlage für die Interpretation historischer Geschehnisse – wenn es zu erklären gilt, warum bestimmte Menschen unter bestimmten Bedingungen in dieser oder jener Weise gehandelt haben.

In *Die Wurzeln des Antikapitalismus* erklärt Mises, warum viele Menschen der freien Marktwirtschaft ablehnend gegenüberstehen und Sympathien hegen für den Sozialismus. Die Ressentiments gegen die freie Marktwirtschaft sind vielfältig – und nicht selten geben sie sich nicht unmittelbar als solche zu erkennen. Sie zeigen sich beispielweise in Form der Klage, der Kapitalismus sei *materialistisch*, und der Materialismus mache die Menschen nicht glücklich. Der Kapitalismus führe zudem immer wieder und unweigerlich zu wirtschaftlichen Störungen (wie zum Beispiel »Boom-und-Bust«-Zyklen und Arbeitslosigkeit). Märkte dürften daher nicht sich selbst überlassen bleiben, sondern sie bedürften der politischen Einflussnahme und Steuerung durch den Staat. Vor allem aber sei der Kapitalismus »ungerecht«: Er begünstige einige auf Kosten vieler. Doch die Kapitalismuskritik und -ablehnung lässt sich mit nationalökonomischen Argumenten entkräften und zurückweisen.

Der handelnde Mensch strebt nach verbesserter Güterversorgung. Dass er das Mehr einem Weniger, eine zeitlich frühere Erfüllung seiner Bedürfnisse einer späteren vorzieht, ist eine logische Konsequenz, die aus der Erkenntnis erwächst, dass der Mensch handelt. Die *materialistische Orientierung* liegt sprichwörtlich in der Natur der Sache. Der Kapitalismus erlaubt den Menschen, ihre materiellen Bedürfnisse in bestmöglicher Weise zu stillen. Keine andere Wirtschaftsordnung kann hier mithalten. Dass er den Menschen nicht glücklich macht, ist, bei genauer Betrachtung, kein Vorwurf gegen den Kapitalismus. Denn so etwas wie Glück, versteht man es als Abwesenheit von Bedürfnissen, ist dem Menschen nicht vergönnt. Der Mensch handelt stets; dass er nicht handelt, lässt sich nicht denken. Weil Handeln aber Ausdruck von Unbefriedigtsein ist, kann es einen andauernden Glückszustand nicht geben. Das Handeln trägt jedoch dazu bei, Unwohlsein abzubauen, zu lindern – etwa indem Menschen sich arbeitsteilig organisieren und dadurch die Ergiebigkeit der Produktion erhöhen und ihren Wohlstand mehren. In keinem anderen System gelingt das besser als im Kapitalismus.

Den Kapitalismus als Ursache für Wirtschaftskrisen zu brandmarken, läuft ebenfalls ins Leere. Die Kapitalismuskritik beruft sich meist auf die »großen Krisen«. Zu denken wäre hier beispielsweise an die »Große Depression«, die Ende der 1920er-Jahre in den Vereinigten Staaten von Amerika begann und sich zu einer weltweiten Wirtschaftskrise auswuchs. Oder die internationale Finanz- und Wirtschaftskrise, die ab Mitte 2007 ihren Anfang nahm (wieder einmal in den Vereinigten Staaten von Amerika), und deren Erschütterungen weltweit zu spüren waren. Doch diese großen Krisen können schon deswegen nicht dem Kapitalismus angelastet werden, weil zu keiner Zeit eine Wirtschaftsordnung bestand, die man mit Fug und Recht als kapitalistisch hätte bezeichnen können. Es handelte sich vielmehr durchweg um interventionistische Systeme. Die Staaten griffen in das Marktsystem ein: durch Ge- und Verbote, Preiskontrollen, Regularien, vor allem aber durch ein Intervenieren im Kredit- und Geldsystem. Der Interventionismus, nicht der Kapitalismus ist als Krisenursache zu identifizieren.

Die Kritik, der Kapitalismus sei ungerecht, lässt sich ebenfalls entkräften, indem zunächst die Wurzeln des Antikapitalismus offengelegt werden. Mises hebt zwei (miteinander verbundene) Faktoren hervor, aus denen sich der Antikapitalismus speist und die ihn antreiben: *Unwissenheit und Ig-*

noranz sowie niedere Motive wie *Neid und Hass*: »In den Anfängen der sozialistischen Bewegung und der Bemühungen, die interventionistische Politik der vorkapitalistischen Zeiten wieder zu beleben, waren der Sozialismus wie auch der Interventionismus in den Augen der mit der Volkswirtschaftstheorie vertrauten Menschen vollkommen diskreditiert. Die Ideen der Revolutionäre und der Reformatoren sind jedoch von der überwältigenden Mehrheit der unwissenden Menschen, deren Haupttriebkraft die stärksten menschlichen Leidenschaften – Neid und Haß – waren, gebilligt worden.«[3]

In einer freien, arbeitsteiligen Wirtschaft handelt jeder eigennutzorientiert. Das individuelle Handeln dient jedoch auch dem Erfüllen der Bedürfnisse der Mitmenschen. Der Bäcker, der Brot herstellt und verkauft, dient seinen eigenen Zwecken (seinem Gewinnmotiv), und gleichzeitig verbessert er die Versorgungslage der Nachfrager. Die Tatsache, dass andere ebenfalls Brot anzubieten, gibt ihm zudem den Anreiz, seine Leistung so gut und so billig anzubieten, wie möglich – zum Wohle des Nachfragers. Und genau darum dreht sich alles es in einer freien Marktwirtschaft: »Auf dem Markt einer kapitalistischen Gesellschaft ist der gewöhnliche Mensch der souveräne Verbraucher, dessen Entschluß, zu kaufen oder vom Kaufen abzusehen letztlich darüber entscheidet, was und in welcher Quantität und Qualität produziert werden soll.«[4] Der Produzent setzt seine Mittel so ein, wie es dem Nachfrager dient. Ist ein Produzent erfolgreich, erzielt er einen Gewinn. Unternehmen, die Verluste einfahren, haben die Unterstützung ihrer Kunden verloren. Sie werden angehalten, ihre Leistung zu verbessern. Wenn ihnen das nicht gelingt, werden sie über kurz oder lang aus dem Markt ausscheiden.

Die freie Marktwirtschaft macht folglich für alle unmissverständlich deutlich, wer seinen Mitmenschen erfolgreich dient und wer nicht. Unternehmer, die mit ihren Produkten die Wünsche der Nachfrager am besten bedienen, werden Erfolg haben, sie werden mit Gewinn belohnt. Derjenige, der weniger talentiert oder bemüht ist, seinen Mitmenschen zu dienen, wird einen entsprechend geringeren Gewinn erzielen. »Die viel diskutierte Strenge des Kapitalismus besteht in der Tatsache, daß jedermann nach dem Beitrag, den er zu dem Wohlergehen seiner Mitmenschen leistet, behandelt wird.«[5] In einer freien Marktwirtschaft sind es die Nachfrager, die das Urteil fällen, ob ein Unternehmer erfolgreich ist oder nicht. Diese Beurteilung der eigenen Leistung durch andere, die gewissermaßen für alle sichtbar ist, ruft bei vielen Menschen Unbehagen hervor, stößt auf Ablehnung: »Was viele Menschen, die in einem kapitalistischen System leben, unglücklich macht, ist die Tatsache, daß der Kapitalismus jedem die Möglichkeit gibt, die verlockendsten Positionen zu erreichen, die natürlich nur von wenigen erlangt werden können. Ganz gleich, was ein Mensch erreicht hat, es ist immer nur ein Bruchteil dessen, was sein Ehrgeiz ihn zu erreichen antreibt. Er hat ständig vor seinen Augen Menschen, die dort erfolgreich waren, wo er selbst versagt hat. Diese Mitbürger rufen in seinem Unterbewußtsein Minderwertigkeitskomplexe hervor, weil sie ihn überholt haben. So beneidet der Landstreicher den Mann mit einem regelmäßigen Posten, der Fabrikarbeiter den Vorarbeiter, der leitende Angestellte den Vize-Präsidenten, der Vize-Präsident den Präsidenten der Gesellschaft, der Mann mit 300.000 Dollar den Millionär usw. Jedermanns Selbstgefühl und moralisches Gleichgewicht werden untergraben von dem Erfolg derjenigen, die ihre Fähigkeiten und Begabungen bewiesen haben. Jedermann ist sich seiner eigenen Niederlage und Unzulänglichkeit bewußt.«[6]

Wer danach trachtet, der Beurteilung der eigenen Unzulänglichkeit durch den Markt auszuweichen, sie zu verdrängen, wird nach einem *Sündenbock* suchen. Beim Kapitalismus wird er fündig: »Diese Suche nach einem Sündenbock ist eine Einstellung von Leuten, die in einer sozialen Ordnung leben, die jedermann nach seinem Beitrag zu dem Wohlergehen seiner Mitmenschen behandelt, und in welcher somit jeder der Urheber seines eigenen Vermögens ist. Jedes Mitglied einer solchen Gesellschaft, dessen Ehrgeiz nicht ganz befriedigt ist, hat ein Ressentiment gegen das Glück derjenigen, die erfolgreicher waren. Ein Dummkopf befreit sich von diesen Gefühlen durch Verleumdung und Beschimpfung. Die kultivierteren und geschickteren Menschen erlauben es sich nicht, sich persönlichen Verleumdungen hinzugeben. Sie sublimieren ihren Haß in eine Philosophie, die Philosophie des Antikapitalismus, um die innere Stimme, die ihnen sagt, daß ihr Versagen ihr eigener Fehler ist, unhörbar zu machen. Ihr Fanatismus in der Verteidigung ihrer Kritik am Kapitalismus ist der Tatsache zuzuschreiben, daß sie ihr eigenes Wissen über die Unrichtigkeit ihrer Angriffe bekämpfen.«[7]

Das Ressentiment gegen den Kapitalismus findet sich vor allem bei den Intellektuellen. Zu den Intellektuellen, die Mises vor Augen hat, zählen zum Beispiel Lehrer, Literaten, Künstler, Schauspieler, Journalisten, Beamte und Wissenschaftler. Sie empfinden ihre Tätigkeit in der Regel als höherstehender, als wichtiger als das Tagewerk der Ladenbesitzer, der Unternehmer und Vermieter. Aus Sicht der Intellektuellen bedienen die Ladenbesitzer die schnöden Wünsche ihrer Kunden, der Unternehmer geht in kaltschnäuziger Weise seinem Gewinnstreben nach, und die Hauseigentümer pressen aus ihren Mietern den größtmöglichen Mietzins heraus. Der Intellektuelle sieht, dass im Kapitalismus die Ladenbesitzer,

Unternehmer und die Hauseigentümer ein höheres Einkommen verdienen als er selbst. Das sei jedoch, so der Intellektuelle, ungerecht, denn ihm, dem Intellektuellen, stehe doch das höhere Einkommen zu: »Er klagt die wirtschaftliche Organisation an, das ruchlose System des Kapitalismus. Bestände dieses ungerechte System nicht, so würden seine Fähigkeiten und Talente, sein Eifer und seine Leistungen ihm den reichen Lohn gebracht haben, den sie verdienen.«[8]

Bezugnehmend auf die Verhältnisse im Deutschen Reich identifiziert Mises kapitalismusfeindliche Einstellungen vor allem bei staatsnahen Intellektuellen: »Durch ihre Stellung in die Hierarchie von Kirche, Staatsverwaltung und Heeresdienst eingegliedert, blickten sie, wie alle durch Beteiligung aus Steuereingängen dem Erwerbsleben Entrückten, mit Verachtung auf den Kaufmann, der dem Mammon dient. Diese Verachtung verwandelte sich in dumpfen Groll, als mit der Ausbreitung des Kapitalismus Unternehmer zu großem Reichtum und damit zu hohem Ansehen aufzusteigen begannen. Es wäre ein schwerer Irrtum, anzunehmen, daß das Ressentiment gegen Unternehmer und Kapitalisten, gegen Reichtum und ganz besonders gegen neuen Reichtum, gegen Gelderwerb und besonders gegen Handel und Spekulation, das heute unser ganzes öffentliches Leben, die Politik und das Schrifttum beherrscht, seinen Ursprung von Gefühlen der breiten Volksschichten herleitet. Es stammt gerade aus den Kreisen und Anschauungen der im öffentlichen Dienst mit festem Sold und in staatlich anerkanntem Range stehenden Gebildeten.«[9]

Antikapitalistische Ressentiments identifiziert Mises auch in den Reihen wirtschaftlich erfolgreicher Familien. Ihren Erben mangelt es nicht selten an den Fähigkeiten, die es ihren Eltern erlaubt haben, das Vermögen aufzubauen. Ausgestattet mit geerbtem Wohlstand und wenig oder gar keinem Geschäftssinn, werden sie zu »Müßiggängern« und »Verschwendern«. Sie wenden sich intellektuellen und künstlerischen Kreisen zu, sympathisieren mit den in diesen Kreisen üblicherweise anzutreffenden marktfeindlichen Ideen und sorgen letztlich mit finanzieller Unterstützung für ihre Verbreitung. Mises identifiziert in diesem Zusammenhang eine besondere Gruppe, die er als »Vettern« bezeichnet. Damit meint er diejenigen Familienmitglieder, die das Familienunternehmen selbst nicht operativ leiten, sondern die lediglich einen Gewinnanteil aus der Unternehmertätigkeit erhalten – ob nun aufgrund erbrechtlicher Folge oder einer selbst unterzeichneten Abmachung. Sie sehen sich als benachteiligt an. Weil sie denken, dass Kapital quasi automatisch Gewinne erzeugt (in Übereinstimmung mit dem Marxismus), fühlen sie sich ungerecht behandelt, wenn diejenigen, die die Unternehmung leiten, mehr verdienen als sie. Die Vettern ergreift eine Abneigung gegen das Unternehmertum, gegen die kapitalistische Ordnung. Sie wenden sich sozialistischen Kreisen zu, unterstützen finanziell marktfeindliche Bildungsanstalten, Stiftungen und Forschungsstätten: »Als ›Salonbolschewisten‹ spielen sie eine bedeutende Rolle in der ›Armee der Proletarier‹, die gegen das ›elende kapitalistische System‹ kämpft.«[10]

Mises identifiziert auch unter den Künstlern eine antikapitalistische Mentalität: Literaten, Schauspieler, Musiker. Sie werden zum populären Verbreitungsträger sozialistischer Ideen. Der Grund: Ihr Einkommen und Prestige hängt in besonderer Weise von den unsteten Vergnügungswünschen der breiten Masse ab: »Selbst die berühmtesten Schauspieler und Filmstars leben in ständiger Angst vor der Launenhaftigkeit des Publikums. Ein solcher Künstler wacht eines

Morgens reich und berühmt auf, um vielleicht am nächsten Tag schon wieder vergessen zu sein. Er weiß sehr gut, daß er vollkommen von der Laune und den Grillen einer nach Belustigung verlangenden Menge abhängt. Er ist ständig von Angstvorstellungen verfolgt.«[11] »Es ist offensichtlich, daß es kein Mittel gibt, um den Stars diese Angst zu nehmen. Dies ist der Grund, warum sie an einem Strohhalm Halt suchen. Kommunismus, so denken einige unter ihnen, wird ihnen Befreiung bringen. Ist es nicht ein System, das alle Leute glücklich macht? Wird nicht von hervorragenden Männern verkündet, daß alle Übel der Menschheit vom Kapitalismus verursacht werden und daß der Kommunismus diese Übel ausrotten wird? Sind sie nicht selbst schwer arbeitende Menschen und Genossen aller anderen Arbeiter? Wir dürfen wohl annehmen, daß keine der Hollywood- und Broadway-Kommunisten jemals die Werke irgendwelcher sozialistischer Autoren gelesen haben, erst recht keine ernsthaften Analysen über die Marktwirtschaft. Aber es ist eben diese Tatsache, die den Filmdivas, Tänzern und Sängern, den Autoren und Regisseuren der Lustspiele und des Kinos die seltsame Illusion gibt, daß ihre besonderen Beschwerden verschwinden werden, sobald diejenigen, die andere ›enteignet‹ haben, selbst enteignet worden sind.«[12]

Mises betont bereits in den 1920er-Jahren immer wieder, dass man nicht darauf hoffen könne, dass der Sozialismus, die Lehren der Unfreiheit, durch die »bösen Erfahrungen«, die man mit ihnen gemacht hat, die überwunden werden könnte. Dazu brauche es vielmehr die Einsicht der Menschen in ökonomische Gesetzmäßigkeiten. Sie zu gewinnen, ist jedoch eine immerwährende Herausforderung. Nicht nur, weil es eine gezielte ideologische Agitation aus dem linken Lager gibt, sondern auch, weil der Kapitalismus dem Einzelnen seine Stellung im Gefüge der Leistungserbringer unmissverständlich vor Augen führt und dadurch bei vielen Ressentiments gegenüber dem Kapitalismus schürt. *Die Wurzeln des Antikapitalismus* ist daher ein überaus wichtiger Beitrag, weil Mises darin mit einfachen und klaren Worten erklärt, dass der Kapitalismus für alle vorteilhaft ist. Mises macht zudem den Leser darauf aufmerksam, wer die antikapitalistische Botschaft verbreitet: die Intellektuellen, die Staatsangestellten, die Presse, die Musik- und Filmstars, die ihre eigenen Interessen verfolgen, Interessen, die sich nicht decken mit denjenigen der breiten Masse der Menschen.

Ein rigoroses Wissenschaftsfundament für die Theorie der Freiheit

Theorie und Geschichte

»Die Sprossen der menschlichen Geistesanstrengungen, die Ideen und Werturteile, die die individuellen Handlungen leiten, können nicht auf ihre Gründe zurückgeführt werden und sind in diesem Sinn endgültige Daten.«

Ludwig von Mises (2014),
Theorie und Geschichte, S. 121

In seiner Studienzeit in Wien beschäftigt sich Mises intensiv mit geschichtlichen Fragestellungen. Er erkennt frühzeitig, dass sich aus der Betrachtung geschichtlicher Episoden des menschlichen Handelns keine *Gesetzmäßigkeiten* ableiten lassen: Weil sich in der Vergangenheit etwas in einer bestimmten Weise zugetragen hat, bedeutet das nicht, dass es keine andere Entwicklung hätte geben können. Zudem erkennt er, dass es stets einer Theorie bedarf, um geschichtliche Aufzeichnungen zu erfassen und sinnvoll zu interpretieren, dass es keine theorielose Interpretation geschichtlicher Geschehnisse geben kann. Für seine weiteren wissenschaftlichen Arbeiten erweist sich die Unterscheidung zwischen Geschichte und Theorie – die auch schon Carl Menger betont hatte – als höchst bedeutsam.

Im Jahr 1957 veröffentlicht Mises sein Spätwerk *Theory and History. An Interpretation of Social and Economic Evolution* (es erscheint 2014 auf Deutsch unter dem Titel *Theorie und Geschichte. Eine Interpretation sozialer und wirtschaftlicher Entwicklung)*. Es ist Mises' vierte und letzte große Arbeit. Als das Buch in den Vereinigten Staaten von Amerika erstmalig erscheint, ist Mises 77 Jahre alt.

Theorie und Geschichte ist ein höchst inhaltsstarkes Werk. Es gibt den erkenntnistheoretischen Zugang zu Mises' wissenschaftlicher Methode, der Praxeologie. Zugleich setzt er sich eingehend mit, wie er zeigt, fehlerhaften Alternativen wie zum Beispiel Historismus, Szientismus und dem marxistischen dialektischen Materialismus auseinander. Gleichwohl zählt *Theorie und Geschichte* zu Mises' weniger bekannten Schriften. Ein Grund dafür könnte sein, dass die erkenntnistheoretischen und -philosophischen Überlegungen, die darin vorgetragen werden, für die moderne Wirtschaftswissenschaft unbequem sind – und daher vielleicht gern übergangen, zumindest doch beiseitegeschoben werden. In dem Werk rationalisiert und verteidigt Mises im Kern noch einmal den *methodologischen Individualismus*, eine zentrale Einsicht in der Wirtschafts- und Soziallehre, verstanden als *apriorische Handlungswissenschaft*. Warum widmet er sich in seinem Spätwerk noch einmal mit Nachdruck genau diesem Thema? Vermutlich weil er erkennt, dass die wissenschaftliche Ignoranz oder Abkehr von der Erkenntnis, dass der Mensch handelt, und dass das Handeln stets ein individuelles ist, freiheitsfeindlichen, totalitären Ideologien in die Hände spielt, ihnen den Weg ebnet, wie es das 20. Jahrhundert – ein Jahrhundert, das in vielen Teilen der Welt einen menschenverachtenden Totalitarismus hervorgebracht hat – unmissverständlich gezeigt hat:

»Es kam den liberalen Philosophen des achtzehnten und neunzehnten Jahrhunderts nicht in den Sinn, dass eine neue Ideologie aufleben könnte, die entschlossen alle Prinzipien der Freiheit und des Individualismus ablehnen würde, und die die totale Unterwerfung des Individuums unter die Bevormundung einer paternalistischen Macht als das wünschenswerteste Ziel politischen Handelns, das edelste Ziel der Geschichte und der Erfüllung aller Pläne, die Gott bei der Erschaffung des Menschen im Blick hatte, proklamieren würde. Nicht nur Hume, Condorcet und Bentham, sondern sogar Hegel und John Stuart Mill hätten sich geweigert, es zu glauben, wenn einige ihrer Zeitgenossen prophezeit hätten, dass im zwanzigsten Jahrhundert die meisten Schriftsteller und Wissenschaftler Frankreichs und der angelsächsischen Nationen begeistert von einem Regierungssystem schwärmen werden, das alle Tyrannei der Vergangenheit in der mitleidlosen Verfolgung von Andersdenkenden und im Eifer, das Individuum jeder Möglichkeit spontaner Aktivität zu berauben, überbietet. Sie hätten einen Menschen als Irren angesehen, der ihnen erzählt hätte, dass die Abschaffung der Freiheit, aller Bürgerrechte und der Regierung, die auf der Zustimmung der Regierten fußt, Befreiung genannt werden würde. Doch all dies ist geschehen.«[1]

Mises' Eintreten für eine freiheitserhaltende Wissenschaftslehre ist intellektuell kompromisslos. Er sieht, dass die Freiheit letztlich ganz verloren geht, wenn man in der Nationalökonomie beginnt, die Freiheit des Individuums zu relativieren: »Natürlich werfen die Verfechter des Totalitarismus ein, dass das, was sie abschaffen wollen, nur die »wirtschaftliche Freiheit« sei, und dass alle »anderen Freiheiten« davon unberührt blieben. Aber Freiheit ist unteilbar. Die Unterscheidung zwischen einer wirtschaftlichen Sphäre des menschlichen Lebens und Handelns und einer nichtwirtschaftlichen Sphäre ist der übelste ihrer Irrtümer. Wenn eine allmächtige Autorität die Macht hat, jedem Individuum die Aufgaben, die es zu erfüllen hat, vorzuschreiben, kann nichts von dem, was übrig bleibt, Freiheit genannt werden. Er hat nur die Wahl zwischen strengem Gehorsam und Hungertod.«[2]

Die klare Bestimmung und feste Begründung des erkenntnistheoretischen Fundaments der Nationalökonomie ist für Mises daher alles andere als eine akademische Fingerübung oder praxisferner Zeitvertreib. Sie entscheidet vielmehr darüber, was als ökonomisch »richtige« und als »falsche« Theorie angesehen wird. Gleich zu Beginn, in der Einleitung von *Theorie und Geschichte,* wird die Notwendigkeit für einen *methodologischen Dualismus* herausgestellt: Dass sich die wissenschaftliche Methode in der Nationalökonomie grundlegend – und notwendigerweise – unterscheiden muss von der wissenschaftlichen Methode, die in den Naturwissenschaften angewendet wird. Damit weist Mises die Forderung der Neopositivisten, die nach einer *Einheitswissenschaft* rufen, zurück. Im Zentrum steht sein Argument, dass das Erkenntnisobjekt in der Wissenschaft des menschlichen Handelns ein ganz anderes ist als das in den experimentellen Natur- beziehungsweise Erfahrungswissenschaften.

Die Naturwissenschaften beschäftigen sich mit Naturphänomenen wie Atomen, Molekülen oder Planeten. Diesen Erkenntnisobjekten ist gemeinsam, dass sie keine eigenen Ziele verfolgen, keine Werte und keine Vorlieben haben. Sie wählen nicht zwischen verschiedenen Handlungsalternativen aus, sondern reagieren lediglich auf bestimmte Stimuli, und zwar in einer im Prinzip immer gleichen Art und Weise, die sich im Zuge von Ursache-Wirkungs-Beziehungen erkunden lässt. Ganz anders stehen die Dinge in der Nationalökonomie. Das Erkenntnisobjekt ist hier der handelnde Mensch. Anders als die Erkenntnisobjekte der Naturwissenschaft wählt der Handelnde seine Ziele. Um seine Ziele zu erreichen, setzt er Mittel ein. Menschen haben Verstand und die Fähigkeit zu lernen, und ihre Ziele und auch die Wahl der Mittel ändern sich im Zeitablauf. Meinungen und Ansichten der Handelnden können nicht mit naturwissenschaftlichen Mitteln prognostiziert werden.

In den Naturwissenschaften steht das Aufspüren von *Ursache-Wirkungs-Beziehungen* im Vordergrund. Ein einfaches Beispiel dafür lautet: *Wie verhält sich ein Körper, wenn er erhitzt wird?* Der Naturforscher sucht nach *Gesetzmäßigkeiten*, nach Konstanten, die die Beziehung zwischen Ursache und Wirkung beschreiben (beispielsweise die Beziehung zwischen Wärme und Ausdehnung eines Körpers). Dieses Vorgehen ist in den Naturwissenschaften fruchtbar. In der Wissenschaft des menschlichen Handelns ist es jedoch zum Scheitern verurteilt. Handelnde Menschen reagieren – wie bereits angeführt – auf einen bestimmten Impuls zu unterschiedlichen Zeiten unterschiedlich. Im Bereich des menschlichen Verhaltens gibt es keine Konstanten in dem Sinne, dass der Handelnde auf einen bestimmten Impuls immer und überall gleich reagiert (wie es in den Naturwissenschaften durchaus der Fall sein kann). Das wissenschaftliche Vorgehen in der Naturwissenschaft ist somit in der Wissenschaft des menschlichen Handelns nicht anwendbar.

In den Naturwissenschaften lassen sich in *Laborexperimenten* Fragestellungen im Zuge von *reproduzierbaren* Experimenten untersuchen – wie etwa die Untersuchung zur Fallgeschwindigkeit eines Steines. Derartige Experimente können unter gleichen Bedingungen (wenn im Versuchsaufbau keine Fehler begangen werden) in beliebiger Zahl wiederholt werden. Im Bereich des menschlichen Handelns gibt es hingegen keine derartigen reproduzierbaren Experimente. Das menschliche Handeln ist (denknotwendig) einzigartig und nicht wiederholbar. Der handelnde Mensch hat zu unterschiedlichen Zeiten unterschiedliche Präferenzen, und er verfügt zu unterschiedlichen Zeiten über unterschiedliches Wissen. Beispielsweise ist die Beziehung, die sich im März 1973 zwischen der Erhöhung der Geldmenge und der Veränderung der Güterpreise gezeigt hat, nicht vergleichbar mit einer Geldmengenausweitung und der Güterpreisentwicklung im Dezember 1988. Es handelt sich hier um *nicht-homogene*, um nicht wiederholbare Ereignisse; sie können nicht als gleichartig eingestuft werden.

In den Naturwissenschaften erweist sich die Suche nach der *Letztbegründung* (bisher) als vergeblich. Es mag zwar gelingen, ein Phänomen, das bisher noch nicht erklärt werden konnte, durch einen anderen Faktor zu erklären. Es mag auch gelingen, diesen Faktor durch wieder andere Faktoren zu erklären. Doch trotz eines solchen *Wissensfortschrittes* bleibt das Aufspüren der letzten Ursache, des *ultimativ Gegebenen*, in den Naturwissenschaften ein wohl nicht zu erreichendes Wissenschaftsideal. Anders verhält es sich im Bereich des *menschlichen Handelns.* Hier lässt sich ein finaler Ausgangspunkt für das wissenschaftliche Denken finden, der keiner weiteren Erklärung zugänglich ist: Und das ist die unbestreitbare Erkenntnis, dass der Mensch handelt. Für das menschliche Handeln spielen *Ideen* (oder: *Theorien)* die entscheidende Rolle: »Gedanken und Ideen sind keine Phantome. Sie sind wirkliche Dinge. Obwohl unberührbar und immateriell, sind sie Faktoren, die Änderungen im Bereich berührbarer und materieller Dinge bewirken. Sie werden von irgendeinem unbekannten Prozess, der im Körper eines menschlichen

Wesens abläuft, erzeugt und können nur durch die gleiche Art von Prozess, der im Körper des Schriftstellers oder eines anderen menschlichen Wesens abläuft, wahrgenommen werden. Sie können insoweit kreativ und originell genannt werden, als der Impuls, den sie aussenden, und die Veränderungen, die sie bewirken, von ihrem Auftreten abhängen. Wir können über das Leben einer Idee und die Auswirkungen ihrer Existenz ermitteln, was wir wollen. Über ihre Geburt wissen wir nur, dass sie durch ein Individuum erzeugt wurde. Ihre Geschichte können wir nicht weiter zurückverfolgen. Das Auftreten einer Idee ist eine Erneuerung, eine neue Tatsache, die der Welt hinzugefügt wird. Es ist für den menschlichen Verstand wegen der Lückenhaftigkeit unseres Wissens der Ursprung von etwas Neuem, das vorher nicht existierte.«[3]

An diesen Einsichten – dass der Mensch handelt, und dass im menschlichen Handeln Ideen zum Ausdruck kommen – entzündet sich die Kritik der Neopositivisten: »Die Wissenschaft des menschlichen Handelns geht von der Tatsache aus, dass Menschen absichtsvoll Ziele anstreben, die sie gewählt haben. Es ist genau dieses, das alle Spielarten des Positivismus, Behaviorismus und Panphysikalismus entweder allesamt leugnen oder es stillschweigend übergehen.«[4] Der Satz »Der Mensch handelt« lässt sich nicht widerlegen. Er gilt *a priori*. Und mit wissenschaftlichen Mitteln lässt sich keine Beziehung aufzeigen, die zwischen Ideen (die das menschliche Handeln bestimmen) und den Faktoren bestehen, die sie bestimmen. Diejenigen, die diese Aussage anzweifeln (die Vertreter einer *Einheitswissenschaft*), müssten mit wissenschaftlichen Mitteln aufzeigen, dass sich Ideen, die das menschliche Handeln bestimmen und die sich im Handeln zeigen, durch andere Bestimmungsfaktoren erklären lassen. Doch es ist bislang nicht gelungen, zu erklären, wie äußere

Geschehnisse (ob nun physikalische, chemische und biologische) die Ideen und Werturteile der Handelnden systematisch beeinflussen.

Wollte man den Satz »Der Mensch handelt« anzweifeln und damit gleichzeitig auch behaupten, menschliches Handeln ließe sich durch äußere Geschehnisse erklären, so würde das zu einem unauflösbaren Widerspruch führen: »Sogar die fanatischsten Anhänger der Sekte der ›Einheitswissenschaft‹ schrecken davor zurück, für diese plumpe Formulierung ihrer grundlegenden These unzweideutig einzustehen. Es gibt gute Gründe für diese Zurückhaltung. So lange noch keine bestimmte Beziehung zwischen Ideen und physikalischen oder chemischen Geschehnissen entdeckt worden ist, die als regelmäßige Abfolge auftritt, bleibt die positivistische These eine erkenntnistheoretische Behauptung, die nicht von wissenschaftlich gebauten Experimenten abgeleitet ist, sondern aus einer metaphysischen Weitsicht.«[5] Die Ideen, die das menschliche Handeln bestimmen, können als das *ultimativ Gegebene* angesehen werden. Solange die Ideen sich nicht mehr auf etwas zurückführen lassen, das sie erklärt, findet das handlungswissenschaftliche Denken seinen Ausgangspunkt an der Erkenntnis, dass der Mensch handelt.

Mises verteidigt den *methodologischen Individualismus* mit (praxeo-)logischen Mitteln. Es sind Individuen, die handeln. Gruppenhandeln lässt sich stets zurückführen auf individuelles Handeln. Die Nationalökonomie muss daher auch am Handeln des Individuums ansetzen.

Kehrt sich die Wirtschaftswissenschaft vom methodologischen Individualismus ab und ersetzt ihn durch eine *Kollektiv-Sozialwissenschaftslehre,* wird freiheitsfeindlichen Programmen Tür und Tor geöffnet: »Das, was jene antrieb, die Ersetzung der Wissenschaften des menschlichen Handelns durch die Sozialwissenschaften anzuregen, war natürlich ein bestimmtes politisches Programm. In ihren Augen wurden die Sozialwissenschaften konstruiert, um die Sozialphilosophie des Individualismus zu vernichten. Die Verteidiger der Sozialwissenschaften erfanden und verbreiteten die Terminologie, die die Marktwirtschaft, in der jedes Individuum danach strebt, seine eigenen Pläne zu verfolgen, als Planlosigkeit und daher als chaotisches System kennzeichnet, und den Begriff ›Plan‹ den Entwürfen einer Agentur vorbehält, welche, unterstützt oder identisch mit der Polizeimacht der Regierung, alle Bürger daran hindert, ihre eigenen Pläne und Entwürfe zu verfolgen. Man kann die Rolle kaum überschätzen, die die Gedankenverbindung, geknüpft durch diese Terminologie, bei der Formung der politischen Grundsätze unserer Zeitgenossen spielt.«[6]

In *Theorie und Geschichte* setzt sich Mises mit den Lehren, die den *methodologischen Individualismus* ablehnen, relativieren oder zu hintertreiben suchen, eingehend auseinander und weist sie als unzutreffend zurück. Hierzu zählen zum Beispiel *Marxismus, Positivismus-Empirismus, Historismus, Skeptizismus* und *Behaviorismus*. Zunächst nimmt sich Mises einer zentralen Behauptung der marxistischen Lehre an, die da lautet: Es sind die *materiellen Produktivkräfte der Gesellschaft*, die die gesellschaftliche Entwicklung und die gesellschaftlichen *Produktionsverhältnisse* (das heißt die Eigentumsverhältnisse) bestimmen.[7] Gemäß der Marxschen Lehre sind es nicht die Ideen der Menschen, die ihr Handeln bestimmen. Vielmehr verhalte es sich genau umgekehrt: Das gesellschaftliche Sein der Menschen – bestimmt durch die materiellen Produktivkräfte – bestimmt ihr Bewusstsein, formt ihre Ideen und leitet ihr Handeln. Leider verrät Marx seinen Lesern nicht, was er unter den *materiellen Produktivkräften der Gesell-*

schaft versteht. Gemeint sind aber vermutlich die technischen Gerätschaften der Produktion, die »Hardware« in Form von Werkzeugen und Maschinen.

Dann aber gibt es ein Problem: Wenn mit den *materiellen Produktivkräften der Gesellschaft* technologische Errungenschaften gemeint sind – wie Werkzeuge und Maschinen – dann muss es sich zwangsläufig um Dinge handeln, die letztlich menschlichen Ideen entstammen. Es bedarf ohne Zweifel des menschlichen Handelns – und damit der Ideen, die im menschlichen Handeln zum Ausdruck kommen –, um Werkzeuge und Maschinen zu erstellen. Sie fallen schließlich nicht vom Himmel. Der Ursprung der Produktionsmittel und Produktionsweisen ist nichts Materielles, sondern liegt in Ideen, in Gedanken, die menschliches Handeln leiten. Es ist also genau andersherum, wie es die marxistische Behauptung vorgibt: Nicht die gesellschaftlichen Produktionsverhältnisse bestimmen die Ideen der Menschen und ihr Handeln, sondern es sind die Ideen, die das menschliche Handeln und damit die materiellen Produktivkräfte bestimmen. Die marxistische Behauptung, die materiellen Produktivkräfte seien das »höchste Ding«, und dass alles Gesellschaftliche daraus erwächst, lässt sich nicht aufrechterhalten.

Auch die marxistische Behauptung, die Existenz der Gesellschaft (die Marx als *Produktionsverhältnisse* bezeichnet) sei von den materiellen Produktionsfaktoren bestimmt, lässt sich als unzutreffend zurückweisen. Die Existenz der materiellen Produktionsfaktoren setzt vielmehr voraus, dass es bereits eine menschliche Kooperation gibt, dass sich bereits *Produktionsverhältnisse* herausgebildet haben. Nur unter dieser Vorbedingung lassen sich die materiellen Produktionsfaktoren im Zuge der Arbeitsteilung überhaupt erst erzeugen. In entwickelten Volkswirtschaften können Werkzeuge und

Maschinen nicht ohne Arbeitsteilung erstellt werden. Ihre Produktion erfordert soziale Zusammenarbeit, sie bedingt gesellschaftliche Arbeitsteilung. Folglich lässt sich die Existenz der Gesellschaft nicht auf die materiellen Produktivkräfte zurückführen. Umgekehrt wird ein Schuh daraus: Weil es zwischenmenschliche Kooperation und damit die Produktionsverhältnisse bereits gibt, lassen sich die marxistischen Produktivkräfte erschaffen: »Die Produktionsverhältnisse sind somit nicht das Produkt der materiellen Produktivkräfte, sondern, umgekehrt, die unverzichtbare Bedingung ihrer Hervorbringung.«[8]

Mises setzt sich in *Theorie und Geschichte* auch eingehend mit dem *Historismus* auseinander.[9] Er wurde in Deutschland Ende des 18. Jahrhunderts als eine Gegenbewegung auf die Sozialphilosophie des Rationalismus entwickelt, und in seinem Selbstverständnis will der Historismus eine erkenntnistheoretische, eine wissenschaftliche Methode sein. Erkenntnis soll aus dem Verstehen des geschichtlichen Geschehens gewonnen werden, so die Vertreter des Historismus. Dazu sind umfangreiche Beobachtungsreihen und sorgfältig ausgeführte Material- und Aktensammlungen zu beschaffen, die dann von den Gelehrten durchzuarbeiten und durch *Intuition*, durch *Eingebung* des Forschers *subjektiv* zu deuten sind. Man habe dabei gewissermaßen vorzugehen wie beim Deuten literarischer Texte. Grundsätzlich problematisch ist dabei, *allgemeingültige Erkenntnisse* aus der Geschichte ableiten zu wollen: Die Geschichte kann nur Erkenntnisse über das *Individuelle*, niemals über das *Generelle* geben.

Die Geschichte des menschlichen Handelns stellt keine gleichartigen, direkt vergleichbaren Episoden bereit (die den *Beobachtungssätzen* in der Naturwissenschaft entsprechen würden). Menschen verfolgen Ziele, setzen dazu Mittel ein, haben Präferenzen. Die Ziele, Mittel und Präferenzen ändern sich fortlaufend. Was sich in der Vergangenheit zugetragen hat, hat unter ganz bestimmten Bedingungen stattgefunden. Die Präferenzen der Menschen, ihr Wissen, ihre Fähigkeiten zu einem Zeitpunkt sind einmalig, sind nicht die gleichen zu einem anderen Zeitpunkt. Zudem ist das menschliche Handeln das Ergebnis einer Vielzahl von Einflussfaktoren. Es ist nicht möglich, die Wirkung eines Einflussfaktors auf das zu Erklärende *gesondert* zu beobachten und alle anderen Faktoren konstant zu halten. Aus diesem Grund zieht Mises auch eine *scharfe Trennungslinie* zwischen Geschichte und Theorie: Sie stehen sich in einem unüberbrückbaren Gegensatz gegenüber. Durch geschichtliche Ereignisse lassen sich ökonomische Gesetzmäßigkeiten, die es im Bereich des menschlichen Handelns zweifelsohne gibt, zwar *illustrieren*. Jedoch lassen sie es nicht zu, ökonomische Gesetzmäßigkeiten – Aussagen, die immer und überall Geltung beanspruchen können – zu gewinnen.

Aus Sicht des Historismus gibt es *keine Regelmäßigkeiten* – etwa in dem Sinne, dass auf die Handlung *A* stets die Folge *B* eintritt. Der Historismus verneint, dass es Gesetzmäßigkeiten, dass es Ursache-Wirkungs-Beziehungen gibt, die unabhängig von Zeit und Ort gelten. Damit bestreitet er die Möglichkeit, dass es eine Wissenschaft der Nationalökonomie gibt, die *ökonomische Gesetze* entdecken kann. Bei genauer Überlegung entpuppt sich der Historismus jedoch als widersprüchlich. Um das zu zeigen, sei zunächst eine Gedankenübung angestellt. Man nehme folgende Aussage: »Alles ist unsicher, und das ist sicher.« Bei dieser Aussage handelt sich um einen *offenen Widerspruch*: Wenn alles unsicher ist, muss die Aussage »Alles ist unsicher« auch unsicher sein – und kann nicht sicher sein, wie behauptet. Nun betrachten wir die

Aussage: »Alles ist unsicher, und das ist sicher.« Hier handelt es sich um einen *impliziten* Widerspruch: Indem man sagt, »Alles ist unsicher, und das ist unsicher«, verneint man den Wahrheitsgehalt des Satzes »Alles ist sicher«. Mit den gleichen logischen Schlussfolgerungen lässt sich auch der innere Widerspruch des Historismus aufdecken.

Der Historismus behauptet, dass es keine *Regelmäßigkeiten*, keine unverrückbaren Maßstäbe gibt, die es erlauben, geschichtliche Vorgänge sinnvoll zu interpretieren. Um aus den historischen Materialsammlungen wissenschaftliche Erkenntnisse zu gewinnen, müsse man sich auf die *subjektive Eingebung* (die Intuition, das gefühlsmäßige Erfassen) des Forschers verlassen. Wenn aber jede Regelmäßigkeit verneint wird, wenn alles der subjektiven Deutung anheimgestellt wird, ist die Aussage »Alles obliegt der subjektiven Deutung« ein logischer Widerspruch (gleiches gilt für die Aussage »Es gibt keine Regelmäßigkeit«). Die Aussage, dass alles der subjektiven Deutung unterliege, beansprucht Allgemeingültigkeit – in dem Sinne, dass diese Aussage *nicht* subjektiv deutbar ist –, und das widerspricht der Aussage, dass *alles* der subjektiven Deutung unterliegt. Würde man hingegen davon ausgehen, dass mit der Aussage »Alles unterliegt der subjektiven Deutung« eine Regelmäßigkeit zum Ausdruck kommt, wird auch hier ein Widerspruch offenkundig: Sie widerspricht dem Historismus, der ja behauptet, dass *alles* der subjektiven Deutung unterliegt, und dass es *nichts Regelhaftes* gibt.

Der Historismus vernachlässigt zudem die Frage nach der »richtigen Theorie«. Man kann bekanntlich nicht *theorielos* an geschichtliche Daten herantreten. Das Meer der historischen Daten ist stumm. Man kann es nur zum Sprechen bringen, wenn man eine Theorie zur Anwendung bringt. Um geschichtliche Ereignisse erfassen und interpretieren zu können, kommt man nicht umhin, eine Theorie zu verwenden. Die Frage, woher die Theorien stammen, die der Historismus verwendet, und ob die von ihm verwendeten Theorien richtig oder falsch sind, wird nicht gestellt. Zusammenfassend ist daher zu sagen, dass der Historismus in sich widersprüchlich und als wissenschaftliche Methode in den Sozial- oder Wirtschaftswissenschaften abzulehnen ist. Er läuft auf einen *Relativismus* hinaus, der Tür und Tor öffnet, um die Wirtschaftswissenschaft durch Politik, Parteiideologien und Sonderinteressen zu vereinnahmen – wie es zur Zeit der *Historischen Schule* in Deutschland ja auch geschah.

An dieser Stelle ist es erhellend, sich kurz die Folgen des Historismus, die die Grundlage der *jüngeren Historischen Schule* im Deutschen Reich gegen Ende des 19. Jahrhunderts und Beginn des 20. Jahrhunderts waren, zu vergegenwärtigen. Auf die desaströsen Folgen, die das Verfolgen der falschen wissenschaftlichen Methode hatte, weist beispielsweise der deutsche Ökonom Moritz J. Bonn (1873–1965) unmissverständlich hin: »Die wirtschaftliche Erziehung der preußischen Bürokratie lag jahrelang in den Händen Schmollers und seiner Schüler. Ihr negatives Ergebnis wurde in der Inflationskrise nach dem ersten Weltkrieg sichtbar. Die Bürokratie hatte von den Wirtschaftsbegriffen keine Ahnung – es gab kaum jemand im preußischen oder im Reichs-Finanzministerium, der etwas von Inflation wußte (in Österreich lagen die Dinge anders). Zudem hatte Schmollers Relativismus die Beamtenschaft von der Bedeutungslosigkeit sachverständiger Gutachter überzeugt. Seine Schüler hatten nicht gelernt, die Gegenwart mit dem Blick auf die Zukunft zu betrachten, sie waren gelehrt worden, nach rückwärts zu schauen. Sie konnten nicht sagen, was getan werden müsse; sie wußten nur, was getan worden *war.*«[10]

Mises legt auch dar, warum der *Behaviorismus* als wissenschaftliche Methode der Nationalökonomie nicht überzeugen kann. Der Behaviorismus entstammt der Tier- und Kinderpsychologie, in der Reflexe und Instinkthandlungen untersucht werden. Er sieht das menschliche Verhalten als automatisches Reagieren auf äußere Faktoren. Allerdings kann er nicht erklären, warum unterschiedliche Menschen auf bestimmte Einflussfaktoren zu verschiedenen Zeiten unterschiedlich reagieren. Beispielsweise verkaufen bei einem Aktienmarkt-Crash die einen ihre Aktien, während andere sie bereitwillig kaufen. Ein schwerwiegenderes Problem des Behaviorismus ist das Folgende: Wie der Neopositivismus verneint auch der Behaviorismus, dass der Mensch absichtsvoll handelt, dass sein Handeln Ausdruck von Wertschätzungen und -urteilen ist, dass er eine bestimmte Situation, einen bestimmten äußeren Umstand in einer ganz bestimmten Weise auffasst. Das aber ist eine absurde Position: »Es ist ... unmöglich, die Reaktion des Menschen vorherzusagen, der von einem anderen mit den Worten ›du Ratte‹ angepöbelt wird, ohne die Bedeutung zu berücksichtigen, die der angesprochene Mann dem Beiwort beimisst.«[11] Das Beispiel zeigt: Man kann menschliches Handeln nicht beschreiben oder prognostizieren, ohne die Bedeutung zu berücksichtigen, die ein betreffender Mensch einer bestimmten Situation zuweist.

Ob Marxismus, Historismus oder Behaviorismus: Sie verneinen den von Mises geforderten *Dualismus* zwischen der Naturwissenschaft und der Wissenschaft des menschlichen Handelns. Sie wenden sich gegen den methodologischen Individualismus, sprechen ihren Mitmenschen die Befähigung ab, Ziele zu wählen und sich für den Einsatz von Mitteln zu entscheiden, um die gewählten Ziele zu erreichen. Gleichzeitig beanspruchen Marxisten, Historisten und Behavioristen, dass sie selbst sehr wohl befähigt sind, Ziele und Mittel zu wählen, vor allem auch zwischen verschiedenen wissenschaftlichen Methoden die »richtige« auswählen zu können. Auf der Grundlage ihrer Erkenntnisse entwerfen sie ihre Pläne (die sich keineswegs als automatische Reaktionen auf äußere Reize interpretieren lassen). Sie schlagen (Politik-) Maßnahmen vor, durch die ihre Mitmenschen zu einem bestimmten Verhalten veranlasst werden sollen, damit ein politisch erwünschtes Ergebnis erzielt wird. Dass das totalitäre Züge trägt, kommt nicht von ungefähr: Die Freiheit wird zerstört, so hatte Mises erkannt, wenn in der Nationalökonomie beziehungsweise den Sozialwissenschaften wissenschaftliche Methoden Einzug halten, die das handelnde Individuum als Dreh- und Angelpunkt des wissenschaftlichen Nachdenkens aus dem Auge verlieren, es verdrängen oder gar ganz abschaffen.

Rückkehr zu Kernfragen der Nationalökonomie

The Ultimate Foundation of Economic Science

»In establishing epistemology as a theory of knowledge, the philosopher implicitly assumes or asserts that there is in the intellectual effort of man something that remains unchanged, viz., the logical structure of the human mind.«

Ludwig von Mises (1962), *The Ultimate Foundation of Economic Science*, S. 17

1962 legt Mises sein letztes Buch vor: *The Ultimate Foundation of Economic Science. An Essay On Method* (übersetzt: *Die Letztbegründung der Ökonomik. Ein methodologischer Essay*). Darin wendet er sich noch einmal der zentralen Überlegung zu, die seine wissenschaftlichen Arbeiten prägt: dass die Nationalökonomie keine Erfahrungswissenschaft ist (wie es die Naturwissenschaft ist), sondern dass sie sich widerspruchsfrei nur als eine *apriorische* Handlungswissenschaft begreifen und betreiben lässt. Mises selbst sieht diese Schrift als Ergänzung und Kommentar zur Erkenntnistheorie der Nationalökonomie.[1] Er will die Defizite des *Positivismus* aufzeigen und ihn als falsche und unbrauchbare Doktrin in der Nationalökonomie zurückweisen – seine lebenslange Auseinandersetzung mit den (Neo-)Positivisten wurde bereits in Kapitel I skizziert. Vor allem will Mises die negativen Folgen aufzeigen, die sich einstellen, wenn die Wirtschaftswissenschaft dem Positivismus folgt: Freiheitsfeindlichen Ideologien und Politiken wird der Boden bereitet. Um Mises' Argumentation besser nachzeichnen zu können, erscheint es sinnvoll, sich zunächst mit seiner Kritik am *Positivismus, Empirismus* und *Falsifikationismus* zu befassen.

Der *Positivismus* kann als Wissenschaftsdoktrin aufgefasst werden und geht auf Auguste Comte (1798–1857) zurück. Er vertritt die Auffassung, dass die alleinige Quelle der wissenschaftlichen Erkenntnis die Erfahrung ist – und verneint damit *A-priori*-Wissen, Wissen, das selbstevident und erfahrungsunabhängig ist. Der Positivismus fordert, dass die Wissenschaft sich am »positiv Gegebenen« zu orientieren habe, an dem, was sinnlich erfassbar und messbar ist, gemäß dem Motto: »Wissenschaft ist Messen.« In allen Wissenschaftsdisziplinen, einschließlich der Nationalökonomie, soll sich das wissenschaftliche Arbeiten am Vorgehen der Naturwissenschaften – dem »Ideal« der Positivisten – ausrichten. Ein anderes Vorgehen lehnen die Positivisten als unwissenschaftlich ab. Der *Empirismus* postuliert die Erfahrung als Grundlage des Wissens und aller Philosophie und behauptet drei Dinge. Erstens: Alles Wissen über die Realität stammt aus Sinneseindrücken (aus Beobachtungen, aus Zählungen, aus Messungen et cetera). Zweitens: Der Wahrheitsgehalt von Theorien ist durch Beobachtungen zu überprüfen. Dazu sind Hypothesen aufzustellen (»Wenn-dann«-Sätze), deren Wahrheitsgehalt anhand von Erfahrungswerten zu testen ist. Drittens: Alles Wissen ist nur *hypothetisch* wahr; Wissen ist nicht mehr als eine Vermutung, kann nicht mehr als eine Vermutung sein.

In der Wirtschaftswissenschaft ist der Positivismus-Empirismus zum akzeptierten Paradigma aufgestiegen. Der *Kritische Rationalismus,* der auf Karl. R. Popper (1902–1994) zurückgeht und auch als *Falsifikationismus* bezeichnet wird, ist seine bekannteste Ausprägung. Popper ist wie die Empiristen der Meinung, dass das Wissen aus der Erfahrung stammt, und dass erfahrungswissenschaftliche Aussagen der Überprüfung durch Erfahrung bedürfen. Er lehnt dabei jedoch das *Verifikationsprinzip* der Empiristen ab: den Anspruch, dass durch eine erfahrungsmäßige Bestätigung der Hypothese ihr Wahrheitsgehalt festgestellt werden kann. Popper argumentiert, dass es bestenfalls möglich sei, eine Hypothese nicht zu verwerfen (sie nicht zu *falsifizieren*), dass es aber niemals möglich sei, sie ein für alle Mal als wahr zu bestätigen (sie zu *verifizieren).* Man kann nämlich nicht sicher sein, dass eine Hypothese, die heute als bestätigt gilt, nicht doch noch künftig, wenn neue Beobachtungen gemacht werden, abgelehnt werden muss. Weil absolute Wahrheit nicht gewonnen werden kann, sollen im Zuge von »Versuch und Irrtum« falsche Theorien durch richtige Theorien ersetzt werden. Das ermöglicht Wissensfortschritt. Man kommt der Wahrheit nahe, kommt ihr immer näher, wenngleich auch absolute Wahrheit nicht erreichbar ist.[2]

Bei genauer Betrachtung von Positivismus, Empirismus und Falsifikationismus offenbart sich eine Reihe von Defiziten.[3] Zunächst einmal entgeht Mises nicht das *Induktionsproblem:* Es gibt keine logischen Gründe, dass man von Einzelfällen auf allgemeingültige Aussagen (Gesetze) schlussfolgern könnte.[4] Dass alle Schwäne weiß seien, glaubten die Europäer bis zum Jahre 1700. Denn diese Aussage wurde durch viele Beobachtungen gestützt. Dann aber wurden schwarze Schwäne in Australien entdeckt – und der All-Satz »Alle Schwäne sind weiß« musste als falsch verworfen werden. Würde das Induktionsprinzip (also die Schlussfolgerung von Einzelfällen auf das Generelle) a priori gelten, dürften aus Beobachtungen nie falsche Aussagen folgen. Die Erfahrung zeigt, dass das nicht so ist. Man kann die Induktion aber auch nicht *a posteriori* (mit Erfahrung) rechtfertigen. Wenn man zum Beispiel sagt »Ich habe im Leben die Induktion immer erfolgreich angewendet«, so wird mit dieser Aussage die Gültigkeit der Induktion bereits vorausgesetzt – man schließt ja aus den bisherigen Erfahrungen auf künftige Anwendungsfälle; es kommt zu einem *Zirkelschluss*. Wie man es auch drehen und wenden mag, die Induktion lässt sich als wissenschaftliche Erkenntnismethode nicht rechtfertigen.[5]

In den (Erfahrungs-)Wissenschaften ist es üblich geworden, unzureichendes Wissen von der Wahrheit einer Aussage durch *Wahrscheinlichkeiten* auszudrücken. Die Idee ist hier, dass man sich der Wahrheit annähere, wenn nur die Wahrscheinlichkeit hoch ist, dass ein bestimmtes Ereignis eintritt; dass also die Wahrscheinlichkeit $w = 1$ mit Wahrheit, die Wahrscheinlichkeit $w = 0$ mit Falschheit gleichzusetzen sei. Doch dieser Gedanke ist logisch falsch.[6] Vielmehr ist zwischen Wahrheit und Wahrscheinlichkeit streng zu unterscheiden. Man erinnere sich an die All-Aussage »Alle Schwäne sind weiß«. Auch wenn bislang nur weiße Schwäne beobachtet wurden (die Wahrscheinlichkeit, dass man weiße Schwäne beobachten konnte, war also $w = 1$), brauchte es nur eine einzige Beobachtung eines schwarzen Schwans, um die induktive Schlussfolgerung, dass es nur weiße Schwäne gibt, als falsch zu entlarven (sodass $w = 0$). Von einer hohen Wahrscheinlichkeit kann man nicht – und das ist eine erkenntnistheoretisch grundsätzliche Schlussfolgerung – auf Wahrheit schließen.

Der *Positivismus* leidet unter weiteren logischen Inkonsistenzen. Man nehme seine Aussage, es müsse eine *Einheitswissenschaft* geben – dass alle Wissenschaften der wissenschaftlichen Methode der Naturwissenschaft zu folgen hätten und dass alles andere unwissenschaftlich sei. Diese Aussage erweist sich bei genauem Überlegen als widersprüchlich. Wenn man diese Aussage als absolut wahr begreift, muss sie erfahrungsunabhängiges Wissen darstellen. Aber dann steht sie im Widerspruch mit der Aussage des Positivismus, wonach es kein erfahrungsunabhängiges Wissen gibt. Wenn sie hingegen als Aussage begriffen wird, die prinzipiell durch Erfahrung widerlegbar ist (wenn ihr Wahrheitswert also erfahrungsabhängig ist), dann kann sie nicht beanspruchen, Allgemeingültigkeit zu haben. Man betrachte eine weitere Aussage des Positivismus: Es gibt kein *a priori*, kein erfahrungsunabhängiges Wissen. Wie begründet der Positivismus diese Aussage, die er als absolut wahr hinstellt? Mit der Erfahrung lässt sie sich nicht begründen: Das Induktionsproblem zeigt, dass sich durch Erfahrung die Allgemeingültigkeit einer Aussage nicht feststellen lässt. Die Aussage kann aber auch nicht erfahrungsunabhängig (also a priori) sein, denn genau das bestreitet der Positivismus! Damit ist er als widersprüchliche Wissenschaftsdoktrin entzaubert.

Der *Empirismus* behauptet, dass alles Wissen aus der Erfahrung stammt und nur hypothetisch wahr ist, und dies gelte mit absoluter Gewissheit. Die Aussage jedoch, dass alles Wissen aus der Erfahrung rührt, kann der Empirismus aus sich heraus nicht rechtfertigen. Schließlich ist nach ihm ja alles Wissen nur hypothetisch wahr. Deshalb läuft die als wahr behauptete Aussage des Empirismus »Alles Wissen stammt aus der Erfahrung« auf einen Widerspruch hinaus. Der Empirismus behauptet zudem, dass ökonomische Phänomene –

wie dies in den Naturwissenschaften der Fall ist – beobachtbar und messbar sind. Wie begründet sich diese Aussage? Auch sie steht im Widerspruch zur Kernaussage des Empirismus: Er behauptet schließlich, dass alles Wissen nur hypothetisch wahr ist, und daher kann er nicht mit Gewissheit behaupten, dass ökonomische Phänomene beobachtbar und messbar sind. Weiterhin ist zu beachten, dass Beobachten und Messen voraussetzt, dass der Beobachtende und Messende bereits weiß, was Beobachten und Messen bedeuten. Eine solche Erkenntnis setzt aber ein Wissen voraus, das der empirischen Erkenntnis vorangeht, Wissen, das der Empirismus selbst nicht bereitstellen kann. Mit anderen Worten: Der Empirismus erweist sich bei genauer Betrachtung als eine sich selbst widersprechende Doktrin.

Mises legt einen weiteren Selbstwiderspruch des Positivismus offen: Er hebt hervor, dass der Versuch, Wissen aus Erfahrung zu schaffen, die Gültigkeit des *Konstanzprinzips* voraussetzt.[7] Um das zu verstehen, muss man sich vor Augen führen, dass ein Bestätigen oder Verwerfen einer Hypothese notwendigerweise das Verstandesprinzip »gleiche Ursache, gleiche Wirkung« beziehungsweise »ungleiche Ursache, ungleiche Wirkung« unterstellt.[8] Ansonsten könnte man aus beobachteten Ursache-Wirkungen nichts schlussfolgern. Wie aber lässt sich die Gültigkeit des Konstanzprinzips begründen? Durch Erfahrung lässt sich die Gültigkeit des Konstanzprinzips nicht bestätigen (verifizieren): Man kann zum Beispiel zwei gleiche Wirkungen als Folge von zwei gleichen Ursachen nur beobachten, wenn man die Gültigkeit des Konstanzprinzips bereits vorausgesetzt hat. Das Konstanzprinzip lässt sich aber auch nicht verwerfen (falsifizieren): Selbst wenn man auf eine »gleiche Wirkung« eine »ungleiche Wirkung« beobachtet, so heißt das nicht, dass man künftig nicht doch noch eine »ungleiche Wirkung« beobachten kann. Mit anderen Worten: Das Konstanzprinzip ist erfahrungsunabhängig. Als Bedingung der Möglichkeit von Erfahrung ist es *apriorisch*. Die Positivisten verneinen das – aber unterstellen genau das, wenn sie behaupten, wissenschaftliche Erkenntnis lasse sich nur durch Erfahrung schaffen.

In der Nationalökonomie führt der Positivismus-Empirismus wissenschaftlich ins Nichts. Um das zu illustrieren, nehmen wir folgende Hypothese an: »Wenn die Geldmenge erhöht wird, steigen die Preise.« Nehmen wir weiter an, diese Hypothese wird anhand von Vergangenheitsdaten getestet, und die Tests zeigen, dass das Ansteigen der Geldmenge mit einem Ansteigen der Preise verbunden war. Erweist sich die Hypothese als wahr? Die Antwort lautet: Nein. Die Beobachtungen bestätigen zwar die Hypothese. Aber das heißt nicht, dass die Hypothese auch künftig bestätigt wird. Es kann ja sein, dass die Preise künftig nicht steigen, wenn die Geldmenge erhöht wird. Was aber, wenn die Hypothese »Wenn die Geldmenge erhöht wird, dann steigen die Preise« nicht durch die Beobachtungen bestätigt wurde? Kann sie dann als widerlegt gelten? Die Antwort lautet wiederum: Nein. Es kann ja sein, dass künftige Beobachtungen die Hypothese bestätigen. Mit anderen Worten: Der Empirismus ist nicht in der Lage, verlässliche Erkenntnisse bereitzustellen. Er führt zu einem *erkenntnistheoretischen Skeptizismus*.

Der naive Empirismus ist mittlerweile ersetzt worden durch den *Falsifikationismus*, wie er in Poppers *Kritischem Rationalismus* benannt wird. Aus drei Gründen wird der Falsifikationismus als eine gelungene Fortentwicklung gesehen.[9] Erstens: Der Falsifikationismus scheint »vorsichtig« mit dem Wahrheitsbegriff umzugehen, eine Haltung, die sich aus der Einsicht speist, dass der menschliche Geist fehlbar ist und man daher nicht davon ausgehen kann, jemals absolut sichere Erkenntnis erlangen zu können. Zweitens: Popper befreit den Empirismus vom logisch nicht haltbaren *Induktionsproblem*: Man kann den Wahrheitsgehalt einer Hypothese durch Einzelbeobachten nicht (logisch) abschließend bestätigen oder verwerfen. Mit anderen Worten: Die Verifikation einer Theorie ist nicht möglich. Bestenfalls kann man eine Hypothese nicht falsifizieren.[10] Drittens: Der Falsifikationismus sorgt, so die allgemeine Auffassung, für einen fortschreitenden Prozess von »Versuch und Irrtum«, der immer näher an die Wahrheit heranführt: Schlechte Theorien werden durch bessere Theorien ersetzt, ohne dabei jedoch eine abschließende Bestätigung oder Zurückweisung der Theorien erwirken zu können. Im Zuge dieses *Wissenschaftsfortschritts* erscheint »späteres« Wissen immer »besseres« Wissen zu sein, weil mit der Zeit immer mehr Irrtümer ausgemerzt werden.

Bei genauem Überdenken zeigt sich allerdings, dass sich auch der Falsifikationismus in einen logischen Widerspruch verstrickt.[11] Er behauptet mit absoluter Wahrheit, dass Hypothesen nicht verifizierbar seien, dass sie bestenfalls nicht verworfen *(nicht falsifiziert)* werden können. Diese Behauptung lässt sich aus dem Falsifikationismus heraus selbst nicht begründen: Wie kann diese Behauptung absolute Gültigkeit beanspruchen, wenn eine Aussage sich – wie es der Falsifikationismus behauptet – bestenfalls bis auf Weiteres nicht widerlegen lässt? Hinzu kommt das Problem, dass Beobachtungen, die zur Überprüfung von Hypothesen verwendet werden, *theorieabhängig* sind. Es gibt *keine reine Erfahrung*, sondern Erfahrung wird stets auf der Grundlage von Theorien gemacht. Wenn es nun aber, wie die Falsifikationisten behaupten, kein sicheres Wissen gibt, ob eine Theorie richtig oder falsch ist, so kann es auch kein sicheres Wissen über die Richtigkeit von

Beobachtungen geben. Die richtigen Theorien können sich schließlich im Zeitablauf ändern, und wenn das der Fall ist, werden sich auch die Beobachtungen ändern, denn sie hängen ja von der jeweils als richtig erachteten Theorie ab. Man kann daher nie sicher sein, dass die Beobachtungen, die zur Überprüfung von Theorien Verwendung finden, die richtigen sind. Kurzum: Der Falsifikationismus kann die zentralen Probleme des Empirismus, die er vorgibt zu lösen, nicht lösen.[12]

Die vorangehenden Anmerkungen haben verdeutlicht, dass die wissenschaftliche Methode, die dem *Positivismus-Empirismus-Falsifikationismus* folgt, unter erkenntnistheoretischen Problemen und Defiziten leidet. Angewandt in der Erfahrungs- und Naturwissenschaft, fallen sie üblicherweise nicht ins Gewicht. Hier geht es in der Regel um das Aufdecken von Ursache-Wirkungs-Beziehungen zwischen *Erkenntnisobjekten*, deren Reaktion auf bestimmte Stimuli sich meist auch durch (naturgesetzlich) konstante beziehungsweise messbare Beziehungen auszeichnet. Ganz anders stehen die Dinge in der Nationalökonomie, in den Sozialwissenschaften. Das Erkenntnisobjekt der Nationalökonomie – der handelnde Mensch – unterscheidet sich kategorisch, ist von anderer Art im Vergleich zu den Erkenntnisobjekten der Naturwissenschaft. Im Bereich des menschlichen Handelns lässt sich die wissenschaftliche Methode, die dem Positivismus-Empirismus-Falsifikationismus empfiehlt, nicht anwenden. Das hat Mises immer wieder verdeutlicht und die Konsequenzen in seiner Forderung nach einem *methodologischen Dualismus* zum Ausdruck gebracht. Widerspruchsfrei lässt sich die Nationalökonomie nur als *apriorische* Handlungswissenschaft verstehen und betreiben.[13]

Das Anwenden des Positivismus-Empirismus-Falsifikationismus in den Wirtschaftswissenschaften, wie es heute üblich geworden ist, hat weitreichende Folgen. Wie gezeigt verneint der Positivismus die Existenz von absoluten Wahrheiten – er verneint *a-priori*-Erkenntnisse – und stellt alles, was als Wissen vorgebracht wird, fortwährend zur Disposition, auf den Beobachtungsprüfstand. Das führt zu einer Mentalität des *Relativismus* und *Skeptizismus* nach dem Motto: »Alles ist möglich, es gibt keine ökonomischen Gesetze; was gestern galt, mag morgen nicht mehr gelten.« Weil nun aber aus der wirtschaftswissenschaftlichen Theorie Handlungs- und Politikempfehlungen abgeleitet werden (man denke nur einmal an die sich zusehends auf wissenschaftliche Erkenntnisse berufende Wirtschafts- und Geldpolitik), kann der positivistisch-empiristisch-falsifikationistische Ansatz natürlich dazu dienen beziehungsweise missbraucht werden, um schädliche Politiken als scheinbar gemeinwohlfördernd zu legitimieren.

Um das zu verdeutlichen, seien folgende vier ökonomische Aussagen betrachtet, die sich aus praxeologischer Sicht unzweifelhaft als wahr einsehen lassen: (1) Jede Transaktion, die nicht freiwillig ist (wie es zum Beispiel Raub und Besteuerung sind), stellt eine Partei besser auf Kosten der anderen Partei; (2) der Grenznutzen eines Gutes nimmt mit steigender Verfügbarkeit des Gutes ab; (3) Mindestlöhne, die oberhalb des markträumenden Niveaus liegen, führen zu ungewollter Arbeitslosigkeit; (4) ein Ansteigen der Geldmenge erhöht die Preise über das Niveau, das sich ohne eine Ausweitung der Geldmenge einstellen würde. Der Positivist wird die Wahrheit jeder dieser Aussagen anzweifeln müssen – weil sie ja aus seiner Sicht nur hypothetische, aber keine absoluten Wahrheiten sein können. Seine Geisteshaltung würde es sogar erlauben, die folgenden (unwahren) Hypothesen zu formulieren: (1) Raub und Besteuerung steigern die Wohlfahrt; (2) der Grenznutzen eines Gutes muss nicht notwendigerweise mit wachsendem Gütervorrat abnehmen; (3) Mindestlöhne erhöhen die Beschäftigung; und (4) das Ausweiten der Geldmenge führt nicht notwendigerweise zu höheren Preisen.

Der Positivist wird argumentieren, dass man den Wahrheitsgehalt der voranstehenden Aussagen nur bestimmen kann, indem man sie in der Praxis ausprobiert. Der Positivismus – der die Existenz von ökonomischen Gesetzmäßigkeiten verneint —, befördert damit nicht nur eine Mentalität des *Relativismus.* Er gibt auch eine Steilvorlage für Demagogen und Rattenfänger: Es wird mit *wissenschaftlichen Mitteln* möglich, die Nationalökonomie vor den politischen Karren zu spannen. Unter Missachtung ökonomischer Gesetzmäßigkeiten (die es ja im positivistischen Wissenschaftsansatz nicht gibt) lassen sich fortan heilsversprechende Politiken anpreisen und scheinlegitimieren (wie zum Beispiel, dass die Wirtschaft nur wachsen könne, wenn die Geldmenge steigt). Wenn die Versprechungen nur gut genug klingen, wird sich kaum jemand gegen ihre Verwirklichungsversuche sperren wollen. Wer will erreichbare Wohltaten seinen Mitmenschen vorenthalten? Wer will sich den Vorwurf machen lassen, dass er sich dem Neuen verschließen und engstirnig am Althergebrachten festhalten will? Der Positivismus erlaubt es, die Nationalökonomie in besonderem Maße der Politik und damit antimarktwirtschaftlichen, freiheitsfeindlichen Kräften dienstbar zu machen.

Doch damit nicht genug. Der Positivismus bietet eine *wirkungsvolle Immunisierung*, sollten die Politikexperimente, zu denen er ermuntert, in der Praxis scheitern. Wenn sich die versprochenen Ergebnisse der Politik nicht einstellen (wenn zum Beispiel das Ausweiten der Geldmenge das Wirtschaftswachstum nicht wie versprochen belebt hat), wird der Positivist nicht etwa zugestehen, dass die Politikmaßnahme als solche nicht zum erwünschten Ziel führen kann. Er wird vielmehr argumentieren, dass die empfohlene Politik sehr wohl richtig ist, dass sie zum Ziel führt. Das beobachtbare Scheitern wird er darauf zurückführen, dass man nicht »beherzt« und »aggressiv« genug vorgegangen ist. Seine Empfehlung wird sein, dass es einer größeren Dosis der empfohlenen Politik bedarf, um das gewünschte Ziel zu erreichen. Oder der Positivist wird angesichts des Scheiterns seiner Empfehlungen auf Faktoren verweisen, deren unerwartetes Einwirken verhindert habe, dass die Politik das gewünschte Ziel erreicht hat. Man müsse lediglich diese Faktoren von nun an gebührend berücksichtigen, und dann werde man beim nächsten Versuch das gewünschte Ziel erreichen.

Der Positivist wird beim Scheitern des Experiments nicht vom Experimentieren ablassen. Er wird empfehlen, das Experiment zu verändern, zu erweitern, zu verfeinern. Denn auf diese Weise werde man zum gewünschten Ergebnis gelangen. Der Positivismus erteilt der Politik gewissermaßen eine *Carte Blanche*, um mit dem Leben der Menschen nach Gutdünken herumzuexperimentieren. Es kommt nicht von ungefähr, dass das Vordringen des positivistischen Ansatzes in der Volkswirtschaftslehre sich (wieder einmal) in einer Zeit vollzieht, in der der Staat immer stärker die Freiheiten der Bürger einschränkt und nahezu alle Lebens- und Wirtschaftsbereiche durchdringt und maßgeblich beherrscht. Das ist nur möglich, wenn allgemein die Auffassung vorherrscht, dass nur der Staat, nicht aber der freie Markt, für Bildung, Altersvorsorge, Gesundheit, Straßen, Kapitalanlage, Kredit und Geld in angemessener Qualität sorgen kann. Der Positivismus findet daher auch insbesondere bei den Befürwortern des Interventionismus, bei Regierungen und ihren Vertretern, großen Zuspruch. Er ist eine wissenschaftliche Methode, die das Anwachsen des Staates zulasten der Freiheiten des Einzelnen begünstigt.

In *The Ultimate Foundation of Economic Science* deckt Mises scharfsinnig und umfassend die Defekte des Positivismus-Empirismus-Falsifikationismus auf. Er benennt eindrücklich die zerstörerischen Konsequenzen, die sich einstellen, wenn die Nationalökonomie der (vermeintlich) wissenschaftlichen Methode des Positivismus (und in seinem Gefolge auch Empirismus und Falsifikationismus) nacheifert. Mises weiß, dass das Zurückweisen des Positivismus mit wissenschaftlichen Mitteln unverzichtbar ist, um letztlich eine Theorie der Freiheit zu formulieren und im Wissenschaftsbetrieb durchzusetzen. Der Positivismus ist der *scheinwissenschaftliche Wegbereiter* des Kollektivismus. Er scheinlegitimiert Politiken, die in die Unfreiheit führen. Die Theorie der Freiheit muss, und das hat Mises erkannt, ihren Ausgangspunkt von der Einsicht nehmen, dass der Mensch handelt. Wenn das aus dem Blick gerät – wenn man sich in den Sozialwissenschaften über die unbestreitbare Einsicht hinwegsetzt, dass der Mensch handelt –, haben die Kräfte, die das Individuum unter ihren Willen, unter ihre Willkür bringen wollen, die Oberhand.

TEIL III

Wirkung

Von Wien über Genf nach New York

»Ich wollte Reformer werden, doch ich bin nur der Geschichtsschreiber des Niedergangs geworden.«

LUDWIG VON MISES (1978), ERINNERUNGEN, S. 76.

Ludwig von Mises widmet sich in seinem wissenschaftlichen Werk den großen wirtschaftlichen und gesellschaftlichen Fragestellungen – und gibt sich dabei als einer der herausragenden Ökonomen, Gesellschaftsphilosophen sowie Wissenschafts- und Freiheitstheoretiker des 20. Jahrhunderts zu erkennen. Mises weist nach, dass der *Kapitalismus* – die freie Marktwirtschaft die einzig dauerhaft durchführbare Wirtschafts- und Gesellschaftsverfassung ist, dass der *Sozialismus* nicht funktionieren kann und dass der *Interventionismus* – der »dritte Weg« – keine durchführbare Alternative zu Kapitalismus und Sozialismus darstellt. Als scharfsichtiger Geldtheoretiker erkennt Mises zudem die wirtschaftlichen und politisch-sozialen Schäden, die sich einstellen, wenn der Staat die Hoheit über das Geld an sich zieht und das Sachgeld durch Fiat-Geld ersetzt. Mises' Analyse zeigt, dass das Fiat-Geld ein *Fremdkörper* in einer freien Marktwirtschaft ist, der sie sogar zu Fall bringen kann. Mit politikökonomischem Gespür erfasst Mises zudem das Problem, dass die Krisen, für die das Fiat-Geld sorgt, in der Öffentlichkeit aus Unwissenheit oder demagogischem Kalkül – regelmäßig dem Kapitalismus angelastet werden; und dass dies eine antikapitalistische Stimmung bei den Menschen schüre, die dem Staat erlaubt, die freie Marktwirtschaft auszuhöhlen und nach und nach in eine Befehls- und Zwangswirtschaft umzuwandeln.

Für den Wissenschaftler Mises ist es tragisch, dass er seine Erkenntnisbeiträge vor allem in einer Zeit erarbeitet und vorträgt, in der die Welt dem Geist der Unfreiheit – in Form von Sozialismus, Kommunismus, Faschismus und Interventionismus – anheimgefallen ist. Die Rezeption seines Werkes leidet dadurch. Und auch zu Beginn des 21. Jahrhunderts ist Mises' Lehre noch immer nicht voll durchgedrungen. Zwar hat mittlerweile das Vorhaben, den Sozialismus – verstanden als Vergemeinschaftung der Produktionsmittel – zu errichten, viel von seiner früheren Anziehungskraft verloren. Das aber gilt nicht für die Ziele, die die Kollektivisten-Sozialisten damals wie heute erreichen wollen. Die Ziele sind vielmehr die gleichen geblieben – der Staat soll die Wirtschaft lenken und Einkommen und Vermögen »sozial gerecht« umverteilen –, nur die Mittel haben sich geändert. Heutzutage ist es der *Wohlfahrtsstaat*, mit dem die sozialistische Agenda in die Tat umgesetzt werden soll. Der Staat belässt dazu formal das Privateigentum, unterstellt es aber in immer stärkerem Maße seiner Weisung – durch Besteuerung, Weisungen, Anordnungen und Verbote. Der interventionistische Wohlfahrtsstaat zieht dabei immer mehr Aufgaben an sich, die zuvor vom freien Markt wahrgenommen wurden, und er bringt immer mehr Menschen in seine Abhängigkeit. Wirtschaft und Gesellschaft werden so nach und nach die Grundlagen der freien Marktwirtschaft entzogen und den Prinzipien des Lenkungs- und Zuteilungsstaates unterworfen. Wie die überzeugten Sozialisten bringen auch die glühenden Anhänger des Wohlfahrtsstaates nur wenig Sympathien für Mises' nationalökonomische Lehre auf. Umso bemerkenswerter ist es, dass die von Mises begründete Denktradition heute bekannter ist als je zuvor.

In seiner Wiener Zeit veröffentlicht Mises wichtige Schriften: *Theorie des Geldes und der Umlaufsmittel* (1912), *Nation, Staat und Wirtschaft* (1919), *Die Gemeinwirtschaft* (1922), *Liberalismus* (1927), *Kritik des Interventionismus* (1929) und *Grundprobleme der Nationalökonomie* (1933). Sie und viele weitere Aufsätze und Vorträge weisen ihn als originären, scharfsinnigen Wissenschaftler und liberalen Nationalökonomen aus. Auf breiten Zuspruch stößt Mises mit seinen Beiträgen allerdings nicht. Der *Zeitgeist* steht gegen ihn, und er wird zum Außenseiter im Wissenschaftsbetrieb, in dem die kollektivistisch-sozialistischen Ideen auf fruchtbaren Boden gefallen sind. Allerdings gelingt es Mises' Kritikern nicht, wissenschaftlich tragfähige Argumente gegen seine erkenntnistheoretischen und nationalökonomischen Einsichten vorzubringen – und das hat sich bis zum heutigen Tage nicht geändert: Denn das rigorose (praxeo-)logische Fundament, auf dem Mises seine wissenschaftlichen Arbeiten aufbaut, lässt sich mit logischen Mitteln nicht zurückweisen. Auf dieser Basis kann Mises nachweisen, dass die Nationalökonomie *nicht* als Erfahrungswissenschaft, wohl aber als *apriorische Handlungswissenschaft* rationalisiert werden kann. Dadurch macht Mises nationalökonomische Theorien zu *wissenschaftlich abschließend entscheidbaren Wahrheitsfragen*.

Mit dem Aufkommen des Wiener *Neopositivismus* gegen Ende der 1920er-Jahre gerät Mises' nationalökonomisches Denken unter Beschuss. Die Neopositivisten fordern die *Einheitswissenschaft*. Die Wissenschaft – einschließlich der Nationalökonomie – müsse dem *positivistischen Wissenschaftsideal* folgen, wie es in den Naturwissenschaften erfolgreich praktiziert wird. Das ist ein Frontalangriff auf die Wissenschaftlichkeit von Mises' Ansatz. Mises zufolge erfordert die Eigenart der Nationalökonomie eine *eigene* wissenschaftliche Methode, die sich von derjenigen, die in den Naturwissenschaften verwendet wird, fundamental unterscheiden *muss* (und deshalb vertritt er einen *methodologischen Dualismus)*. Nationalökonomische Erkenntnisse (im Sinne von Regel- oder Gesetzmäßigkeiten) lassen sich durch logisches Denken, nicht aber durch Erfahrung gewinnen. Die Neopositivisten bleiben während ihrer Wiener Zeit mehr oder weniger einflusslos. Doch nachdem viele von ihnen nach Großbritannien und in die Vereinigten Staaten von Amerika emigriert sind und dort Lehraufträge an namhaften Universitäten erhalten haben, verbreitet sich der *Positivismus-Empirismus-Falsifikationismus* und wird zur vorherrschenden Wissenschafts-Philosophie und -methode. Mises, der davon unbeeindruckt die Anwendbarkeit dieser wissenschaftlichen Ausrichtung in der Nationalökonomie bestreitet und zurückweist, gerät ins Hintertreffen.

Mit der Emigration vieler ihrer Repräsentanten in den 1930er- Jahren stirbt die Österreichische Schule der Nationalökonomie in Europa de facto aus. Im Land der unbegrenzten Möglichkeiten finden die Österreicher (beziehungsweise *Austrians)* eine neue Heimat. Es folgt eine wechselhafte Entwicklung. In der Zeit nach dem Zweiten Weltkrieg steigt zunächst der *Keynesianismus* zur beherrschenden Doktrin in den Wirtschaftswissenschaften auf. Man vertraut auf die Staatsallmächtigkeit, befürwortet Konjunktursteuerung und akzeptiert Inflation als Mittel der Wirtschaftspolitik – ein Denken, das begünstigt wird durch die Dominanz der positivistisch-empirisch-falsifikationistischen Methode. Die Folgen lassen nicht lange auf sich warten. Anfang der 197Oer-Jahre kommt es zur *Stagflation*: Die Wirtschaftsleistung in vielen Ländern schrumpft, die Arbeitslosigkeit nimmt zu, die Inflation steigt stark an. Es geschieht also etwas, was es laut dem keynesianischen Theoriegebäude gar nicht geben dürfte. Man sucht nach einer Erklärung für die Missstände. Dabei wird jedoch nicht die Österreichische Schule der Nationalökonomie (in der Tradition Mises') als die bessere Lehre (wieder-) entdeckt, sondern das Scheitern des Keynesianismus verhilft dem *Monetarismus*, der sogenannten *Chicago School*, zum Aufstieg.

Mises' nationalökonomische Wortmeldungen sind auch in den Vereinigten Staaten von Amerika unpopulär, sind nicht vereinbar mit der herrschenden Lehrmeinung. Doch er publiziert unerschrocken in klaren, unmissverständlichen Worten, rationalisiert die freie Marktwirtschaft, den Kapitalismus, warnt vor Interventionismus, Sozialismus und Inflation, vor allen staatlichen Maßnahmen, die über den Schutz von Leib, Leben und Eigentum des Einzelnen hinausgehen. Die Mehrzahl seiner Fachkollegen folgt ihm darin nicht – ist ahnungslos und unverständig oder duckt sich, hängt ihr Fähnchen in den Wind im Bestreben, der öffentlichen Meinung zu gefallen und Karriere im staatsbezahlten Wissenschaftsbetrieb zu machen. Mises bewahrt seine wissenschaftliche Integrität. Er hält an einer zentralen Einsicht fest: Nur die freie Marktwirtschaft, nicht aber ein staatsinterventionistisches Modell, das der Keynesianismus und auch – wenngleich etwas abgeschwächter – der Monetarismus befürworten, lässt sich dauerhaft als produktive und friedvolle Wirtschafts- und Gesellschaftsordnung durchführen.

Was Mises von den Hauptstrom-Ökonomen unüberbrückbar trennt, ist die wissenschaftliche Methode. Er vertritt die Position, dass sich nationalökonomische Erkenntnisse durch (praxeo-)logisches Denken gewinnen lassen: Der Ökonom ist in der Lage, die *qualitativen* Folgen einer Handlung, die unter bestimmten Umständen erfolgt, *vorab* zu kennen. Man muss also nationalökonomische Theorien nicht erst in der Praxis ausprobieren, um einsehen zu können, welche Konsequenzen sie haben – ob sie ihre Ziele erreichen und folglich richtig sind oder ob sie sie verfehlen und sich damit als falsch erweisen. So lässt sich beispielsweise mit Sicherheit (mit apriorischer Gewissheit) sagen, dass der Sozialismus als undurchführbar abgelehnt werden kann; dass der Interventionismus keine dauerhaft durchführbare Wirtschafts- und Gesellschaftsverfassung ist; dass das freiwillige Tauschen alle am Tausch Beteiligten besserstellt; dass der Grenznutzen einer zusätzlich erhaltenen Gütermenge notwendigerweise abnimmt; dass das Ausweiten der Geldmenge die Güterpreise erhöht beziehungsweise die Güterpreise über das Niveau hebt, das sich ohne eine Ausweitung der Geldmenge einstellen würde; dass ein Mindestlohn, der über dem markträumenden Lohn liegt, für ungewollte Arbeitslosigkeit sorgt; und dass das Ausweiten der Geldmenge durch Bankkreditvergabe zu wirtschaftlichen Störungen und Krisen führt. Alle diese Aussagen lassen sich widerspruchsfrei aus der *apriorischen* Handlungswissenschaft, die Mises als *Praxeologie* bezeichnet, ableiten und als unbestreitbar wahr einsehen.

Aus Mises' Sicht ist die Ausrichtung der modernen Volkswirtschaftslehre fehlgeleitet, und zwar aus zwei Gründen. Erstens: Die heute gängige wirtschaftswissenschaftliche Praxis, in der der Wahrheitsgehalt von Theorien anhand von Vergangenheitsdaten überprüft wird, ist als *unwissenschaftlich* zurückzuweisen. Für den Bereich des menschlichen Handelns lassen sich – anders als in der Naturwissenschaft – aus historischen Ereignissen keine Gesetzmäßigkeiten ableiten. Ökonomische Theorien lassen sich mit historischen Daten illustrieren, aber ihr Wahrheitsgehalt kann auf diese Weise nicht beurteilt werden. Die Richtigkeit oder Falschheit von ökonomischen Theorien lässt sich nur durch (praxeo-)logisches Denken zweifelsfrei feststellen. Zweitens: Im Bereich des menschlichen Handelns lassen sich *keine Verhaltenskonstanten* aufspüren. Daher ist es auch nicht möglich, *quantitative* Prognosen zu erstellen etwa in dem Sinne, dass zum Beispiel ein Anheben des Zentralbankzinses um X Prozentpunkte den Wechselkurs um *Y* Prozentpunkte verändert; oder dass aus einer Unternehmenssteuersenkung von X Prozentpunkten eine Wachstumsbelebung von *Y* Prozent resultiert. Genau das aber gibt die moderne Volkswirtschaftslehre vor leisten zu wollen: prognostisch verwertbare Erkenntnis bereitzustellen, die gewonnen wird aus Erfahrungen. Eine ganz und gar vergebliche Anstrengung, wie Mises nachweist.

Dass sich Mises' wissenschaftliche Methode in der Nationalökonomie nicht durchgesetzt hat, liegt nicht etwa daran, dass sie als unangemessenes, als falsches Verfahren widerlegt worden wäre. Andere Gründe sind dafür verantwortlich. Zunächst einmal ist festzustellen, dass eine wissenschaftliche Methode, wenn sie erst einmal von vielen Wissenschaftlern einer Zunft akzeptiert wird, *Beharrungskräfte* entfaltet – und die fundamentale Methodenkritik zu einer undankbaren Aufgabe macht. Viele Wissenschaftler scheuen davor zurück, vor allem die aufstrebenden Wissenschaftler, deren eigenes Fortkommen vom Zuspruch der etablierten Wissenschaftler abhängt. Weiterhin ist der Anreiz für Ökonomen groß, aus *Eigennutz* dem Positivismus-Empirismus-Falsifikationismus zu folgen und ihn gegen grundlegende Kritik zu verteidigen. Denn die Berufschancen für Ökonomen sind beachtlich, wenn die Wirtschaftswissenschaft als Erfahrungswissenschaft verstanden und praktiziert wird. Es lässt sich dann beispielsweise eine nahezu unerschöpfliche Zahl von (öffentlich finanzierten) Forschungsprojekten erschließen, die sich durch ein routinemäßiges Anwenden von statistischen Verfahren abarbeiten lassen. Man kann zum Beispiel die Beziehung zwischen Geldmengenwachstum und Güterpreisen untersuchen, die in Land *A* für die Zeit 1970 bis 2017 zu beobachten war. Das Gleiche lässt sich danach für Land *B* untersuchen, danach für Land *C* und so weiter. Für die Ökonomen eröffnen sich so großartige Beschäftigungsmöglichkeiten.

Ein weiterer Vorteil, der den Sozialwissenschaftlern aus der Akzeptanz des Positivismus-Empirismus-Falsifikationismus erwächst, ist die zunehmende Auf- und Feingliederung der Wirtschaftswissenschaften in Teilbereiche wie zum Beispiel Arbeitsmarktökonomik, Gesundheitsökonomik, Institutionenökonomik, Umwelt Ökonomik, Verkehrs Wissenschaft, Finanzwissenschaft, Geld und Kredit und weitere Spezialgebiete. Auch das verschafft natürlich den Ökonomen Einkommens- und Profilierungsgelegenheiten, die es in dieser Fülle nicht geben würde, wenn die Nationalökonomie als apriorische Handlungswissenschaft verstanden und betrieben wird. Und dann ist da noch der Einfluss des Staates. Er hat ein großes Interesse daran, die Nationalökonomie für seine Zwecke nutzbar zu machen: Die Überzeugungskraft politisch-ideologischer Parteiprogramme nimmt erheblich zu, wenn sie mit einer nationalökonomischen Expertise dargeboten und auf diese Weise (schein-)legitimiert werden. Politische Heilsversprechen, die gemeinhin als »wünschenswert« und »gerecht« gelten, erfahren eine Aufwertung, wenn sie nationalökonomisch als »richtig« und »praktikabel« ausgewiesen werden. Der Positivismus-Empirismus-Falsifikationismus eignet sich in ganz besonderem Maße dazu, die Nationalökonomie politisch dienstbar zu machen, den Ökonomen ihre Unbefangenheit zu nehmen – insbesondere dann, wenn der Staat vorzugsweise Ökonomen, die dem Positivismus-Empirismus-Falsifikationismus anhängen, beschäftigt und finanziert.

Der Positivismus-Empirismus-Falsifikationismus ist im Kern skeptizistisch-relativistisch, nach dem Motto: *Es gibt keine Gesetzmäßigkeiten im Bereich des menschlichen Handelns, die man nicht überwinden könnte, alles ist möglich*. Wenn nun eine ökonomische Theorie verheißungsvoll klingt, will man sie natürlich ausprobieren, sie in die Tat umsetzen. Wer die Nationalökonomie als Erfahrungswissenschaft begreift, der hegt keine grundsätzlichen Vorbehalte gegen »Sozialexperimente«. Eingefleischte Positivisten-Empiristen werden selbst die aberwitzigsten Theorien und Politikversprechen *testen* wollen, sie nicht schon im Vorhinein, aus rein logischen Gründen als sinn- und zweckwidrig aussortieren und zurückweisen. Beispielsweise sind die folgenden Aussagen für Positivisten-Empiristen *möglicherweise wahr* und verdienen getestet zu werden: Die staatliche Umverteilung von Einkommen und Vermögen befördert das Wirtschaftswachstum. Oder: Die Einführung eines Mindestlohns, der über dem markträumenden Lohn liegt, schadet der Beschäftigungslage nicht. Oder: Der Staat soll das Sachgeld (Goldgeld) durch ungedecktes Papiergeld ersetzen, denn das unterstützt Wachstum und Beschäftigung. Oder: Senkt die Zentralbank den Zins, nehmen Produktion und die Zahl der Arbeitsplätze zu. Mit Mises' wissenschaftlicher Erkenntnismethode lassen sich jedoch die voranstehenden Aussagen allesamt als sinn- und zweckwidrig entlarven. Dazu muss man nicht in der Praxis herumexperimentieren. Durch praxeologisches Denken lässt sich vielmehr einsehen, ob ökonomische Theorien richtig sind oder nicht – ob sie die Ziele, die sie vorgeben erreichen zu können, auch tatsächlich erreichen können. Daher ist es nicht überraschend, wenn Ökonomen, die die Nationalökonomie als apriorische Handlungswissenschaft auffassen, auf Ablehnung stoßen – möglicherweise sogar auf erbitterten Widerstand – seitens der Regierungen, der Vertreter von Sonderinteressen und nicht zuletzt auch der Ökonomen, die dem Positivismus-Empirismus-Falsifikationismus anhängen.

Zusätzlich zu den bereits genannten Gründen, die der Akzeptanz von Mises' Werk entgegenstehen, kommt eine *selbstgemachte Erklärungsschwäche* hinzu. Sie lautet: Mises hat die logische Notwendigkeit, dass die Wirtschaftswissenschaft nicht als empirische, sondern nur als apriorische Handlungswissenschaft konzeptualisiert werden kann, nicht hinreichend deutlich gemacht.[1] Er argumentiert, dass es *unter dem gegenwärtigen Erkenntnisstand* nicht möglich ist, menschliches Handeln durch externe Faktoren systematisch zu erklären. Im Bereich des menschlichen Handelns gibt es, so Mises, keine konstanten Verhaltensparameter. Menschen reagieren nicht roboterartig auf einen bestimmten Einflussfaktor in immer gleicher Weise.[2] Daher lässt sich auch kein quantitatives, prognostisch verwertbares Wissen gewinnen nach dem Motto: Wenn Faktor X eintritt, dann vollziehen die Menschen die Handlung Y. Mit dem Hinweis »unter dem gegenwärtigen Erkenntnisstand« entsteht nun aber der Eindruck, dass es möglicherweise künftig doch noch gelingen könnte, die bestehende Erkenntnislücke zu schließen – dass man also vielleicht in der Zukunft Verhaltenskonstanten im Bereich des menschlichen Handelns entdecken könnte, und zwar durch Erfahrung. Wenn diese Möglichkeit besteht, ließe sich durchaus rechtfertigen, die Wirtschaftswissenschaft *nicht nur* als apriorische Handlungswissenschaft, sondern *auch* als empirische Wissenschaft zu betreiben: Warum sollte man sich dem Erkenntnisfortschritt, den die empirische Wirtschaftsforschung bereithalten könnte, verbauen, indem man die Volkswirtschaftslehre verengt als *apriorische* Wissenschaft betreibt? Eine einschüchternde Frage: Denn welcher Wissenschaftler will sich schon durch das Festlegen auf eine wissenschaftliche Methode verdächtig machen, er sei engstirnig, er wolle sich gegen die Möglichkeit von Erfahrungserkenntnis immunisieren? Kein seriöser Wissenschaftler will sich einem solchen Verdacht aussetzen.

Doch der logische Nachweis, dass die Wirtschaftswissenschaft sich nicht als empirische, sondern nur als *apriorische Handlungswissenschaft* verstehen lässt, lässt sich erbringen, und er soll an dieser Stelle kurz erwähnt werden.[3] Der Mensch ist ein *lernendes Wesen*. Man kann nicht *argumentativ* bestreiten, dass man nicht lernen kann. Wer sagt »Der Mensch kann nicht lernen«, setzt bereits voraus (für sich und seinen Gesprächspartner), dass man weiß, was »Lernen« ist – dass man selbst und auch die anderen gelernt haben zu lernen. Zu behaupten, dass man *nicht* lernen kann, ist daher ein logischer Widerspruch. Und wer sagt »Der Mensch kann lernen, dass er nicht lernen kann« begeht ebenfalls einen (offenen) logischen Widerspruch. Wenn sich *Lernfähigkeit* logisch nicht verneinen lässt, folgt daraus: Man kann nicht schon heute die künftigen Wissensstände der Handelnden kennen – und daher kann man auch ihr künftiges Handeln nicht schon heute kennen, das aus ihrem künftig verfügbaren Wissen resultiert. Und folglich lässt sich menschliches Handeln nicht erklären und prognostizieren, wie dies im naturwissenschaftlichen Bereich möglich ist. Aus *logischen Gründen* lassen sich keine externen Faktoren finden, mit denen sich künftiges Handeln (gemäß wissenschaftlich gewonnener *Verhaltenskonstanten)*

Vorhersagen ließe. Das, was die moderne Volkswirtschaftslehre vorgibt zu sein – nämlich eine prognostisch verwertbares Wissen herstellende Handlungs- beziehungsweise Sozialwissenschaft –, ist logisch widersprüchlich und damit unsinnig. Aus erkenntnistheoretischen Gründen kann die Nationalökonomie nicht als Erfahrungswissenschaft konzeptualisiert werden.

Wie sieht die *apriorische Handlungswissenschaft* in der Praxis aus? Sie zeichnet sich beispielsweise durch die nachstehenden vier Eigenheiten aus. Erstens: Der Ökonom versucht nicht, den Wahrheitsgehalt von ökonomischen Theorien durch Vergangenheitsdaten (durch »empirische Tests«) zu beurteilen – denn die Beurteilung, ob eine ökonomische Theorie richtig oder falsch ist, kann nur durch praxeologisches Denken erfolgen. Die Nationalökonomie wird als eine *rein nachdenkende Disziplin* verstanden, wird sprichwörtlich *im Sessel sitzend* praktiziert (als »Armchair Science«). Für empirische Forschung gibt es keinen Bedarf. Zweitens: Der Ökonom versucht *nicht* die Bestimmungsgründe für das menschliche Handeln aufzuspüren – aus seiner Sicht ist die Tatsache, dass der Mensch handelt, keiner weiteren wissenschaftlichen Erklärung mehr zugänglich; dass gehandelt wird, ist für ihn das *ultimativ Gegebene*. Drittens: Der Ökonom zeigt die *logischen Konsequenzen menschlicher Handlungen* auf, die unter gegebenen (Umfeld-)Bedingungen resultieren. So gesehen führt der Ökonom *rekonstruierende Analysen* durch. Viertens: Der Ökonom, der sich als apriorischer Handlungswissenschaftler begreift, wird natürlich auch Prognosen erstellen. Sie aber haben *apriorischen Charakter* und sind von bedingter Aussagekraft: Es handelt sich bei ihnen um die logischen *qualitativen* Konsequenzen von Handlungen, die sich unter vorausgesetzten Rahmenbedingungen einstellen. Der Ökonom leitet seine Prognosen nicht – und das sei hier betont – wie der Hauptstrom-Ökonom aus Zusammenhängen ab, die aus Vergangenheitsdaten gewonnen werden.[4] Man erkennt bereits an dieser Stelle, wie weit das Selbstverständnis eines Ökonomen, der sich als apriorischer Handlungswissenschaftler versteht, von dem seines Kollegen entfernt ist, der sich als Erfahrungswissenschaftler sieht.

Mises' erkenntnis- und wissenschaftstheoretische Position stößt nicht nur bei Hauptstrom-Ökonomen auf Desinteresse, Unverständnis oder Ablehnung. Auch einige seiner Schüler distanzieren sich von ihr. Beispielsweise Friedrich August von Hayek (1899–1992). Er erhält im Jahr 1974 den Nobelpreis für Wirtschaftswissenschaften. Das internationale *Prestige*, das mit dieser Auszeichnung verbunden ist, färbt zwar auf die Österreichische Schule der Nationalökonomie positiv ab. Das gilt jedoch nicht für die von Mises vertretenen erkenntnistheoretischen Positionen und die daraus abgeleiteten nationalökonomischen Einsichten. Dabei spielt sicherlich eine Rolle, dass Hayek kein »Misesianer« ist. Hayek teilt beispielsweise Mises' Forderung nicht, der Staat müsse auf das Stärkste eingegrenzt werden. Im Gegenteil: Hayek befürwortet ganz ausdrücklich, dass der Staat viele Aufgaben wahrnimmt, die weit über den Schutz von Leib, Leben und Eigentum des Einzelnen hinausgehen – solange der Staat dabei gewissen formalen Prinzipien folgt. Hayek spricht sich laut hörbar dafür aus, dass der Staat »allgemein Wünschenswertes« schaffen soll wie zum Beispiel Gesundheit, Erziehung, Bildung, Berufsqualifikation, Mindesteinkommen, wertstabiles Geld, geglättete Konjunkturen, sichere Altersvorsorge und vieles andere mehr. Mit Mises' Idee eines Minimalstaates hat das nichts mehr gemein – und deshalb ist Hayek wohl auch ein geduldeter, zuweilen sogar geschätzter Liberaler geblieben im ökonomischen Mainstream und in politischen Kreisen.

Nach Mises' Tod bezieht Hayek sogar offen Stellung gegen seinen Mentor, den er zu Lebzeiten noch als »großen Meister« gelobt hat. Man lese dazu Hayeks Einleitung zu Mises' *Erinnerungen*, die 1978, fünf Jahre nachdem Mises gestorben war, erschienen sind. Hayek bringt darin zwar einige Nettigkeiten über Mises zum Ausdruck. Aber die Zeilen lassen sich doch eher als Rechtfertigung denn als Ausdruck eines Bedauerns verstehen, dass Mises zeitlebens eine Karriere im Wissenschaftsbetrieb – eine ordentliche Professur an einer angesehenen Universität – versagt blieb. Zudem schreibt Hayek: »Es scheint mir heute (...) verständlich, daß er [Mises, *A. d. V.*] zu gewissen überspitzten Behauptungen, wie der vom a priori Charakter der ökonomischen Theorie, getrieben wurde, bei denen ich ihm nicht folgen konnte.«[5] Deutlicher hätte Hayek sich von Mises nicht distanzieren können, als es in diesen Worten zum Ausdruck kommt – die er der persönlichsten Schrift, die Mises zur Veröffentlichung zugelassen hat, voranstellt. In seinem Vorwort zur Neuauflage von Mises' *Socialism* (deutsch: *Die Gemeinwirtschaft*), verfasst 1978, erweckt Hayek dann den Eindruck, Mises hätte im Alter seinen »exzessiven Rationalismus« aufgegeben und sich seinem, Hayeks, Skeptizismus zugewandt.[6] Eine völlig unbegründete Behauptung. Das Gegenteil ist wahr: Noch im hohen Alter rationalisiert Mises die Nationalökonomie als *apriorische Handlungswissenschaft*, wie in *The Ultimate Foundation of Economic Science* (1962) in klaren Worten nachzulesen ist.

Auch Mises' Schüler Israel Meir Kirzner (*1930) scheint in seinem Buch *Ludwig von Mises: The Man and His Economics* (2001) bemüht zu sein, den Eindruck abzuschwächen, Mises hinge einem *extremen Apriorismus* an.[7] Kirzner sticht in jedem

Falle nicht damit hervor, Mises' erkenntnistheoretische Position stützen zu wollen. Seine Formulierungen lassen ebenfalls nicht erkennen, dass die Kritik, Mises verträte eine »doktrinäre Position«, fragwürdig beziehungsweise ungerechtfertigt sei.[8] Dem bekannten US-amerikanischen Ökonomen Milton Friedman (1912–2006) scheint ebenfalls wenig daran gelegen zu haben, Mises in gutem Licht zu zeigen. Friedman berichtet von der ersten Sitzung der *Mont Pelerin Society* im Jahr 1947 in der Schweiz, einem Zusammenschluss von Ökonomen mehr oder weniger liberaler Provenienz. Zu den Teilnehmern zählen neben Mises und Friedman zum Beispiel Friedrich August von Hayek, Fritz Machlup, Walter Eucken, Bertrand de Jou- venel, Frank Knight, Wilhelm Röpke, George Stigler und Lionel Robbins. Nach einer hitzigen Debatte (in der es über die Rolle der Gewerkschaften und die Rolle des Staates in der Einkommensumverteilung geht) stürmt Ludwig von Mises zornig aus dem Raum mit den Worten: »You are all a bunch of socialists«[9] (»Ihr seid alle ein Haufen Sozialisten«). Friedmans Anekdote kann leicht missverstanden werden: Man kann meinen, Mises sei der fanatische Ideologe, Friedman hingegen die Stimme des Ausgleichs und der Vernunft. Doch die eigentliche Lehre, die die Anekdote vermittelt, ist die: Mises hatte richtigerweise erkannt, dass die vermeintlich freiheitlich gesinnte *Mont Pelerin Society* drauf und dran war, die klassisch-liberalen Prinzipien zu verwässern und – wie ein Trojanisches Pferd – den kollektivistisch-sozialistischen Zeitgeist einzuschmuggeln.

Trotz aller Hindernisse hat die Österreichische Schule der Nationalökonomie in der Tradition Mises' über die Zeit immer mehr Anhänger gewonnen, und dies ist nicht zuletzt die Leistung von Mises' herausragendem Schüler und intellektuellem Nachfolger: Murray N. Rothbard (1926–1995), ein genialer Denker mit großer Schaffenskraft, ein brillanter Systemdenker, der an Mises' Seminar in New York teilnimmt und die Tradition von Menger-Böhm-Bawerk-Mises fort- und weiterführt.[10] 1962 veröffentlicht Rothbard das Buch *Man, Economy, and State,* mit dem er Mises' *Human Action* in die Form eines Lehrbuchs gebracht hat. Es folgen weitere Werke, in denen Rothbard auf Mises' praxeologischer Methode aufbaut, sie konsequent in der ökonomischen Analyse zur Anwendung bringt und weiterentwickelt. Zu Rothbards wichtigsten Beiträgen zählen neben *Man, Economy, and State* auch *America's Great Depression* (1963), *Power and Market* (1970), *For a New Liberty* (1973), *The Ethics of Liberty* (1982), *The Mystery of Banking* (1983), *The Case Against the Fed* (1994), das zweibändige Monumentalwerk *An Austrian Perspective on the History of Economic Thought* (1995) und das währungsgeschichtliche Buch *A History of Money and Banking in the United States: The Colonial Era to World War II* (2002). Hinzu kommt eine beeindruckende Zahl von Aufsätzen, Buchbesprechungen sowie wirtschaftspolitischen und -historischen und erkenntnistheoretischen Abhandlungen. Rothbard lehrt von 1963 bis 1985 am New York Polytechnic Institute in Brooklyn, New York, danach bis zu seinem Tod an der University of Nevada, Las Vegas.

Ausgehend von Mises' wissenschaftlicher Methode, der Praxeologie, erarbeitet Rothbard eine politische Philosophie: den *Libertarismus* (englisch: *Libertarianism*). Das Kernelement des Libertarismus ist das *Nicht-Aggressionsprinzip:* Niemand darf physische Gewalt gegen einen anderen oder dessen Eigentum ausüben. Selbsteigentum und Eigentum an den Gütern, die eine Person in nicht-aggressiver Weise in seinen Besitz gebracht hat (durch Erstinbesitznahme, Produktion oder freiwillige Tauschakte), gelten *uneingeschränkt.*

Den unbedingten Respekt vor dem Privateigentum rationalisiert Rothbard als eine *ethisch akzeptable Handlungsnorm* (die dem *Kategorischen Imperativ* Kants genügt): Die Eigentumsnorm kann prinzipiell für jeden immer und überall gelten, und ihr Befolgen stellt zudem das Überleben der Menschheit sicher. Späterfolgend gibt Hans-Hermann Hoppe der *rationalen Ethik des Privateigentums*, die Rothbard auf der Grundlage der naturrechtlichen Überlegungen von John Locke abgeleitet hat, eine konsequente handlungslogische Begründung: Das nämlich das Privateigentum ein *Apriori* ist, das aus der unbestreitbaren Einsicht folgt, dass der Mensch handelt.

Aus der Sicht von Rothbards Libertarismus ist der Staat – verstanden als der territoriale Zwangsmonopolist, der die Letztentscheidungsmacht über alle Konflikte hat, die zwischen dem Staat und seinen Untergebenen sowie zwischen seinen Untergegebenen und dem Staat selbst auftreten – *unvereinbar* mit dem Nicht-Aggressionsprinzip. Der Libertarismus fordert daher folgerichtig, den Staat – im voran genannten Sinne – abzuschaffen und ihn durch die – wie Rothbards prominentester Schüler, Hans-Hermann Hoppe, sie bezeichnet – *Privatrechtsgesellschaft* zu ersetzen. In ihr gibt es keinen zentralen Zwangsapparat, keine Herrschaft der einen über die anderen. Jede Person genießt das uneingeschränkte Eigentum über sich und die von ihr rechtmäßig erworbenen Güter, und alle, einschließlich jeder Institution, ist den gleichen Rechtsregeln unterworfen. Folglich hat niemand ein Rechtsmonopol oder Steuerprivileg. Güter und Dienstleistungen werden im freien Wettbewerb, unter Achtung des Privateigentums, nachgefragt und angeboten. Den Nachfragern steht es frei, ihre Anbieter zu wählen – ob nun im Bereich der Gesundheits- und Alters Vorsorge, der Erziehung und Bildung, des Geldes und des Rechts sowie der Sicherheit. Jedem steht es frei, mit seinem Eigentum an der Bereitstellung der nachgefragten Güter und Dienste teilzunehmen und in den Wettbewerb um zahlende Kundschaft einzutreten. Rothbards Libertarismus ist keine willkürlich herbeigedachte Utopie. Er ist eine *logische Konsequenz*, die sich aus der Lehre vom menschlichen Handeln folgt.

In seiner rigorosen intellektuellen Entzauberung des Staates scheut Rothbard nicht davor zurück, den Blick auf die kritische Rolle der Intellektuellen zu lenken. Worin besteht sie? Rothbards Antwort lautet, »dass seit den frühesten Anfängen des Staates seine Herrschenden als notwendige Unterstützung ihrer Herrschaft ein Bündnis mit der gesellschaftlichen Klasse der Intellektuellen anstrebten. Die Massen erzeugen nicht ihre eigenen abstrakten Ideen oder denken über diese Ideen unabhängig nach; sie folgen passiv den Ideen, die von den Intellektuellenkreisen, den wirkungsvollen Meinungsmachern in der Gesellschaft, angenommen und verbreitet werden. Und weil es genau dieses Erzeugen von Meinungen im Sinne der Herrschenden ist, das der Staat dringend benötigt, formiert dies das uralte Bündnis zwischen den Intellektuellen und den herrschenden Klassen des Staates. Das Bündnis gründet auf einem Quidpro-quo. Auf der einen Seite verbreiten die Intellektuellen unter den Massen, dass der Staat und seine Herrschenden weise, gut, manchmal göttlich und vor allem unverzichtbar und besser als jede denkbare Alternative seien. Als Gegenleistung für die Verkündigung seiner Ideologiemacht macht der Staat die Intellektuellen zu einem Teil der herrschenden Elite, er gibt ihnen Macht, sozialen Status, Ansehen und materielle Sicherheit.«[11]

Auf die Einsicht, dass die Freiheit, dass eine liberal-libertäre Gesellschaft eine entpolitisierte, eine staatsfreie ökonomische Lehre braucht, folgt die Tat. Zusammen mit dem

Journalisten und Mises-Anhänger Llewellyn H. Rockwell Jr. (*1944) gründet Rothbard 1982 das *Ludwig von Mises Institute* mit Sitz in Auburn im US-Bundesstaat Alabama. Als rein privat finanzierte Institution verbreitet das Mises Institute seither die Lehren der Österreichischen Schule der Nationalökonomie, insbesondere in der Misesianisch-Rothbardianischen Ausprägung. Dies erfolgt im Zuge von Konferenzen, Seminaren, Vorlesungen und Vorträgen, aber auch durch die Herausgabe von Fachjournalen und das Veröffentlichen von Kommentaren zu aktuellen wirtschaftlichen und politischen Geschehnissen. Das gesamte Angebot, das das Mises Institute bereitstellt, einschließlich einer sehr umfangreichen digitalen Bibliothek, wird kostenfrei online zur Verfügung gestellt. Die *Mises University*, die seit 1984 jährlich stattfindet, eröffnet Studenten aus aller Welt den Zugang zur Lehre der Österreichischen Schule der Nationalökonomie und bringt sie in Kontakt mit ihren führenden Vertretern. Das Mises Institute hat mit seinen Forschungs- und Lehrprogrammen nicht zuletzt auch ganz entscheidend dazu beigetragen, dass sich in den letzten Jahrzehnten Ökonomen in der Österreichischen Denktradition vermehrt an Universitäten und Forschungsinstitutionen in aller Welt etablieren konnten.

Wenngleich auch die Misesianische Lehrtradition wieder wachsende Verbreitung findet, so ist ihr Einfluss auf die moderne Volkswirtschaftslehre immer noch gering. Vor allem hat sich Mises' wissenschaftliche Methode nicht durchgesetzt, der Positivismus-Empirismus-Falsifikationismus hat die Oberhand behalten. Die Folgen sind nicht ausgeblieben. Die Idee der freien Marktwirtschaft ist in den letzten Jahrzehnten immer weiter zurückgedrängt und zusehends durch einen (Neo-)Interventionismus ersetzt worden, einer Wirtschafts- und Gesellschaftsordnung, in der der Staat mit immer mehr Gesetzen, Verordnungen, Weisungen, Verboten, Geboten und Überwachung eingreift. Ob Arbeit, Energie, Gesundheit, Ernährung, Erziehung und Bildung, Alters Vorsorge, Kredit- und Geldwesen oder Natur- und Klimaschutz – der Staat hat sich überallhin ausgebreitet, ist zum übermächtigen Spieler aufgestiegen. Eine äußerst problematische Entwicklung, denn aus Mises' *Kritik des Interventionismus* wissen wir: Der Interventionismus führt, wenn man sich nicht von ihm abwendet, geradewegs in die *Befehls- und Zwangswirtschaft*, und von dort ist es nur noch ein kleiner Schritt in den totalitären Sozialismus.

Zwangsläufig und unumkehrbar ist dieser Weg jedoch nicht, das hat Mises immer wieder betont. Ob er weiter beschritten oder verlassen wird, hängt allein von den Ideen, den Theorien ab, denen die Menschen Gehör schenken, und die ihr Handeln leiten. Aus Mises' Sicht wird das Schicksal der freien Gesellschaft im Wettbewerb der Ideen und Theorien entschieden. In Mises' Worten: »Von den Ideen, von den Theorien hängt alles ab. ... Ideen können nur durch Ideen überwunden werden. ... Nur im Kampfe der Geister kann die Entscheidung fallen.«[12] Dieses zentrale – und hoffnungsstiftende – Element in Mises' Denken erklärt, warum er der Auseinandersetzung mit der wissenschaftlichen Methode eine so große Aufmerksamkeit geschenkt hat: Denn von der Wahl der wissenschaftlichen Methode hängt es ab, welche Ideen und Theorien in der Nationalökonomie als richtig oder falsch eingesehen werden können – und zwar ohne dass man dazu erst (böse) Erfahrungen machen muss. Damit ist zwar noch nicht gesichert, dass die richtigen Ideen letztlich auch Gehör finden, sich durchsetzen und die falschen Ideen verdrängen. Zumindest aber ist die Fähigkeit, in *erfahrungsunabhängiger* Weise richtige von falschen nationalökonomischen Theorien unterscheiden zu können, eine unverzichtbare Bedingung, um überhaupt die Möglichkeit zu haben, im Wettbewerb der Ideen den Sieg davontragen zu können.

Nicht nur als Theoretiker, sondern auch als Zeitzeuge der totalitären Regime des 20. Jahrhunderts weiß Mises, dass die Freiheit durch falsche Ideen – vor allem auch falsche nationalökonomische Ideen – bedroht ist. Daher gibt er gleich zu Beginn seines Magnum Opus *Nationalökonomie* (1940) seinen Lesern unmissverständlich mit auf den Weg, welche gesellschaftliche Bedeutung der Nationalökonomie zukommt: »Mit dem Schicksal der Nationalökonomie ist das Geschick der modernen Kultur, wie sie die Völker weißer europäischer Rasse seit zweihundert Jahren ausgebaut haben, unlösbar verknüpft. Diese Kultur konnte entstehen, weil die Völker von Ideen beherrscht wurden, die die Anwendung der Lehren der Nationalökonomie auf die Politik darstellten. Sie wird und muss verschwinden, wenn die Politik auf den Wegen, die sie unter dem Einfluss der die Nationalökonomie bekämpfenden Lehren eingeschlagen hat, weiterschreiten sollte.«[13] Mises hat der Theorie der Freiheit eine unerschütterliche, eine nicht hintergehbare *Letztbegründung* gegeben: die *Logik des menschlichen Handelns,* durch die die Nationalökonomie widerspruchsfrei als *apriorische Handlungswissenschaft* konzeptualisiert werden kann. Mises hat der Freiheit aber nicht nur ein unangreifbares Theoriefundament gegeben, er hat es auch unerschrocken und unbeugsam gegen alle Widerstände verteidigt – und deswegen ist Ludwig von Mises der kompromisslose Liberale.

Glossar

A posteriori
→ Erkenntnis, die ihren Ursprung in der Erfahrung hat. Beispiel: *Wasser friert bei null Grad Celsius.*

A priori
Bezeichnet erfahrungsunabhängige → Erkenntnis. Sie zeichnet sich durch Notwendigkeit und Allgemeinheit aus. Beispiel: *Jede Wirkung hat eine Ursache.*

Boom
Belebung der Wirtschaftsaktivität, verursacht durch ein Herabsenken des Zinses, indem die → Umlaufsmittelmenge durch → Zirkulationskredite ausgeweitet wird.

Bust
Korrektur von Fehlentwicklungen. Die Kredit- und Geldschöpfung »aus dem Nichts« kommt zum Stillstand. Der → Zins kehrt auf sein »normales Niveau« zurück.

Deduktion
Schlussfolgern vom Allgemeinen auf das Besondere. Beispiel: Wenn *A* Teil von *B* ist, und *B* Teil von C, dann ist *A* Teil von *C*.

Deflation
Schrumpfen der Geldmenge, in deren Folge die Preise der Güter sinken (beziehungsweise niedriger ausfallen im Ver-

gleich zu einer Situation, in der die Geldmenge nicht vermindert wird).

Doktrin
System von Aussagen, oft mit dem Anspruch auf Allgemeingültigkeit.

Empirismus
Auffassung, dass Wissen (Erkenntnis) nur durch Beobachtung (durch Sinneseindrücke) gewonnen werden kann.

Erkenntnis
Durch Einsicht oder Erfahrung gewonnenes Wissen.

Falsifikationismus
Auffassung, eine → Hypothese lasse sich niemals ein für alle Mal begründen (verifizieren), sie lasse sich aber ablehnen (falsifizieren). Er steht für die Wissenschaftstheorie des *Kritischen Rationalismus*.

Falsifizieren
Eine → Hypothese als nicht erfüllt zurückweisen.

Fiat-Geld
Geld, das durch staatliches Dekret, durch Zwang zum → Geld gemacht wurde.

Gegenwartsgut
Ein Gut, über das sofort (heute) verfügt werden kann.

Geld
Allgemein akzeptiertes Tauschmittel.

Geldarten
→ Grundgeld, → Geldsubstitut, → Geldzertifikat.

Geldpreis
Anzahl der Geldeinheiten, die hingegeben werden müssen, um eine Gütereinheit zu erlangen.

Geldsubstitut
Ersatz für → Grundgeld. Ein Geldsubstitut kann mit → Grundgeld gedeckt sein oder auch nicht.

Geldzertifikat
→ Geldsubstitut, das zu 100 Prozent mit dem → Grundgeld gedeckt ist.

Grenznutzen
Nutzen, den eine zusätzlich verfügbare Gütereinheit stiftet.

Grenznutzentheorie
Der Nutzen eines größeren Gütervorrates ist höher als der eines kleinen.
Der → Grenznutzen, den eine zusätzliche Gütereinheit stiftet, nimmt mit zunehmendem Gütervorrat ab.

Grundgeld
Geld, auf dem alle anderen → Geldarten aufbauen.

Hypothese
»Wenn-Dann«-Aussage. Beispiel: »Wenn die Geldmenge steigt, dann steigen die Preise.«

Induktion
Vom Einzelnen auf das Allgemeine schließen.

Inflation
Anwachsen der Geldmenge (dessen Symptom höhere Güterpreise sind).

Kreditgeld
Geld, das durch Bankkreditvergabe (→ Zirkulationskredit) geschaffen wird.

Kategorie
Reiner Verstandesbegriff, der sich nicht mehr von allgemeineren Begriffen ableiten lässt; man kann auch von *reinen Anschauungsformen* sprechen.

Marktzins
Urzins zuzüglich weiterer Prämien wie zum Beispiel Inflations-, Liquiditäts- und Risikoaufschläge.

Methodologie
Wissenschaftliche Lehre über die Methode, die in einer Wissenschaft (wie zum Beispiel in der Naturwissenschaft) anzuwenden ist.

Methodologischer Individualismus
Die Lehre, dass alle sozialen Phänomene (Institutionen, Gruppen) sich auf das individuelle Handeln zurückführen lassen.

Nutzen
Persönlich, subjektiv empfundene Sättigung oder Befriedigung.

Objektiver Tauschwert
Marktpreis, den ein Gut in einer Tauschwirtschaft erzielt. In einer Geldwirtschaft entspricht er dem → Geldpreis.

Positivismus
Der Positivismus ist eine wissenschaftliche → Doktrin. Sie vertritt zum Beispiel die Auffassung, die Wissenschaft habe sich nur am Beobachtbaren auszurichten.

Praxeologie
Lehre vom menschlichen Handeln.

Relativismus
Denkrichtung, die absolute Wahrheiten verneint, die alles anzweifelt.

Sachkredit
Kredit, durch den bereits vorhandenes Geld vom Kreditgeber auf den Kreditnehmer übertragen wird.

Subjektiver Tauschwert
Der individuell empfundene Wert.

Thymologie
Die Lehre des menschlichen Wertens und Wollens.

Umlaufsmittel
Bezeichnet das → Geld, das nicht durch → Grundgeld gedeckt ist.

Ungedecktes Papiergeld
Populärer Ausdruck für Geld, das »aus dem Nichts« geschaffen wird (→ Umlaufsmittel).

Urzins
Steht für den Wertabschlag, den Zukunftsgüter gegenüber Gegenwartsgütern erleiden.

Verifizieren
Die Richtigkeit einer Aussage bestätigen.

Zeitpräferenz
Das → Gegenwartsgut wird höher wertgeschätzt als das → Zukunftsgut; eine frühere Erfüllung der Bedürfnisse wird einer späteren vorgezogen.

Zirkulationskredit
Bankkredit, durch den die Geldmenge, die Menge der → Umlaufsmittel erhöht wird.

Zukunftsgut
Ein Gut, das erst zu einem späteren Zeitpunkt (zum Beispiel in einem Jahr) verfügbar ist.

Literatur

Bonn, M. J. (1953), *So macht man Geschichte. Bilanz eines Lebens*, List, München.

Böhm-Bawerk, E. v. (1921), *Kapital und Kapitalzins. Geschichte und Kritik der Kapitalzins-Theorien*, 4. Aufl., Verlag Gustav Fischer, Jena.

Coffa, J. A. (1991), *The semantic tradition from Kant to Carnap To the Vienna Station*, Cambridge University Press.

Dingier, H. (1931), *Der Zusammenbruch der Wissenschaft und der Primat der Philosophie*, 2. Aufl., Verlag von Ernst Reinhardt, München.

Friedman, M., Friedman, R. (1998), *Two Lucky People: Memoirs*, University of Chicago Press, Chicago.

Gerhardt, V. (2007), *Immanuel Kant. Vernunft und Leben*, Philipp Reclam jun., Stuttgart.

Hartwig, K.-H. (1977), *Kritisch-rationale Methodologie und ökonomische Forschungspraxis. Zum Gesetzesbegriff in der Nationalökonomie*, Peter Lang, Frankfurt am Main.

Herbener, J. M. (2011), *The pure Time-Preference Theory of Interest*, Ludwig von Mises Institute, Auburn, US Alabama.

Hoppe, H.-H. (1983), *Kritik der kausalwissenschaftlichen Sozialforschung. Untersuchungen zur Grundlegung von Soziologie und Ökonomie*, Studien zur Sozialwissenschaft, Westdeutscher Verlag GmbH, Opladen.

Hoppe, H.-H. (1999), Murray N. Rothbard, Economics, Science, And Liberty, in: *15 Great Austrian Economists*, R. G. Holcombe (Hrsg.), Ludwig von Mises Institute, Auburn, US Alabama, S. 223-241.

Hoppe, H.-H. (2006), *The Economics and Ethics of Private Property. Studies in Political Economy and Philosophy*, 2. Aufl., Ludwig von Mises Institute, Auburn, US Alabama.

Hoppe, H.-H. (2006), *Democracy. The God That Failed. The Economics and Politics of Monarchy, Democracy, and Natural Order*, Translation Publishers, New Brunswick, London.

Hoppe, H.-H. (2007), *Economic Science and the Austrian Method*, Ludwig von Mises Institute, Auburn, US Alabama.

Hoppe, H.-H. (2012), *The Great Fiction. Property, Economy, and the Politics of Decline*, Laissez Faire Books, Baltimore, Maryland.

Hoppe, H.-H. (2013), *Mythos Friedrich August von Hayek, eigentümlich frei*, Nr. 130, S. 55-59.

Hoppe, H.-H. (2014), Ludwig von Mises und der Liberalismus, in: *Ludwig von Mises. Leben und Werk für Einsteiger*, Hrsg. Polleit, T., Finanzbuchverlag, München, S. 15-48; ursprünglich veröffentlicht als Vorwort zu *Ludwig von Mises, Liberalismus*, Friedrich Naumann Stiftung, Akademia Verlag, Sankt Augustin (2006).

Höffe, O. (2004), *Immanuel Kant*, 7. Aufl., Verlag C. H. Beck, München.

Hülsmann, J. G. (2008), *The Last Knight of Liberty*, Ludwig von Mises Institute, Auburn, US Alabama.

Hülsmann, J. G. (2012), *Theory of Money and Credit. Essays in Celebration of the Centennial*, Hülsmann J. G. ed., Ludwig von Mises Institute, Auburn, US Alabama, S. 1-36.

Janich, P. (2015), *Handwerk und Mundwerk. Über das Herstellen von Wissen*, C. H. Beck, München.

Kant, I. (1968), *Kritik der reinen Vernunft*, Philipp Reclam Jun., Stuttgart.

Kirzner, I. M. (2001), Ludwig von Mises: *The Man and His Economics*, ISI Books, Wilmington, Delaware.

Kolb, J. (2017), *Das Gedankengut der Österreichischen Schule der Nationalökonomie. Eine Analyse der Vorwürfe der Normativität und Unwissenschaftlichkeit*, Springer Gabler, Wiesbaden.

Menger, C. (1871), *Grundsätze der Volkswirtschaftslehre*, Erster, allgemeiner Teil, Wilhelm Braumüller, Wien.

Mises, L. v. (1912), *Theorie des Geldes und der Umlaufsmittel*, Duncker & Humblot, München.

Mises, L. v. (1923), *Die geldtheoretische Seite des Stabilisierungsproblems*, Schriften des Vereins für Socialpolitik, 164, Nr. 2, Duncker & Humblot, München.

Mises, L. v. (1927), *Liberalismus*, Verlag von Gustav Fischer, Jena.

Mises, L. v. (1928), *Geldwertstabilisierung und Konjunkturpolitik*, Verlag von Gustav Fischer, Jena.

Mises, L. v. (1933), *Grundprobleme der Nationalökonomie. Untersuchungen über Verfahren, Aufgabe und Inhalt der Wirtschafts- und Gesellschaftslehre*, Verlag von Gustav Fischer, Jena.

Mises, L. v. (1940), *Nationalökonomie. Theorie des Handelns und Wirtschaftens*, Editions Union Genf.

Mises, L. v. (1962), *The Ultimate Foundation of Economic Science*. An Essay On Method, D. Van Nostrand Company, Inc., Princeton, New Jersey.

Mises, L. v. (1976), *My Years with Ludwig von Mises*, Arlington House Publishers, New Rochelle, New York.

Mises, L. v. (1978), *Im Namen des Staates*, Verlag Bonn Aktuell GmbH, Stuttgart.

Mises, L. v. (1979), *Die Wurzeln des Antikapitalismus*, 2. Aufl., Fritz Knapp Verlag, Frankfurt am Main.

Mises, L. v. (1981), *Socialism. An Economic and Sociological Analysis*, Liberty Fund, Indianapolis.

Mises, L. v. (1984), *The Historical Setting of the Austrian School*, Ludwig von Mises Institute, Auburn, US Alabama.

Mises, L. v. (2003), *Epistemological Problems of Economics*, 3rd edition, Ludwig von Mises Institute, Auburn, US Alabama.

Mises, L. v. (2004), *Die Bürokratie*, 2. Aufl., Liberales Institut der Friedrich-Naumann-Stiftung (Hrsg.), Academia Verlag, Sankt Augustin.

Mises, L. v. (2007), *Die Gemeinwirtschaft. Untersuchungen über den Sozialismus*, unveränderter Nachdruck der zweiten, umgearbeiteten Auflage, Jena 1932, Lucius & Lucius, Stuttgart.

Mises, L. v. (2008), *Human Action. A Treatise On Economics*, The Scholar's Edition, Ludwig von Mises Institute, Auburn, US Alabama.

Mises, L. v. (2009), *Memoirs*, Ludwig von Mises Institute, Auburn, US Alabama.

Mises, L. v. (2010), *Omnipotent Government. The Rise of the Total State and Total War*, Ludwig von Mises Institute, Auburn, US Alabama.

Mises, L. v. (2013), *Kritik des Interventionismus, Untersuchungen zur Wirtschaftspolitik und Wirtschaftsideologie der Gegenwart*, Nachdruck der Ausgabe Jena 1929, H. Akston Verlags GmbH, München.

Mises, L. v. (2014), *Theorie und Geschichte. Eine Interpretation sozialer und wirtschaftlicher Entwicklung*, H. Akston Verlags GmbH, München.

Mises, L. v. (2014), *Erinnerungen*, Lucius & Lucius Verlag, Stuttgart.

Mises, L. v. (2014), *Nation, Staat und Wirtschaft. Beiträge zur Politik und Geschichte der Zeit*, Hrsg. Leube, K. R., Verlag buchausgabe. de, Michael Kästner, Flörsheim.

Mises, M. v. (2015), *Ludwig von Mises. Der Mensch und sein Werk*, Ludwig von Mises Institut Deutschland (Hrsg.), H. Akston Verlags GmbH, München.

Olechowski, T, Ehs, T, Staudigl-Ciechowicz, K. (2014), *Die Wiener Rechts- und Staatswissenschaftliche Fakultät 1918-1938*, Schriften des Archivs der Universität Wien, Hrsg. Kurt Mühlberger, Thomas Maisei, Johannes Seidl, Band 20, Universität Wien, V&R unipress, Göttingen.

Pies, L, Leschke, M. (2010), *Ludwig von Mises' ökonomische Argumentationswissenschaft*, Hrsg. Pies, L, Leschke, M., Konzepte der Gesellschaftstheorie, 16, Mohr Siebeck, Tübingen.

Popper, K. R. (2004), *Ausgangspunkte. Meine intellektuelle Entwicklung*, Pieper Verlag GmbH, München.

Popper, K. R. (2009), *The Logic of Scientific Discovery*, Routledge Classics, London, New York.

Poser (2001), *Wissenschaftstheorie. Eine philosophische Einführung*, Philipp Reclam jun., Stuttgart.

Puster, R. W. (2014), Dualismen und ihre Hintergründe, Vorwort zu Mises, L. v. (2014), *Theorie und Geschichte. Eine Interpretation sozialer und wirtschaftlicher Entwicklung*, H. Akston Verlags GmbH, München, S. 7-50.

Salin, E. (1951), *Geschichte der Volkswirtschaftslehre*, 4. Aufl., J. C. B. Mohr, Paul Siebeck, Bern, Tübingen.

Schneider, E. (1965), *Einführung in die Wirtschaftstheorie*, IV. Teil, Ausgewählte Kapitel der Geschichte der Wirtschaftstheorie, 1. Band, 2. Aufl., J. C. B. Mohr (Paul Siebeck), Tübingen.

Spann O. (1921), *Der wahre Staat, Vorlesungen über Abbruch und Neubau der Gesellschaft*, Quelle & Meyer, Leipzig.

Tetens, H. (2006), *Kants «Kritik der reinen Vernunft«*. Ein systematischer Kommentar, Philipp Reclam jun., Stuttgart.

Roberts, E. (1913), *Monarchical Socialism in Germany*, Ney York.

Rockwell, L. H. (2012), Economics and Moral Courage, Mises Daily, 26. Juli (Vortrag gehalten am 9. September 2009).

Rothbard, M. N. (2011), Praxeology: The Methodology of Austrian Economics, in: *Economic Controversies*, Ludwig von Mises Institute, Auburn,US Alabama, S. 59-79.

Rothbard, M. N. (1999), Ludwig von Mises: The Dean of the Austrian School, in: *15 Great Austrian Economists*, Hrsg. Holcombe, R. C., Ludwig von Mises Institute, Auburn, US Alabama, S. 143-166.

Rothbard, M. N. (2006), *For A New Liberty*, 2nd edition, Ludwig von Mises Institute, Auburn, US Alabama.

Weigelt, M. (2007), Introduction, in: *Immanuel Kant, Critique of Pure Reason*, Penguin Classics, London, S. xv-lxix.

Anmerkungen

Einführung

1 Hoppe (2014), *Ludwig von Mises und der Liberalismus*, S. 7–8.

2 Mises (1927), *Liberalismus*, S. 77.

3 Mises (1923), *Die geldtheoretische Seite des Stabilisierungsproblems*, S. 32.

4 Mises (1923), *Die geldtheoretische Seite des Stabilisierungsproblems*, S. 32.

5 Mises (1928), *Geldwertstabilisierung und Konjunkturpolitik*, S. 84.

6 Mises (1928), *Geldwertstabilisierung und Konjunkturpolitik*, S. 83.

7 Mises (1927), *Liberalismus*, S. 168.

8 Mises (2008), *Human Action*, S. 283 (eigene Übersetzung).

9 Siehe hierzu Mises (2003), *The Historical Setting of the Austrian School*; auch Schneider (1965), *Einführung in die Wirtschaftstheorie*, S. 301 ff.

10 Mises (1940), *Nationalökonomie*, S. 31.

11 Mises (2014), *Theorie und Geschichte*, S. 120–121.

12 Mises (2014), *Theorie und Geschichte*, S. 115.

13 Siehe hierzu die Ausführungen bei Hoppe (1983), *Kritik der kausalwissenschaftlichen Sozialforschung*, insb. S. 39–49.

14 Die Aussage »Der Mensch kann lernen« lässt sich argumentativ nicht widerspruchsfrei verneinen. (a) Wer sagt »Der Mensch kann nicht lernen«, der begeht einen logischen Widerspruch, weil er bereits voraussetzt (gegenüber sich selbst oder seinem Gesprächspartner), dass man das Konzept »Lernen« versteht – dass man also gelernt hat zu lernen. (b) Wer sagt »Der Mensch kann lernen, dass er nicht lernen kann« begeht einen offenen Widerspruch. Kurzum: Der Satz »Der Mensch kann lernen« gilt a priori: Er lässt sich nicht bestreiten, ohne einen logischen Widerspruch zu begehen; er ist erfahrungsunabhängig wahr. Wenn das so ist, kann man logischerweise nicht schon heute die künftigen Wissensstände der Handelnden und ihr künftiges Handeln kennen. Literatur: Hoppe (1983), *Kritik der kausalwissenschaftlichen Sozialforschung*, S. 11–15, S. 25–29 und S. 44–49.

15 Mises (2014), Theorie und Geschichte, S. 61.

16 Mises (1940), *Nationalökonomie*, S. 40.

17 Der Begriff der Kategorie geht auf Aristoteles zurück und steht für einen Begriff, der selbst keinen Oberbegriff mehr hat. Eine Kategorie stellt also den Grundbegriff für andere Begriffe dar. Mises verwendet den Begriff Kategorie im Sinne von A-priori-Erkenntnissen, die im Satz ›Der Mensch handelt‹ mit-

gedacht werden; er spricht auch von *praxeologischen Kategorien.* Immanuel Kant (1724 – 1804) meint mit Kategorien »reine Verstandesbegriffe«, also Begriffe, die nicht von Erfahrungen abgeleitet werden.

18 So etwa Puster (2014), *Dualismen und ihre Hintergründe,* Einleitung zu Mises' Theorie und Geschichte, insb. S. 31 ff.

19 So Hülsmann (2009), Preface to *Memoirs,* S. xi.

20 Mises (1927), *Liberalismus,* S. 136.

Biografie und Werdegang

1 Siehe hierzu im Folgenden vor allem die beeindruckende, monumentale Mises-Biografie von Jörg Guido Hülsmann (2007), *The Last Knight of Liberalism;* zudem auch Rothbard (1999), Ludwig von Mises: *The Dean of the Austrian School,* sowie Hoppe (2014), *Ludwig von Mises und der Liberalismus.*

2 Siehe hierzu Olechowski, Ehs, Staudigl-Ciechowicz (2014), *Die Wiener Rechts- und Staatswissenschaftliche Fakultät 1918–1938,* S. 569.

3 Siehe Rockwell (2012), *Economics and Moral Courage.*

4 Ausführlich hierzu siehe zum Beispiel Coffa (1991), *The semantic tradition from Kant to Carnap To the Vienna Station.*

5 Eine gute Einführung in sein Denken findet sich in Popper (2004), *Ausgangspunkte,* insb. S. 109-119.

6 Margit von Mises (2014), Vorwort zu *Erinnerungen,* S. XV–XVI.

7 Mises (1978), *Erinnerungen,* S. 31.

8 Mises (1978), *Erinnerungen,* S. 61–62.

9 Mises (1978), *Erinnerungen,* S. 67.

10 Mises (1978), *Erinnerungen,* S. 67–68.

11 Mises (1978), *Erinnerungen,* S. 69.

12 Mises, M. v. (2015), *Ludwig von Mises. Der Mensch und sein Werk,* S. 18.

13 Mises, M. v. (2015), *Ludwig von Mises. Der Mensch und sein Werk,* S. 19.

14 Mises, M. v. (2015), *Ludwig von Mises. Der Mensch und sein Werk,* S. 77–78.

15 Mises, M. v. (2015), *Ludwig von Mises. Der Mensch und sein Werk,* S. 152.

16 Mises, M. v. (2015), *Ludwig von Mises. Der Mensch und sein Werk,* S. 75.

17 Mises, M. v. (2015), *Ludwig von Mises. Der Mensch und sein Werk,* S. 75.

18 Mises, M. v. (2015), *Ludwig von Mises. Der Mensch und sein Werk,* S. 76.

19 Mises, M. v. (2015), *Ludwig von Mises. Der Mensch und sein Werk,* S. 76.

20 Mises (1940), *Nationalökonomie,* S. 746–747.

21 Siehe hierzu Mises (1998), *Human Action,* S. 67.

22 Siehe Hülsmann (2007), *The Last Knight of Liberalism,* S. 599 ff.

23 Als Beispiel sind hier zu nennen sein Werdegang vom Jurist-Staatswissenschaftler zum Ökonomen (Hülsmann (2007), *The Last Knight of Liberalism,* S. 87 ff.), seine Klarstellung, dass eine Wirtschaftsrechnung nur mit Geldpreisen, nicht aber mit »Werten« möglich ist (idem, S. 399 ff. sowie S. 599

ff.). Und weiter: Hülsmann (2012), *The Early Evolution of Mises's Monetary Thought*, S. 23–27, zeigt inhaltlich bedeutsame Änderungen in der Ausgabe von Mises‹ *Theorie des Geldes und der Umlaufsmittel* aus dem Jahr 1912 mit der zweiten Auflage aus dem 1924 auf: Sie betreffen Werttheorie, Wirtschaftsrechnung und Erwartungen.

24 Siehe hierzu Hoppe (1983), *Kritik der kausalwissenschaftlichen Sozialforschung.*

Bahnbrechende, zeitlose Beiträge zur Geldtheorie: Theorie des Geldes und der Umlaufsmittel

1 Mises (1912), *Theorie des Geldes und der Umlaufsmittel*, S. 95.

2 Mises (1912), *Theorie des Geldes und der Umlaufsmittel*, S. 151.

3 Mises (1912), *Theorie des Geldes und der Umlaufsmittel*, S. 152–153. Und weiter (S. 154–155): »Nehmen wir ... an, daß auf irgendeine Weise ... tatsächlich jedes Individuum der Volkswirtschaft eine Vermehrung seines Geldvorrates erfährt, die das Verhältnis seines Besitzstandes zu dem aller übrigen Individuen unberührt lässt, so fällt es nicht schwer, zu erweisen, daß auch in diesem Fall keine der Veränderung der Geldmenge proportionale Veränderung des inneren objektiven Tauschwertes des Geldes eintreten würde. Die Beurteilung, welche die Veränderung der Größe des zur Verfügung stehenden Geldvorrates von Seite der einzelnen Individuen erfährt, ist nämlich keineswegs von der Größe dieser Veränderung abhängig, wie man annehmen müßte, wenn man auf eine proportionale Veränderung des inneren objektiven Tauschwertes des Geldes schließen will. Wenn dem Besitzer von a Geldeinheiten b Geldeinheiten neu zufließen, dann wird er keineswegs den gesamten Vorrat a + b nunmehr gerade so hoch einschätzen wie früher den Vorrat a allein. Er wird, worüber ja kein Zweifel bestehen kann, die Einheit jetzt, da er über einen größeren Vorrat verfügt, geringer werten als früher, da ihm lediglich ein kleinerer Vorrat zu Gebote stand.«

4 Mises (1912), *Theorie des Geldes und der Umlaufsmittel*, S. 436.

5 Mises (1912), *Theorie des Geldes und der Umlaufsmittel*, S. 472.

6 Mises (1912), *Theorie des Geldes und der Umlaufsmittel*, S. 472.

7 Mises (1912), *Theorie des Geldes und der Umlaufsmittel*, S. 475–476.

Erklärung der Kriegsursache: Nation, Staat und Wirtschaft

1 Mises (1919), *Nation, Staat und Wirtschaft*, S. 1.

2 Mises (1919), *Nation, Staat und Wirtschaft*, S. 174.

3 Kritik am rationalen Utilitarismus, die Mises seinen Arbeiten zugrunde legt, wird insbesondere von Murray N. Rothbard (1926–1995) geübt. Siehe hierzu Rothbard (2006), *For A New Liberty*, S. 17–23.

4 Siehe z. B. Salin (1951), *Geschichte der Volkswirtschaftslehre*, S. 143–151.

5 Mises (1919), *Nation, Staat, und Wirtschaft*, S. 174.

6 Mises (1919), *Nation, Staat und Wirtschaft*, S. 182.

7 Mises (1919), *Nation, Staat und Wirtschaft*, S. 10.
8 Mises (1919), *Nation, Staat und Wirtschaft*, S. 45.
9 Mises (1919), *Nation, Staat und Wirtschaft*, S. 45.
10 Mises (1919), *Nation, Staat und Wirtschaft*, S. 85.
11 Mises (1919), *Nation, Staat und Wirtschaft*, S. 95.
12 Mises (1919), *Nation, Staat und Wirtschaft*, S. 101.
13 Mises (1919), *Nation, Staat und Wirtschaft*, S. 56.
14 Mises (1919), *Nation, Staat und Wirtschaft*, S. 59.
15 Mises (1919), *Nation, Staat und Wirtschaft*, S. 68.
16 Mises (1919), *Nation, Staat und Wirtschaft*, S. 68–69.
17 Mises (1919), *Nation, Staat und Wirtschaft*, S. 68.
18 Mises (1919), *Nation, Staat und Wirtschaft*, S. 182.
19 Mises (1919), *Nation, Staat und Wirtschaft*, S. 144.
20 Mises (1919), *Nation, Staat und Wirtschaft*, S. 127–134.

Die Undurchführbarkeit des Sozialismus: Die Wirtschaftsrechnung im sozialistischen Gemeinwesen

1 Mises (1920), *Die Wirtschaftsrechnung im sozialistischen Gemeinwesen*, S. 103–104.
2 Mises (1920), *Die Wirtschaftsrechnung im sozialistischen Gemeinwesen*, S. 90.

Die endgültige Widerlegung des Sozialismus und all seiner Spielarten: Die Gemeinwirtschaft

1 Mises (2007), *Die Gemeinwirtschaft*, S. 420.
2 Mises (2007), *Die Gemeinwirtschaft*, S. 471.
3 Mises (2007), *Die Gemeinwirtschaft*, S. V.
4 Mises (2007), *Die Gemeinwirtschaft*, S. VII.
5 Mises (2007), *Die Gemeinwirtschaft*, S. 401.
6 Mises (2007), *Die Gemeinwirtschaft*, S. 125–138, insb. S. 130 ff.
7 Mises (2007), *Die Gemeinwirtschaft*, S. 132.
8 Mises (2007), *Die Gemeinwirtschaft*, S. 31.
9 Siehe Mises (2007), *Die Gemeinwirtschaft*, S. 462–463.
10 Mises (1978), *Im Namen des Staates*, S. 19.
11 Mises (2007), *Die Gemeinwirtschaft*, S. 463.
12 Spann (1921), *Der wahre Staat*, S. 249.
13 Ebenda, S. 251.
14 Mises (2007), *Die Gemeinwirtschaft*, S. 458.
15 Mises (2007), *Die Gemeinwirtschaft*, S. 458–459.
16 Mises (2007), *Die Gemeinwirtschaft*, S. 460.

17 Mises (2007), *Die Gemeinwirtschaft*, S. 424.
18 Mises (2007), *Die Gemeinwirtschaft*, S. 471.
19 Mises (2007), *Die Gemeinwirtschaft*, S. XIII–XIV.
20 Mises (2007), *Die Gemeinwirtschaft*, S. 474.

Die Rationalisierung der Freiheit: Liberalismus

1 Mises (1927), *Liberalismus*, S. 168.
2 Mises (1927), *Liberalismus*, S. 168.
3 Mises (1927), *Liberalismus*, S. 168.
4 Mises (1927), *Liberalismus*, S. 17.
5 Mises (1927), *Liberalismus*, S. 2.
6 Mises (2007), *Die Gemeinwirtschaft*, S. 17.
7 Mises (1927), *Liberalismus*, S. 35.
8 Mises (1927), *Liberalismus*, S. 50.
9 Mises (1927), *Liberalismus*, S. 60.
10 Mises (1927), *Liberalismus*, S. 37.
11 Mises (1927), *Liberalismus*, S. 96.
12 Mises (1927), *Liberalismus*, S. 96.
13 Mises (1927), *Liberalismus*, S. 97.
14 Mises (1927), *Liberalismus*, S. 168.
15 Mises (1927), *Liberalismus*, S. 137.
16 Mises (1927), *Liberalismus*, S. 149.
17 Mises (1927), *Liberalismus*, S. 153.
18 Mises (1927), *Liberalismus*, S. 127.
19 Mises (1927), *Liberalismus*, S. 126.
20 Mises (1927), *Liberalismus*, S. 127.
21 Mises (1927), *Liberalismus*, S. 127.
22 Mises (1927), *Liberalismus*, S. 127–128.
23 Mises (1927), *Liberalismus*, S. 169.
24 Mises (1927), *Liberalismus*, S. 130.
25 Mises (1927), *Liberalismus*, S. 82.
26 Mises (1927), *Liberalismus*, S. 82.
27 Mises (1927), *Liberalismus*, S. 84.
28 Mises (1927), *Liberalismus*, S. 84.
29 Mises (1927), *Liberalismus*, S. 136-137.

Staatseingriffe sind schädlich: Kritik des Interventionismus

1 Mises (2013), *Kritik des Interventionismus*, S. 19.

2 Er ist als solcher bekannt geworden durch das gleichnamige Buch des deutschen Ökonomen Horst Siebert (1938 – 2009). Siehe hierzu Siebert (2001), *Der Kobra-Effekt*, hier insb. S. 11.

3 Mises (2013), *Kritik des Interventionismus*, S. 41.

4 Mises (2013), *Kritik des Interventionismus*, S. 36.

Wie sich ökonomische Erkenntnisse gewinnen lassen: Grundprobleme der Nationalökonomie

1 Mises (1933), *Grundprobleme der Nationalökonomie*, S. X.

2 Mises (1933), *Grundprobleme der Nationalökonomie*, S. XIV.

3 Mises (1933), *Grundprobleme der Nationalökonomie*, S. 7.

4 Mises (1933), *Grundprobleme der Nationalökonomie*, S. 13.

5 Siehe hierzu zum Beispiel Höffe (2004), *Immanuel Kant*, insb. S. 57–63; Weigelt (2007), Introduction, S. xv – lxix; und Tetens (2006), *Kants »Kritik der reinen Vernunft«*.

6 Kant (1968), *Kritik der reinen Vernunft*, S. 50.

7 Kant (1968), *Kritik der reinen Vernunft*, S. 232.

8 Siehe Höffe (2007), *Immanuel Kant*, S. 136.

9 Mises (1940), *Nationalökonomie*, S. 19.

10 Siehe Hoppe (2007), *Economic Science and the Austrian Method*, insb. S. 17–24. Kant selbst verwendet den Begriff Axiom in der Philosophie – die für ihn »Vernunfterkenntnis nach Begriffen ist« – nicht: »Da nun Philosophie bloß die Vernunfterkenntnis nach Begriffen ist, so wird in ihr kein Grundsatz anzutreffen sein, der den Namen eines Axioms verdiene. Die Mathematik dagegen ist der Axiome fähig (...).« Kant (1968), *Kritik der reinen Vernunft*, S. 749 [B 760/A 732 – B 761/A 733].

11 Siehe hierzu Rothbard (2011), *Praxeology: The Methodology of Austrian Economics*, insb. S. 65.

12 Puster (2014), *Dualismen und ihre Hintergründe*, S. 23; kursiv im Original.

13 Siehe hierzu Hoppe (2007), *Economic Science and the Austrian Method*, S. 19–22; auch Kolb (2017), *Das Gedankengut der Österreichischen Schule der Nationalökonomie*, S. 69 – 70.

14 Mises (1940), *Nationalökonomie*, S. 20. Siehe hierzu auch Hoppe (2007), *Economic Science and the Austrian Method*, S. 19–22.

15 Mises (1933), *Grundprobleme der Nationalökonomie*, S. 22–23.

16 Siehe hierzu Mises (1933), *Grundprobleme der Nationalökonomie*, S. 23.

17 Menger (1871), *Grundsätze der Volkswirthschaftslehre*, S. 1.

18 Siehe hierzu Mises, (1933); *Grundprobleme der Nationalökonomie*, S. 113 ff.

19 Siehe hierzu Dingler (1931), *Der Zusammenbruch der Wissenschaft und der Primat der Philosophie*, S. 63 ff.

20 Mises (2014), *Grundprobleme der Nationalökonomie*, S. 115.

21 Zur Erklärung siehe Hoppe (1983), *Kritik der kausalwissenschaftlichen Sozialforschung. Untersuchungen zur Grundlegung von Soziologie und Ökonomie,* Kapitel 2, S. 19–38, insb. S. 25–26.

22 Siehe hierzu Popper (2009), *The Logic of Scientific Discovery,* S. 12.

23 Mises (1933), *Grundprobleme der Nationalökonomie,* S. 139.

24 Mises (1933), *Grundprobleme der Nationalökonomie,* S. 137.

25 Mises (1933), *Grundprobleme der Nationalökonomie,* S. 138.

26 Mises (1927), *Liberalismus,* S. 6.

Ludwig von Mises' Opus Magnum: Nationalökonomie

1 Hoppe (2014), *Mises und der Liberalismus,* S. 15–16.

2 Mises (1933), *Grundprobleme der Nationalökonomie,* S. 139.

3 Mises (1940), *Nationalökonomie,* S. 39.

4 Mises (1940), *Nationalökonomie,* S. 146.

5 Mises (1940), *Nationalökonomie,* S. 22.

6 Für Kant war die Zeit a priori. Siehe hierzu Kant (1968), *Kritik der reinen Vernunft, I. Transzendentale Elementarlehre,* Erster Teil, Zweiter Abschnitt, Von der Zeit, S. 94–105.

7 Böhm-Bawerk (1921), *Positive Theorie des Kapitals,* S. 232; kursiv von mir.

8 Siehe hierzu Mises (2008), *Human Action,* XIX., *The Rate of Interest,* S. 521–534; Rothbard (2001), *Man, Economy, and State,* Chapter 6, *Production: The Rate of Interest and Its Determination,* S. 311–S. 332. Eine wichtige Aufsatzsammlung findet sich in Herbener (2011), *The Pure Time-Preference Theory of Interest.*

9 Hier die Erklärung: »Dass die Güter knapp sind, bedeutet doch nichts anderes als das, dass man noch immer Pläne zu fassen vermag, deren – im Hinblick auf den Stand der verfügbaren Mittel undurchführbare – Verwirklichung eine weitere Verbesserung des Standes der Bedürfnisbefriedigung bringen würde. Darin, dass solche wünschbare Verbesserung nicht ausführbar ist, besteht die Knappheit der Mittel.» Wenn man Knappheit der Güter verneint, so bedeutet das, «dass man nicht mehr imstande wäre, auch bei unverändertem Stande des technologischen Wissens und Könnens, Pläne zu fassen, die durch eine andere Verwendung der verfügbaren Güter uns zu Befriedigungen führen würden, auf die wir nur darum verzichtet haben, weil der Weg, der zu ihnen führt, zu weit ist und dringendere Ziele vorerst befriedigt werden sollen. Wenn die Mittel knapp sind, gibt es unbefriedigte Wünsche sowohl in Bezug auf die gegenwärtige als auch in Bezug auf die spätere Versorgung. Dass für die Zukunft nicht reichlicher vorgesorgt wird, ist das Ergebnis des Vergleichs zwischen der Dringlichkeit der Befriedigung in Gegenwart und Zukunft, ist mithin Urzinsgestaltung.« Mises (1940), *Nationalökonomie,* S. 479–480.

10 Das zu Recht kritisierte Bestreben, die (Letzt-)Begründung für das Privateigentum im Naturrecht (wie es John Locke (1632–1704) vertritt) zu verorten, kann damit aufgegeben werden.

11 Die Formulierung ist entliehen von Janich (2015), Mundwerk, Handwerk, S. 42.
12 Mises (1940), *Nationalökonomie*, S. 129.
13 Mises (1940), *Nationalökonomie*, S. 128.
14 Mises (1940), *Nationalökonomie*, S. 610–611.
15 Er formuliert seine Position bereits 1927: »Die Durchführung des Liberalismus würde es ermöglichen, das Wanderproblem, das heute unlösbar erscheint, zum Verschwinden zu bringen.« Mises (1927), *Liberalismus*, S. 125.
16 Mises (1940), *Nationalökonomie*, S. 626.
17 Mises (1940), *Nationalökonomie*, S. 389, Fußnote 1.
18 Mises (1940), *Nationalökonomie*, S. 213.
19 Mises (1940), *Nationalökonomie*, S. 430–431.
20 Mises (1940), *Nationalökonomie*, S. 431.
21 Mises (1940), *Nationalökonomie*, S. 519–520.
22 Mises (1940), *Nationalökonomie*, S. 524.
23 Mises (1940), *Nationalökonomie*, S. 404.
24 Siehe hierzu Mises (1940), *Nationalökonomie*, S. 750–751.
25 Mises (1998), *Human Action*, S. 866–868.
26 Mises (1940), *Nationalökonomie*, S. 248.
27 Mises (1940), *Nationalökonomie*, S. 746.
28 Mises (1940), *Nationalökonomie*, S. 746–747.
29 Tetens (2005), *Kants »Kritik der reinen Vernunft«*, S. 35–36.
30 Siehe hierzu Polleit (2018), *Mit Geld zur Weltherrschaft*, S. 203–207.

Warum der Staat schlechte Leistungen abliefert: Die Bürokratie

1 Siehe Hülsmann (2007), *Last Knight of Liberalism*, S. 269.
2 Mises (1919), *Nation, Staat und Wirtschaft*, S. 118–199.
3 Mises (2004), *Die Bürokratie*, S. 29.
4 Mises (2004), *Die Bürokratie*, S. 58.
5 Mises (2004), *Die Bürokratie*, S. 34.
6 Mises (2004), *Die Bürokratie*, S. 65.
7 Mises (2004), *Die Bürokratie*, S. 74.
8 Mises (2004), *Die Bürokratie*, S. 74.
9 Mises (2004), *Die Bürokratie*, S. 67.
10 Mises (2004), *Die Bürokratie*, S. 68.
11 Mises (2004), *Die Bürokratie*, S. 83.
12 Mises (2004), *Die Bürokratie*, S. 84.
13 Mises (2004), *Die Bürokratie*, S. 89.
14 Mises (2004), *Die Bürokratie*, S. 90–91.

15 Mises (2004), *Die Bürokratie*, S. 112.
16 Mises (2004), *Die Bürokratie*, S. 112.
17 Mises (2004), *Die Bürokratie*, S. 120.

Der Antiliberalismus führte zum Aufstieg des Nationalsozialismus: Omnipotent Government

1 Mises (1944), *Omnipotent Government*, S. 211, eigene Übersetzung.
2 Mises (2014), *Nation, Staat, Wirtschaft*, S. 179.
3 Mises (1944), *Omnipotent Government*, S. 224, eigene Übersetzung.
4 Mises (1944), *Omnipotent Government*, S. 222–223, eigene Übersetzung.
5 Mises (1944), *Omnipotent Government*, S. 223–224, eigene Übersetzung.
6 Siehe zum Beispiel Roberts (1913), *Monarchical Socialism in Germany*.
7 Mises (1944), *Omnipotent Government*, S. 192, eigene Übersetzung.
8 Mises (1944), *Omnipotent Government*, S. 191, eigene Übersetzung.
9 Mises (1944), *Omnipotent Government*, S. 192, eigene Übersetzung.
10 Siehe hierzu Mises (1944), *Omnipotent Government*, S. 271–278, eigene Übersetzung.

Ein Psychogramm der Kapitalismusfeinde: Die Wurzeln des Antikapitalismus

1 Siehe hierzu Mises (1933), *Grundprobleme der Nationalökonomie*, S. 171–173.
2 »Thymologie ist einerseits ein Spross der Introspektion und andererseits der Niederschlag geschichtlicher Erfahrung. Es ist, was jeder im zwischenmenschlichen Umgang lernt. Es ist, was ein Mensch über die Art, in der Leute verschiedene Zustände bewerten, über ihre Wünsche und Sehnsüchte und ihre Pläne, diese Wünsche und Sehnsüchte zu verwirklichen, weiß. Es ist das Wissen über das gesellschaftliche Umfeld, in dem ein Mensch lebt und handelt, bei Historikern ein fremdes Milieu, das er mit Hilfe eines besonderen Quellenstudiums kennengelernt hat.« Mises (2014), *Theorie und Geschichte*, S. 272-273.
3 Mises (1979), *Die Wurzeln des Antikapitalismus*, S. 52.
4 Mises (1979), *Die Wurzeln des Antikapitalismus*, S. 9.
5 Mises (1979), *Die Wurzeln des Antikapitalismus*, S. 19–20.
6 Mises (1979), *Die Wurzeln des Antikapitalismus*, S. 20–21.
7 Mises (1979), *Die Wurzeln des Antikapitalismus*, S. 22–23.
8 Mises (1979), *Die Wurzeln des Antikapitalismus*, S. 25.
9 Mises (1933), *Grundprobleme der Nationalökonomie*, S. 182.
10 Mises (1979), *Die Wurzeln des Antikapitalismus*, S. 38.
11 Mises (1979), *Die Wurzeln des Antikapitalismus*, S. 40.
12 Mises (1979), *Die Wurzeln des Antikapitalismus*, S. 40–41.

Ein rigoroses Wissenschaftsfundament für die Theorie der Freiheit: Theorie und Geschichte

1 Mises (2014), *Theorie und Geschichte*, S. 360.

2 Mises (2014), Theorie und Geschichte, S. 362.

3 Mises (2014), *Theorie und Geschichte*, S. 136–137.

4 Mises (2014), *Theorie und Geschichte*, S. 62.

5 Mises (2014), *Theorie und Geschichte*, S. 62–63.

6 Mises (1957), *Theory and History*, S. 259, eigene Übersetzung.

7 Siehe hierzu Mises (2014), *Theorie und Geschichte*, Kapitel 7, insb. S. 144–148.

8 Mises (2014), *Theorie und Geschichte*, S. 147.

9 Ausführlich zum Historismus siehe z. B. Salin (1951), *Geschichte der Volkswirtschaftslehre*, S. 125–151.

10 Bonn (1953), *So macht man Geschichte*. S. 53 f.

11 Mises (2014), *Theorie und Geschichte*, S. 256.

Rückkehr zu Kernfragen der Nationalökonomie: Ultimate Foundations of Economic Science

1 Siehe hierzu Mises (1962), *The Ultimate Foundation of Economic Science* , S. vii.

2 Siehe hierzu Popper (1994), *Erkenntnis durch Versuch und Irrtum*, S. 15–22.

3 Für eine eingehende Kritik siehe Hoppe (2006), *The Economics and Ethics of Private Property*, S. 265–294 (On Praxeology and the Praxeological Foundation of Epistemology) sowie S. 347–379 (Austrian Rationalism in the Age of the Decline of Positivism).

4 Siehe hierzu Mises (1962), *The Ultimate Foundations of Economic Science*, S. 21 ff.

5 Siehe hierzu auch Poser (2001), *Wissenschaftstheorie*, S. 108–112.

6 Siehe Mises (1962), *The Ultimate Foundation of Economic Science* , S. 27–28.

7 Siehe hierzu Mises (1962), *The Ultimate Foundation of Economic Science* , S. 20–24.

8 Siehe Hoppe (1983), *Kritik der kausalwissenschaftlichen Sozialforschung*, S. 11–12.

9 Eine aufschlussreiche Darstellung findet sich bei Hartwig (1977), *Kritisch-rationale Methodologie und ökonomische Forschungspraxis*.

10 Siehe Popper (2002), *The Logic of Scientific Discovery*, S. 54–56; Popper bedient sich zur Rechtfertigung des Modus Tollens.

11 Siehe Mises (1962), *The Ultimate Foundation of Economic Science*, S. 69–70.

12 Wie sehr Popper der Grundausrichtung des Empirismus-Skeptizismus anhängt, zeigt folgendes Zitat (Popper (2012), Ausgangspunkte, S. 81): »Unsere Theorien sind unsere Erfindungen. (...) Sie sind nie mehr als kühne Vermutungen, Hypothesen. Aus diesen erschaffen wir eine Welt: nicht die

wirkliche Welt, sondern Modelle; von uns gemachte Netze, mit denen wir die wirkliche Welt einzufangen versuchen.« Nach Hoppe ist Popper der Wegbereiter für den Positivismus-Empirismus-Falsifikationismus in den (Sozial-)Wissenschaften (Hoppe (2012), *The Great Fiction*, Fußnote 30, S. 286 (In Defense of Extreme Rationalism)): »In fact, it is only fair to say that it is Popper who contributed more than anyone else to persuading the scientific community of the modernistic, empiricist-positivist worldview. In particular, it should be emphasized that it was Popper who is responsible for Hayek's and Robbins' increasing deviation from their originally much more Misesian methodological position.«

13 Siehe Mises (1962), *The Ultimate Foundation of Economic Science*, S. 41–46.

Von Wien über Genf nach New York

1 Auf diese Argumentationsschwäche weist Hoppe (1983), Kritik der kausalwissenschaftlichen Sozialforschung, insb. S. 39–49, hin. Er bietet dort zudem auch eine Lösung an.

2 »In the present state of our knowledge the fundamental statements of positivism, monism and panphysicalism are mere metaphysical postulates devoid of any scientific foundation and both meaningless and useless for scientific research. Reason and experience show us two separate realms: the external world of physical, chemical, and physiological phenomena and the internal world of thought, feeling, valuation, and purposeful action. No bridge connects – as far as we can see today – these two spheres.« Mises (1998), Human Action, S. 17–18.

3 Siehe hierzu Hoppe (1983), Kritik der kausalwissenschaftlichen Sozialforschung, insb. S. 11–15, S. 25–29 und S. 44–49.

4 Der Hauptstrom-Ökonom sagt: Auf der Basis einer Geldmengenausweitung in Höhe von X Prozent werden mit einer Zeitverzögerung die Güterpreise um Y Prozent ansteigen; dafür gibt es eine aus Vergangenheitsdaten abgeleitete statistische Wahrscheinlichkeit p. Der apriorische Handlungstheoretiker sagt: Wenn die Zentralbank die Geldmenge künftig erhöht, dann wird die Kaufkraft des Geldes notwendigerweise fallen – gegenüber einer Situation, in der die Geldmenge nicht ausgeweitet wird. Man kann jedoch nicht mit Sicherheit wissen, ob die Zentralbank die Geldmenge künftig erhöhen wird; man kann auch keine Wahrscheinlichkeit für eine Geldmengenausweitung zu Rate ziehen, die sich aus dem in der Vergangenheit beobachtbaren Zentralbankverhalten ermitteln ließe. Und man kann auch nicht sagen, wie stark die Güterpreise steigen werden, wenn die Geldmenge um ein bestimmtes Ausmaß steigt – selbst wenn man genauestens analysiert, wie die Beziehung zwischen Geldmengenausweitung und Güterpreisveränderungen in der Vergangenheit war. Die Vorhersage, ob und wie stark die Geldmenge ausgeweitet wird und welche Wirkung sie auf die Preise hat, ist eine »unternehmerische«, sie geht über das, was die Nationalökonomie wissenschaftlich leisten kann, hinaus. Lediglich über die qualitative Wirkung der Geldmengenausweitung besteht kein Zweifel.

5 Hayek (2014), Vorwort zu Mises' Erinnerungen, S. XXII.
6 Vgl. Hoppe (2013), Mythos Friedrich August von Hayek, S. 59.
7 Siehe Kirzner (2001), Ludwig von Mises: The Man and His Economics, S. 88–89.
8 Siehe Kirzner (2001), Ludwig von Mises: The Man and His Economics, S. 16.
9 Milton and Rose Friedman (1998), Two Lucky People: Memoirs, S. 161.
10 Siehe hierzu Hoppe (1999), Murray N. Rothbard, Economics, Science, And Liberty, S. 223 ff.
11 Rothbard (2006), For a New Liberty, S. 67, eigene Übersetzung.
12 Mises (2007), Die Gemeinwirtschaft, S. 471.
13 Mises (1940), Nationalökonomie, S. 7.

Der Autor

Dr. Thorsten Polleit ist seit 2012 Chefvolkswirt der Degussa, Europas größtem Edelmetallhandelshaus. Davor war er 15 Jahre im internationalen Investment-Banking tätig. Seit September 2014 lehrt er als Honorarprofessor für Volkswirtschaftslehre an der Universität Bayreuth. Er ist seit 2008 Adjunct Scholar am Ludwig von Mises Institute, Auburn, US Alabama, und seit 2012 Präsident des Ludwig von Mises Institut Deutschland. Im Jahr 2012 erhielt Thorsten Polleit den The O.P. Alford III Prize in Political Economy.